掌控关系

人人都需要的关系百科

熊太行◎著

北京联合出版公司
Beijing United Publishing Co.,Ltd.

图书在版编目（CIP）数据

掌控关系 / 熊太行著. — 北京：北京联合出版公司，2018.12（2019.3重印）

ISBN 978-7-5596-2719-3

Ⅰ. ①掌… Ⅱ. ①熊… Ⅲ. ①成功心理—通俗读物 Ⅳ. ①B848.4-49

中国版本图书馆CIP数据核字（2018）第235589号

掌控关系

作　　者：熊太行

责任编辑：夏应鹏

封面设计：新艺 · 书文化

北京联合出版公司出版

（北京市西城区德外大街83号楼9层　100088）

天津旭丰源印刷有限公司印刷　新华书店经销

字数350千字　880毫米×1230毫米　1/32　12印张

2018年12月第1版　2019年3月第3次印刷

ISBN 978-7-5596-2719-3

定价：55.00元

推荐序1

人情练达即文章

罗振宇

如何跟人打交道这件事，很多人以为年纪到了自然就懂。可是，这层“理所当然”的认知，跟我们的真实感受差距特别大：

“我买贵的是为了让我妈省心，她为什么要骂我乱花钱？”

“我都说了对不起，怎么还不原谅我？”

“身为老好人，我怎么过得越来越憋屈？”

“这同事不分轻重，怎么把咱俩的秘密往外说了？”

你看，这么多人一把年纪还不会做人。出现这些问题，我们不要认为是人家情商低，他们只是还没掌握跟人打交道的规则而已。

读书的时候，数学教科书里的公式都很简单，然而优秀的学生就那么几个，因为考卷上的应用题不是人人都能解的。跟人处好“关系”同样有公式，但是想做好应用题，光有公式是不够的，还得有题库。

熊太行就做了这样一件事，教你从人际关系的角度，拿回人生的主动权。他提出了一套“关系”逻辑，以此为中心点，用案例围绕公式，还原、解答、论述各类“关系”问题的答题思路。

一个人在不同的关系里有不同的角色，角色一转变，他的思维方式和行事规则就会出现很大的区别。上一秒三天打鱼两天晒网的员工，下一秒在孩子面前可能是“二十四孝家长”。

如果你是他的同事，很不幸老要替他收拾烂摊子。你该怎样跟他相处，甚至进一步让他主动做事？

这本书把各种关系问题，凝练成了可修炼可复制的“关系”应用百科。

我们中国人有一个巨大的认识误区——谈“关系”就是腹黑、耍心机。“关系”是个中性词，有人的地方就有关系。很多人会觉得，跟父母、孩子、客户相处，都处在一个特别难堪的关系中。

跟父母、孩子心平气和地商量事情，跟男（女）朋友不会因为误会而吵架，被同事坑的时候能全身而退，都是良好的“关系”能力在起作用。

熊太行有一颗佛心，他告诉我们一件事情：无论你处在什么样的位置，你都有机会通过调整自己的心态和姿势，慢慢拿回主动权，做回一个真实的自我。

有时候，你还会碰到“加分题”——“人在家中坐，锅从天上来”，出现无法靠个人力量解决的困难。

在家靠父母，出门靠朋友。公式很简单，但是在难题面前，父母和朋友谁更靠谱？怎样开口不得罪人？平时又该怎样跟他们相处？

看完这本书，相信你能够以关系成年人的身份，完美地回答这些问题。

推荐序2

看遍世间繁华，照样坐旋转木马

脱不花

一对陷入困境的夫妇起了争执。

一个说："全是她的错。"

一个说："全是他的错。"

其实，很少会有人意识到，这既不是她的错，也不是他的错，是他们俩之间的那个东西——"关系"出了错。

他们要改变的并不是对方，而是"关系"。

特别难。

要从习惯、成见、情绪、感受、应激反应中分离出这个叫作"关系"的东西，是件很难的事情。这意味着我们得战胜自己的直觉反应，让事物的本来面目呈现出来。

所以，对于"关系"，历来才有这么多误会，才被贴了这么多负面的标签。

"关系搞得好"，是坏的评价，说明你市侩；

"关系搞不好"，是坏的评价，说明你迂腐。

不妨想象一下，当熊太行老师和"得到"APP第一次合作开发《关系攻略》这个课程的时候，我们一起承受了怎样的压力。批评无非是：太庸俗了，太"血淋淋"了，太腹黑了，太现实了。

当这个课程更新完成的时候，我们收到的则是：太有用了，太有帮助了，太具体了，太现实了。

你注意到没有，“太现实了”这句评价，既是批评，又是赞誉。

因为现实世界就是由各种各样错综复杂的关系构成的。

因为我们没有人可以脱离关系而独立生存，我们都是关系的动物，其实也都是关系的产物。

做这个课程的副产品，是熊太行老师窥见了十几万人的秘密、苦恼和纠结，也分享了他们解决问题之后的喜悦和成就感。

基于这些，熊太行老师将他在“关系”领域的无上心法整理成这本书，简直可以说是《易筋经》级别的秘籍了。

从小到大，我们总是被要求学这个、学那个，这个学好了可以考上大学，那个学好了可以找个好工作，但是从来没有人教我们怎么学好“处理关系”，就好像我们不用与真人相处一样。导致我们每个人踏入社会，都得经历一段漫长而艰难的“愣头青岁月”。

好在我们如今有了熊太行。

面对种种现实困境，别人只会给你讲原则，熊太行则手把手地将你带出黑森林。

无论在前面堵着你的是什么人，熊太行都是在身后撑着你的那个军师。

你不需要老谋深算，你必须要能自我保护。

做一个掌控者，掌握对这个世界的主动权。别被故事骗了，即使看遍世间繁华，照样可以随时去坐旋转木马。

自序

悟了这些，是想着相助众生

《掌控关系》这本书，是我在“得到”APP专栏《关系攻略》的内容精选。

《关系攻略》这个专栏，我写了365天，200多篇文章，80多万字，我收到了两万多条各种留言，回复了其中大多数需要我回答的问题。

很多人会跟我反馈自己的成长。

“熊老师，我提升了！”

“熊老师，我跟女朋友结婚了！”

“我跟我妈妈和解了！”

……

看见他们逐渐具备了改变自己人生的能力，我觉得一切都没有白费。

拆解人际关系，我还记得“得到”的蔡钰老师来约我开这个专栏的时候跟我说：“我觉得你最合适。”

这份信任我特别感激。

中国一定还有比我更适合拆解人际关系，有看得更深、理解得更透彻的人。但是这些强大的人，有的已经有了更大的事业，不可能专注在精研人际关系之上；有的直接闷声发大财，在职场上碾轧对手；还有的悟了用来去挣快钱、“割韭菜”。

拆开、讲透，让天下没有阴谋，人人掌握其中的技巧，构建一个更光明的中国式人际关系。避免让人际关系成为禁忌和小黑箱，避免让人际关系成为家庭中父子相传、口耳相传的不传秘法，正是我心所愿。

我们现在生活在一个好时代，不用去那么防备同事、防备所有人了，但人际交往的损耗仍然非常严重。我愿意用心去做一个人际关系的专栏，就是希望能够让更多的人躲开人际关系的陷阱和坑，逃出丛林，重见阳光。

明白许多事理，在实际的应对中可能却是完全不同的另一回事。此外，任何人都有情绪，情绪可能会改变很多事，甚至于事情最终的走向。

我成年后从事新闻业，研读很多历史传记，发现了各种力量的关系博弈最终都要落回人和人之间的交流——人和人的关系，真的好有趣、好迷人。

我也见了许多人际关系上的风风雨雨，在事业单位里中过枪、踩过雷。

我忍受过委屈和误伤，也见过复杂的职场算计，但回头再看，我仍然相信公正和友谊。

我有几位对我很好的老领导，他们对我来说既是领导，又是好老师。

我记得初入行时一位女领导跟我说的："你是一盘红烧肉，就好好地做红烧肉，不要因为我喜欢糖醋鱼，就变成糖醋鱼。"

我记得我的另一位领导说："老熊是不需要我骂的人，他知道自己要做什么。"

我还记得一位男性领导在我入职的时候带我认识周围的同事，以及在工作出错的时候他的仗义和担当。如今，他投身公益，他是热，是光。

要结交这样的人，要琢磨关于人和人的事。

经历了事，无论好坏，总结、反思、复盘，会产生出了这一套心得。高尔基在《我的大学》有句话说得好："我的哲学是从皮肉上熬出来的，比哲学家要强。"

我从一年的内容中选了其中最适合纸质书的，修订、删改，编成这本

《掌控关系》。

现在，它是一本书、一门课、一个专栏，以后我希望它变成一门越来越完整的学问，一个学科，更严谨、更体系化。

我们会把各种心理学、政治学的理论框架引进这门学科，引入社会学实验来验证我们的许多猜测和假设。

从“这样行得通”，到“为什么这样行得通”。

这也是我的团队和“得到”的多位老师们正在共同努力的方向——新的关系课程正在紧锣密鼓的制作之中，更专精于某个领域，更好用、更强大。

这个专栏，甚至这本书的内容，在未来的几十年里，一定还有改进的余地。

我会不断地继续做这件事，让它成为有用、有益、有趣，经得起时间考验的好书、好专栏。

感谢罗振宇老师、脱不花老师、蔡钰老师，感谢《关系攻略》的主编焦焦，感谢《关系攻略》第一季的语音转述师于浩老师。

感谢本书的编辑周亚菲女士。

更要感谢近 13 万关系户同学，你们是我的力量之源。

目　录

CONTENTS

01 部分

认知自己

02
部分

职场关系

03 部分

亲密关系

04 部分

家庭关系

05 部分

社会交往

01 部分

认 知 自 己

人际关系里的鹰派守则

你喜欢那种光芒四射、咄咄逼人的人吗？稍微有一点儿错处，可能就会被他揪住批判一番。他对自己严格，对别人更严格。你想做他的朋友，就要优秀而且强大才行。

这样的人，我们称为人际关系中的“鹰派”。

相反，认为交朋友关键在于开心，形形色色的朋友都要交，注重合作和说服的那一派，我们称为人际关系中的“鸽派”。

鹰派相信实力，相信官大一级压死人，相信职场上老人对新人的倾轧。鹰派也对自己充满期待，认为自己应该在食物链的顶端，至死方休。

鸽派相信合作和说服，相信人心都是肉长的，相信人间自有真情在。鸽派对社会充满期待，认为人人都应该献出一点儿爱，从我做起。

你是鹰派还是鸽派？

别着急下判断，最典型的“鹰”和“鸽”都是很罕见的，很多人都是复杂的混合体，有鹰偏鸽、鸽偏鹰、外鹰内鸽和外鸽内鹰。

现代心理学各流派普遍认可的人格理论，是“大五（Big Five）人格”。这五个维度是开放性、责任心、外倾性、宜人性和神经质。用这五个维度来衡量人际关系上的鹰派和鸽派，可以发现：这两派人并没有什么优劣和高下之分，事实上，那些伟大的事业都是两派人携手完成的。

我们要的不是纠正对方，不是“你变成我这样才好”，我们要的是理解自己，也能理解对方，克服自己的缺点，学习对方的所长。对鹰派来说，有几点可能要着重注意一下：

迷之自信

一个鹰派“一把手”最好有一个强有力的鸽派副手，把他从迷之自信中时不时地拉回来。现在，很多大公司的创始人就属于非常典型的人际鹰派。

冲动是魔鬼

尽管在电视剧《新白娘子传奇》里，白素贞被塑造成一个追求真爱的好女孩，但白素贞是典型的鹰派。即使是电视剧，也保留了“水漫金山”这个鹰派的典型做法。在原著小说《白娘子永镇雷峰塔》里，白娘子用一个极度鹰派的口吻对她家相公说：

“若听我言语，喜喜欢欢，万事皆休；若生外心，教你满城皆为血水，人人手攀洪浪，脚踏浑波，皆死于非命。”

学习悲悯

鹰派往往在智力和业务能力上都不差，但强人一定要有悲悯之心。否则的话，很容易成为那种超级英雄的电影里“科学怪人”的形象，觉得水平不如自己的人都不配活着。

《狮子王》里的辛巴，是一个学习悲悯的正面鹰派。它骨子里是“鹰”，但从小和两个鸽派朋友一起长大，这让它懂得了平和与悲悯，性格更加复杂，属于鸽包鹰的典范。鸽包鹰容易麻痹对手，鹰式反击到来的时候，对方会有猝不及防之感。

“一鹰搭两鸽”是非常好的组合，很多影视作品都是这么搭配的。

复杂的性格能让你在人际关系中更加主动，所以尽量避免做让别人一眼看穿的人。要多和与你性格互补的人做朋友。

避免逆境崩盘

鹰派在遇到挫折和打击的时候很容易崩盘，运气好的鹰派可能会扛下来，把自己向鸽派靠拢。一个很好的办法是尽早从别人那里去体验挫折和崩溃的感觉。

《笑傲江湖》里，任我行是非常典型的鹰派，任盈盈则是以“鹰”为主。任我行被囚禁多年，用仇恨支撑着自己，但任盈盈早早地遇到了令狐冲这个鸽派。令狐冲给她讲述了一个自己受挫和崩盘的故事，任盈盈倾听的同时萌发的不仅是爱意，还有性格上的进步。她从此变成了一个“鸽四鹰六”的人，这种比例最容易出狠角色。

一定不要做“十分鹰”

在一个岗位上，有鹰派和鸽派非常正常，今天你上台，明天我上台。对手强了就让鸽派去缓和一下，对手弱了就让鹰派动手“欺凌”一下。一个唱红脸，一个唱白脸，就有了运用策略的可能。

同样地，人际关系中，做“十分鹰”就会有十分的敌人，而你也会变成一个可以被人猜透的人，这样的风格很容易中别人的圈套。

《天龙八部》里的岳老三看上去是凶神恶煞，总是自己说了算，但在实际操作中，他和“四大恶人”不断地给各种不怎么样的人或团队打工，甚至被段誉这个大鸽派牵着鼻子走。

无论是鹰还是鸽子，都不是什么基因决定的，和星座、血型也并没有什么关系。有些人可能会受到一点儿家庭影响，大多数人的行事方式是青春期定下的，有的人是遭遇了变故，有的人是尝到了甜头，从此就这么继续走下去了。

当你认同自己的类型之后，会不断地对自己进行心理暗示来强化自己的类型。心理暗示如果能造就人也是非常有趣的。鹰派常见的自我暗示方式是：“我这人说话直啊……你……”

这就像一个免责说明，此后他会说出一大堆不中听的话。这类口头禅会不断强化自己的鹰派色彩，这对说话的人来说不是一件好事。

鹰派如果分不清坚决和咄咄逼人，很容易变成一个虚张声势的人，声高气粗，充满攻击性，每一句话都要怼回去，这是完全不对的。

鹰为什么强大？嘴不会比狗厉害，爪子比不过山猫。鹰在空中，飞得高、看得远，能最先发觉远处的机会和敌害，一个鹰派也应该像这样强大。如果只是简单地表现出一个攻击的姿态，遇见生人就要啄几下，那最多就是一只不友好的鹅。

鹰派注意事项

鹰派行事，应该注意以下几点：

第一，要多去搜集信息、学习知识，比别人看得要远一步。

第二，克制自己不必要的攻击性，变成一个深沉而有内涵的人。

第三，保护弱小。鹰派应该是一个骑士，而不是一个魔头。

第四，注重团队建设。你如果是团队中最敏锐、最勇敢的角色，那就应该去 PK（挑战）敌阵中的鹰派，遇到谈判、争执时，出场去碾轧对手。

第五，理性的鹰派会被对方身上有而自己没有的东西所吸引。

鹰派和鸽派，可能在人成长的早期区别特别明显，但是在人们进步之后，这个界限会越来越模糊。两派随着成长，最终会趋向合流。

《亮剑》里的楚云飞是一个鸽派，和鹰派的李云龙心心相印。李云龙的另外一个鸽派朋友是政委赵刚。他们的搭配同样是一个“一鹰搭二鸽”的组合。到最后李云龙要和楚云飞对决的时候，两人已经都是“六鹰四鸽”或者“四鹰六鸽”的强者了，他们都变得越来越好了。

优秀的鹰派会生出悲悯，优秀的鸽派会长出骨头。最好的男人和女人，往往会拥有类似的美德，男人会变得温柔，女人会变得坚强。

人际交往中的鹰派和鸽派也同样如此。我们只有彼此了解、喜欢和合作得来，才可能都变得更好。（这句话说明我是一个纯正的鸽派。）

习题

以下的台词中，哪个说话人是鹰派：

A. 出来混是要讲信用的，说到就要做到。

B. 靠！当我是吓大的啊！

C. 最近发生了那么多事，我想一个人静一静。

D. 你这样做，出了问题，我也保不了你！

E. 以上都不对，重要的是怎么做，而不是怎么说。

正确答案：E。

这个选项非常有用，最好是牢牢地记住。

人际关系里的鸽派守则

鹰派的生存守则：不能过分自信，要学会悲悯，在逆境中要增加韧性，免得崩盘。那鸽派怎么办呢？我们是不是注定要沦为鹰派口中的食物呢？这次，我们来谈谈鸽派的生存攻略。

还是回到鹰派和鸽派的大五人格特质上：鸽派的个性让他们能和别人成为非常好的朋友，他们人缘往往很好，尽管他们不是最善于交际的自来熟。鸽派的任劳任怨让他们成为可以倚重的一种力量，尊重权威让他们成为优秀的员工。

但是，鸽派同样也有自己的短板：

低效的表达

鸽派在鹰派面前往往难以说出自己的意见，或者太过委婉而导致自己的意见被忽视。一些鸽派可能会误认为附和强势的人会让对方容易接受自己的意见。

但是，鹰派很容易忽视别人的看法。如果不够直接或者表达得太委婉，你的意见可能会被就此错过。

假装的坚强

一个人怎么说不重要，怎么做才重要。

梁朝伟在《一代宗师》里扮演的叶问就是如此。他谈论武功的时候显得像个鹰派，其实内心很软，他和宫二一样，都是鸽派。这种鹰包鸽的性格一旦被能识破他们的人击破了防线，就会一溃千里。

《鹿鼎记》里的神龙教教主龙儿，在委身于韦小宝之后突然变得千依百顺，这就是一个鹰包鸽的崩溃。原型是苏荃和小龙女的二合一。小龙女认为自己和杨过有了性关系（其实不是）之后突然变得温柔无比。

我管这种情形叫作“‘鸽’的温柔”。如果有一天，你内心深处突然爆裂出对世界或者某个人的温柔，千万不要觉得羞愧或者厌恶，发现自己是鸽派一点儿也不丢人（尤其是男人）。相反，非常美。

我不是什么好人

大多数鸽派害怕和别人撕破脸，并且希望自己能做好人，这是一个非常折磨人的念头。但是，千万不要在感情上当好人，不然你会把所有的事都办砸了。

电视剧《冲上云霄》中，吴镇宇扮演的机长在前后两任女友之间摇摆不定，总是希望两个女人都说自己好，结果两个人都被他伤害了。类似的形象还有《倚天屠龙记》中的张无忌，也是在几个女孩之间摇摆不定。

友善是一种很好的品质，但是过分追求“我是个好人”，会让自己变得非常疲累。这种折磨，我称为“人内损耗”。

鸽派的人要做决断，需要有人用力推他一把。所以，如果你觉得自己的气质像鸽子，就尽量多和一些鹰派相处，从他们身上学会决断。

鸽派天生适合给比较强势的老大做“二把手”，也适合从事服务行业。在大企业里，他们往往不适合做销售去开疆拓土，更适合负责一些支持性的工作。尽管一些鹰派的医生可能医术高明，但作为病人和家属，总是希望管床的大夫和所有护士都是鸽派。

此外，鸽派冷静和保守的风格让他们成为可以依赖的人。宇航员和大型喷气式飞机的驾驶员，一般都是从鸽派里挑选。

电影《萨利机长》里的机长是一个鸽派，但是长年的修行精进，使他的胆略过人，变成了一个强悍的鸽派。关键时刻，他能像鹰一样下决断，这是鸽派修行的目标。

绝大多数心理咨询师都是鸽派，鹰派基本上没法当心理咨询师。

鸽派注意事项

鸽派的成长可以注意以下几点：

可以再霸道一点儿

你是“鸽子”不是“包子”，不要忍气吞声，让人欺负到你头上来。鸽子是一种勇敢的动物，离家千里都可以坚定回巢。一个人可以在多数情况下都是被动的，但关键时刻应当站得出来，敢于和黑暗势力“拼刺刀”。

你的霸道会有一个力量槽，在关键时刻爆发出惊人的力道。

不要怕别人笑你软弱

对比你更弱小的人客气有礼，不是害怕对手，而是害怕自己变成连自己都不喜欢的人。许多鸽派在突然获得权力或者财富的时候，就变成了鹰派。那他看人的不是鸽眼也不是鹰眼，而是标准的势利眼。其实，在一堆朋友面前呵斥一个犯了小错误的饭店服务员一点儿也不露脸。

你不是软弱，你的爪和甲，在你强大的心胸之下。

交一些生命值更高的朋友

我喜欢用“生命值”这个游戏词。你们一定遇到过这种朋友，他们的人生节奏一定比你快，说话快、走路快，效率很高，每天有忙不完的事。他们的生命值很长，这样的人鹰派的比较多。

跟这样的人共事，学习他们身上的一些气质。

练习公开讲话和表演

鸽子不是鹌鹑，不应该是羞涩的。鸽子行事柔和，相信持之以恒的力量。鸽派可以多锻炼自己在公开场合演讲甚至歌唱的能力。和鹰派的演讲者容易慷慨激昂相比，鸽派的演讲者谦逊、柔和。如果再有一点儿自嘲，鸽派会是非常出色的演讲者。

电影《国王的演讲》中，艾伯特王子是典型的鸽派。他当上国王后，最终在战争来临之前走上了鼓舞臣民的讲台。鸽派如果掌握了演讲的技巧，往往会成为控制人心的大师。

行事方式的改变真的会影响到思维方式，如果开始努力追求生活和做事的效率，就很容易逐渐从纯鸽派转向鹰派和鸽派的气质混搭。

还是要再提一下那句话：优秀的鹰派会生出悲悯，优秀的鸽派会长出骨头。

我们只有更勇敢地认识自己，才有可能让自己变得更好。（这次的话，我似乎更像是一个鹰派了。）

习题

唐太宗有两个大臣——房玄龄和杜如晦，当时的人们称为“房谋杜断”。这个词说明：

A.“鸽子”和“鹰”要彼此合作

B.“鸽子”和“鹰”的搭配会比较好

C. 组班子可以用两个性格、特长互补的

D. 给人起外号的习俗从唐朝就有了

正确答案：C。

A 和 B 两个选项都是对的，但是房玄龄和杜如晦身居高位，以他们的经验和阅历都不会是简单的鸽派或鹰派，混合型甚至鹰包鸽都有可能。如果一个人名利双收，那么他的属性一定非常复杂。这就是：层级高了，“鹰”不是“鹰”，“鸽”不是“鸽”。

害羞者如何做自己的“人生导演”

在所谓的“老好人”中，有一批“假性老好人”其实是害羞者，害羞让他们无法争名夺利。

害羞是挺大的问题，遗憾的是，青少年时期，父母往往对这种情况认识不足。

有些父母，甚至对孩子的害羞还有些沾沾自喜：这孩子非常老实；这孩子不乱花钱；这孩子非常听话；这孩子不和外面的孩子一起瞎混；这孩子非常厚道，不跟人起冲突；这孩子不早恋。

其实，真相非常残酷。现实中，这样的孩子面临的情况是：

很难交到新朋友，难以跟别人沟通；很难享受各种各样物质的快乐；非常在乎别人对自己的看法，尤其是家长或者老师的；如果他觉得自己做得不好，就会感觉备受折磨；没法维护自己的权利，受了欺负只会忍气吞声。导致一个严重的后果：结婚难。

害羞者到底在怕什么

害羞者一般都会被挫败感、担忧和孤独所困扰，没法冷静地思考，也难以和别人进行交流。

这种最侵蚀和折磨我们内心的情感，说起来又特别简单。害羞不需要什么复杂的科学定义，害羞就是特别怕人，有人在场就会特别不自在。害羞者最担心的其实是三种人：

陌生人（想象中的观众），手握权力的人（评委），异性（对手戏）。

著名心理学家津巴多 1977 年开设了一个“害羞诊所”，他曾经对

5000 多人进行过害羞的研究。结果发现 40% 的美国人认为自己是害羞的，而 2% 的美国人认为自己“非常害羞”。在日本人中，这个数据达到了 10%。我们说日本人很宅，不是没有道理的。

不过，津巴多教授坚持认为中国的年轻人害羞程度比较低。确实，在我们的社会里，青少年的害羞稍微好一点儿。比如，有的中小学会管制学生的发型，要求他们穿一样的运动服。这对爱美和自信的孩子有点儿不公平，但是害羞的同学一般都是因为外貌而对自己不自信，他们在这种环境中会好一些。换句话说，“我没那么丑”的自我认知，其实是因为“大家穿得都很丑”。

严重害羞者的感受

严重害羞者和一些情境性的害羞是不同的。

一位男性如果推开一间没上锁的洗手间，听见里面有女性的尖叫声，那他出来十有八九是个大红脸。

即使是最不害羞的人，可能也会在某些情境下体会到害羞者的感受，但是他们不是害羞者。非害羞者很快能恢复过来，不会有严重的负疚感，甚至还能笑一笑做排解。严重害羞者在许多非常正常的场景下，也会突然有这样的体验——脸红、心跳和焦躁不安。

像你在公司里，天天跟同事“横眉冷对”。你这叫“人际磨损”，争吵或者离职都能解决掉这个问题。但是，害羞者面临的是人内磨损——他自己跟自己较劲。

要解决掉害羞问题其实很难，除非根本不见任何人。这类严重的社交障碍会导致家庭关系破裂，同时还容易丢掉工作。

许多名人也有害羞的困扰

许多名人都害羞，比如写《瓦尔登湖》的梭罗，人们认为他是一个自然主义者，是一个隐士，但是我们读过他的书后会发现他是一个受困于害羞的人。

害羞的人可能很聪明、很幽默，我很少谈及影响我的作家，除了金庸先生之外，王小波先生对我的影响也很大。

王小波是个特别聪明和优秀的作家，《黄金时代》《万寿寺》和《2010》充满了了不起的想象力。王小波在很多场合都很害羞，他写到“王二”的时候，总是说这个人遇到不喜欢的人，会“黑着脸一声不吭”。其实，王小波生前对有些会场这样的场合会觉得很不自在。

他曾经是一位大学老师，最后成了作家，作家是害羞者藏身的一个好工作。很多演员也害羞，开始演出的时候戏就上了身，不工作的时候一句话都不想多说。葛丽泰·嘉宝就是这样的人，不喜欢社交。

如果你社会地位高，有人会美化你的害羞。比如查尔斯王储，大家会觉得他很优雅。这一点同样提醒你，不是变得聪明、有声望、有钱或者有权就能克服害羞。一些药物对害羞有帮助，但效果也仅仅比单纯使用认知疗法好一点儿。

请一位心理咨询师进行咨询，改变自我认知，才是改善害羞的关键。

两种不同的害羞者

心理学家保罗·皮尔克尼斯曾经把害羞分为公众害羞者和私下害羞者。

前者是担心自己在公众场合表现得不够好，比如一个公开演讲，或者上课回答问题不够好。有的人对自己的口音不满意，有的人担心在公开场合给别人添麻烦，担心自己行为失当。

曹雪芹在《红楼梦》中写道：“步步留心，时时在意，不肯轻易多说一句话，多行一步路，惟恐被人耻笑了他去。”

公众害羞型的害羞者很难成为领袖人物。

私下害羞者的特点是天人交战——这些人可能在自己的行业做得不错，很有成就，但要付出比别人更多的精力。

我以前做媒体工作，发现很多非常出色的记者都有这样的问题。有的人告诉我，她打电话约陌生人采访，电话铃声响的时候会特别煎熬。她宁愿对方不接电话，然后又迅速为自己的没出息感到羞耻。电话接通之前，她的血压升高、呼吸急促，她要反复检查采访本上写的每一句话，迅速重温所有的问题。

这就是所谓的“内心戏太多”。这种强度的人内损耗，会很快让你筋疲力尽，无法阅读、思考和写作。

有的人会有“冒名者恐慌”，自己红了，把项目做成功了，考上研究生了，却不敢相信，总是觉得这是一场大梦，如梦似幻。

害羞如何影响效率

害羞者最大的问题是太过关注自身的感受。

小朋友们的害羞就是如此。老师问“听懂了吗”的时候，没有听懂的孩子担心会被老师批评，没有任何反应。开始做题的时候，不害羞的孩子有不懂的问题会主动向老师求助，而害羞的孩子却不敢提问。更有甚者，从小到大，你们一定遇到过因为害羞不敢申请上厕所而把大小便拉在裤子里的同学。

害羞的人介意的往往是：天哪，如果我这样做，别人（陌生人）、老师（权威）会怎么看我啊。所以，他宁愿自己承受不方便，用伤害自己来获得别人的认可（其实，对方根本没有认可）。

我不知道你们有没有遇到过这样的下属或者实习生，你跟他交代事情的时候，他拼命点头，看上去什么都懂了，一开工却发现完全不是那么一回事。其实，他根本就没有听懂，他频频点头是为了讨好你，害怕你放弃他。

这样的人就是害羞者，他不是傻。事实上，你在费尽口舌教他的时候，他脑子里全是：“熊老师对我期待好高，我一定要认真听讲，我要好好表现……他说了啥？”

这时候，你刚好说完最后一句话：“明白了吗？”

他拼命点头，然后灾难性的工作开始了。

在害羞者拼命纠结于自己的内心感受的时候，他的注意力全在心里那点儿“乱麻绳”上。他的记忆力也会下滑，这时候能有 30% 的智力水平都不错了。

所以，有的时候你的新下属不是智力有问题，而是害羞。然而，你仅仅明白了这一点仍然帮不上他，只能让你自己心里舒服一点儿。

害羞者的其他麻烦

害羞者的亲密关系和性关系都有可能出现问题。根据心理学家津巴多教授的调查，对性工作者的一个访谈显示，他们的客人中有 60% 的人都很害羞。一些害羞者可能会进行性交易，来取代自己恶劣的亲密关系和性关系。

害羞的女性排解压力的渠道可能会更少，有的女性会酗酒、沉迷于打麻将，还有的则求助于宗教，有些女性在日记里发泄情感。

这也是为什么我会建议女性读者不要去阅读那些非专业人士写的所谓“情感公众号”，因为你看见的那个强大的女性灵魂很可能是一个扮演出来的角色。她指挥你去用最激烈的方式经营你的人生，她在生活中却可能是隐忍和压抑的人。

克服害羞的几个法门

克服害羞其实没有那么难，办法很多，说到底是在两个方面。

第一，认知上做改变。

1. “没有那么多人关注我和在乎我。”

2. “我的笨拙，别人很快就会忘掉。”

3. “最大的敌人是自己，有时候，我太关注自己了。”

你的羞涩，其实就是一种妄念，认为所有人都在盯着你，你怕对自己有什么不好的影响。

第二，行为上接受训练。

对于害羞者苦恼的开口说话，我列了一个清单，难度从容易到复杂，有困扰的同学可以试试从第一个任务往后做。

1. 打电话给宽带运营商的客服咨询价格，或者在一个餐馆询问订座；

2. 给广播节目打电话，请你表示一下对节目和主持人的支持和爱（这属于半匿名的状态）；

3. 给陌生人打电话（比如电话访问或者推销），这个有些难度，因为你要介绍自己和自己的目的；

4. 见到熟人点头问好；

5. 在便利店和店员说话；

6. 称赞同事的衣着或者发型；

7. 赞美陌生人，比如小区门口晒太阳的老大爷；

8. 叫朋友介绍朋友给你认识，一起打牌；

9. 请求陌生人的帮助，比如请一位先生帮你放行李、借零钱。

在大城市里，遇到的大多是陌生人，而不是熟人，家庭的规模越来越小了。小时候，我们的小卖部老板可能就是同学的家长，但现在便利店的店员流动性很大，传统的杂货部只在老小区存在，大超市更是陌生人的世界。出租房屋更常见，许多人都不会在一个地方住满半年，邻居都是陌生人。

社会的变化意味着许多我们过去自然掌握的沟通方法可能要花心思训练了，但是这是值得的。当跟人搭讪、聊天的技能内化为骑自行车那样的技能之后，世界就变得友好而简单了。

在公众号“就叫熊太行也行”（ID：taihangxiong）中回复“人生导演”：可以查看我和我的同事、喜剧体验老师猫头木有鹰给大家准备的行为训练。

一个摆脱害羞的人会变得特别强大。帮助一个害羞者虽然麻烦，却往往能收获害羞者的友谊——那可能是一种可以维持一生的友谊。

习题

你在聚会上通过朋友认识了一个害羞者，他显然正在努力提高自己的社交能力。他称赞了你的衣服，你也想跟他示好。这个时候，你的不正确回答是：

A. 谢谢你的称赞，我也很喜欢这件衣服。

B. 你常和朋友来这家店吗？他家有什么好吃的？

C. 您做哪个行业的？工作忙吗？今年，这个行业的生意好做吗？

D. 这衣服很旧了，正准备换了呢。

正确答案：D。

有的害羞者会认认真真地去回答对方称赞的内容，初次见面的浅社交不要那么认真，接受赞赏是一种套路。“破拆”套路的每句话，对方就会一下子陷入尴尬。不要问对方那种太复杂的问题，如果对方回答有困难，你可以在他做了简短的回答之后给出自己的答案。记得谈话结束的时候说“真高兴认识你”，害羞者对这一点可能会比较介意。没打招呼就离开，可能会让他满腹狐疑，担心自己做错了什么。

如何成为高自尊的人

来做个游戏，现在找一张纸，写下你觉得能够评价自己的十个形容词。一个高自尊的人，对自己的评价可能是这样的：

“有魅力的、朋友很多的、聪明的、敏锐的、爱学习的、会读书的、有独立思考能力的、正直的……”

一个条件相同的人，如果因为自尊水平很低，对自己的评价很可能是这样的：“有些人会不喜欢的、被有些人始终拒绝的、抖机灵的、敏感过度的、不善于社交的、书呆子、不合群的、傻实在的……”

对自己的评价不同，可能会让两个人走上不同的人生路。

高自尊的人更容易成功：这些人为人处世更加主动，他们比较乐观，更容易感受到快乐。

低自尊的人则会不断地自我贬损，变得苦闷、社交能力受损、没有自信心，最终变成自己所描绘的那种失败者。低自尊的人大多有焦虑、酗酒等问题。

如果说不知道自己是不是低自尊的人，恐怕答案十之八九是肯定的，因为高自尊的人一般不会有这种自我怀疑。

不用各种心理学量表，就靠外表和语言就能判断一个孩子是低自尊还是高自尊，这种判断最准的是小学老师。

当然也有例外，不是所有的高自尊的孩子都是好学生。

高自尊的好处

我当面试官的时候，总是选择高自尊的候选人。高自尊的人管理起来省心、省力，他们身上自带一个“电量提醒”。

大家可以看看自己手机的电量，一般都是 20% 的时候系统会提醒：“危险了，赶紧充电。”为什么是电量 20% 的时候提醒，不是“十分钟后电量耗尽”这样的提醒？因为电量 20% 的时候提醒，有助于手机的使用者有更多的时间想办法处理这种局面。

高自尊的人自带 20% 电量提醒的系统，他们很容易感受到自尊威胁。比如，一个 PPT 不如别人做得好，或者一个发言失误了，他会回去复盘，看自己的问题在哪儿。他们偶尔会责怪别人，但大多数时候都会选择下次更努力。

低自尊的员工就是一个“十分钟后电量耗尽”的系统，他们很难觉察到别人对自己可能的不满。你要批评一个低自尊的人，只用表情或者暗示是不够的，你必须直接告诉他，他的表现很差劲，他才能感觉到。低自尊者的应对方式让他们的处境更加不妙，他们很容易自暴自弃，认为自己根本不是那块料。

提高自尊的若干办法

第一，一个人的自尊水平跟童年经历有关

父母受过良好教育、家庭和谐，没有家庭暴力，有更多陪伴的家庭里长大的孩子容易高自尊。从小被虐待、被性侵，以及长期忍受父母争吵、冲突的孩子，容易低自尊。

第二，学校教育也容易影响儿童的自尊水平

如果教师对某个孩子恶意地进行侮辱和贬损，或者某个孩子长期忍受校园欺凌，这些都有可能让孩子变得低自尊。

第三，高自尊的孩子不是捧出来的

现在的很多父母对“赞美”和“爱”的认识有误区，比如不加区分地称赞“宝宝真棒”“宝宝真厉害”，这培养不出高自尊的孩子。这种称赞没

有原则，也没有“营养”。

恰当的办法是使用“具体化”策略。比如：“你今天练琴 30 分钟，一直很专注，非常好。”

第四，“毒鸡汤”是自尊之敌

心理学家福赛斯和他的同事曾经做过一个实验（2007 年），把一帮考试水平在 60 分左右的大学生分成两组。一组鼓励他们，赞扬他们的课堂表现（也是没得可夸了），再来一段：“高自尊的同学会更自信，高昂起你的头……”另一组则只评论几句表现，不做这种鼓励。结果，被鼓励的那一组全军覆没，无一及格。

我们现在也能看见一些这样的情况。一个人几乎没饭吃了，工作也长期找不到，但是每天看励志成功学，相信自己能发大财，这种人是妄人。不要去赞许他的梦想，这只会害了他。

称赞值得称赞的行为，而不是滥给赞美。

第五，聪明和美丽虽然能提高自尊，但是脆弱

有的高自尊建立在自己的头脑和外表上，这种高自尊是很脆弱的。一个人年过三十了，还对自己的高考成绩念念不忘，很可能是最近混得非常差。还有人对自己的美貌充满自信，他们对异性的拒绝特别愤怒。头脑和外表都是脆弱的，这是一种不安全的高自尊，因为情况和评价都会改变。

美国动漫《马男波杰克》里的萨拉琳就是典型的脆弱高自尊，她的自我评价建立在自己的星途和容貌上。一旦星途不顺，相貌也被人厌弃，她就会变得自暴自弃。生活中，这样的年轻人不在少数。

尽管脆弱，但是对低自尊的人来说，注重穿衣打扮，或者通过努力学习、工作来提高自己的成绩，都能快速提高自己的自尊。

第六，安全而健康的自尊要培养美德

有些自尊建立在人的品质上，这种自尊是比较健康的，不容易受人

影响。

比如：

“我是一个爱读书的人。”

“我珍惜友谊。”

“我会向比我优秀的人学习。”

这种力量发自内心，不假于外物，所以会特别强大。从孔子的“君子”、孟子的“浩然之气”到王阳明和曾国藩，所有的圣贤之路，其实都是基于内心强大、依靠优秀的品质来建立高自尊的，这就是安全而健康的高自尊。

高自尊的自我建设

如果你已经成了一个高自尊的人，恭喜，你生活中的机会比普通人多很多。不过，高自尊人士如果不能很好地处理自恋的问题，那将会成为一个非常惹人厌的角色。

自恋一般都伴随着同理心的下降。也就是说，自恋者无法理解不如他的人的遭遇、苦难和烦恼，这使得他们显得冷酷无情。

所以，一些家教比较好的高知家庭，都会对自己的孩子说，要去关注那些境况不如自己的人，要去体谅他们，因为他们可能没有你赖以成功的条件。我们无论是什么出身，都应该追求贵族的美德，比如勇气、慈悲、正直，这是高自尊。而不应该染上暴君的自恋，不要残忍、冷漠、骄横和以自我为中心。

值得一提的是，最近的二十年里，心理学家们做的测评表示，所有人的自恋得分都在上涨。在网络社交软件上，人更容易变成一种自恋的动物。

十年前，我服务的杂志社开会的时候，一位同事报了一个选题：“出现了一个新的媒体，很像博客，叫推特，字数要少得多，就是把自己做了什么告诉全网。”当时，我们听了哈哈大笑：“应该是所有的自恋狂都会过去吧。”后来，很多人都开始玩微博，再后来又有了微信朋友圈。这两种社交平台都会提高我们对自恋的忍耐程度，也会让我们本身变得更自恋。

同时，有一些研究显示，养育婴儿和养猫都有可能让我们在一段时间内变得特别自恋。高自尊、高自恋的人，一定要尽可能地收敛自己。不然的话，就可能成为朋友圈中的讨厌鬼。

高自尊离成功还有多远

高自尊本身并不能让人走向成功，高自尊的人的成功，一般都伴随着另外一种可贵的美德，那就是自律。

今天的小学里往往搞一些所谓的“快乐教育”。快乐教育确实对形成高自尊有些好处，但是要自律，最重要的是养成约束自己、吃苦耐劳的习惯。

成年人也是如此，要坐得住、吃得苦，让身体和心灵适应得了不自由的状态。每天两小时的不自由，换得的是十年后你的大自由。

有的人渴望成功，对自己的期待很高，属于高自尊人群。但是，他们一旦决定做一件苦差事，比如背单词，就无法下定决心，转而渴望一种方便法门，希望用各种记忆法来快捷背单词了。为什么高自尊的孩子未必是好学生？

答案就是自律。

大家可以看看调皮捣蛋的那些孩子，混社会当大哥的那些青少年，其实大多是特别高自尊的人，所以要称王或被人尊重，他们才会舒服。

在学校里，如果想得到老师的认可，就要学习好才行。想要学习好，就需要约束自己。

电影《逃学威龙》中讲到，课上学的内容需要反复练习：这一方面是让人掌握基本知识；另一方面，其实培养的是自律的习惯。这也是第一学历有的时候被用人单位看得特别重的原因。

懂得自律的人，早晚会管人、管事，会受到尊敬。他们能成就一番事业，还会照顾好身边的人。

高自尊的人的金钱观

高自尊和低自尊的区别，在对待金钱的态度上会特别明显。简单概括就是：高自尊的人可以掌控金钱，而低自尊的人则会被金钱所掌控。

我们经常说的“守财奴”其实就是低自尊的人的一种表现。

过去有一句老话，叫作“穷生奸计，富长良心”。这句话是不对的，因为奸计和良心，不是因为穷和富，而是因为低自尊和高自尊。

只不过，很多低自尊的人都没有什么财产。一个人的家教很好，即使家境一般，也是没有那么多奸计的。

一个高自尊的人会表现得更有“良心”，是因为他对自己的要求比较高，同时能力往往也比较强，才不会在钱上特别苛刻。

高自尊的人如何控制金钱

高自尊的人花钱比较“痛快”，这往往被许多人看作大手大脚。其实，这是一种误解。

花钱要节俭，乱花当然是不行的，但是花钱更应该有魄力，“乱省”比“乱花”还要糟糕。

曾国藩的高自尊金钱观

无论是最困难的时候，还是后来带兵打仗有了钱之后，曾国藩处理金钱，都有如下特点。我们要做高自尊的人，也要做到这几点。

第一，对钱特别重视

钱是人的能量，一个人不给你钱，就要你做事，那这个人就是个大忽悠。同样地，曾国藩重视谁，要维护与哪些亲戚的关系，就会资助对方。

不管男人还是女人，长大之后都要管自己的钱，这才是真正的成年。有的人结婚前把管钱这件事推给父母，结婚后推给配偶，借口爱或者信任。不理财，不计算和管理自己的财产，出问题的不仅仅是投资，还有可能是家庭。

有筹划用钱的能力，带团队、指挥千军万马都不难。

高自尊要从管自己的钱开始。如果钱全在配偶手里，这处境比没有性能力还要糟糕。如果是自己心甘情愿，那就是真正的作茧自缚了。

第二，该花的钱不能省

曾国藩的很多社交活动都需要花钱，几十两银子送出去都是很正常的。清朝的物价，大家不要被《鹿鼎记》里一个小太监怀里揣着几十万两的银票到处跑给误导了，几十两银子的购买力就和现在的人民币几万元差不多。

曾国藩家虽然也是个殷实的地主家庭，但是我们知道乡下的财主基本不用钱，收租子收的是实物，若是得知北京的物价、京官的开销，他的爷爷奶奶和爸爸妈妈，也会和今天看见北京房价的父母一样大吃一惊。

曾国藩的巧妙做法是，详细地解释这些钱的用处。比如，他会强调自己搬了家，房租涨了。不过，房子非常好，朋友来了有面子，也符合自己的身份，心情好了也能更好地工作，以及希望以后把各位长辈接过来一起住：

> 男于八月初六日，移寓绳匠胡同，北头路东，屋甚好，共古八间，每月房租京钱二十千文，前在棉花胡同，房甚逼仄，此时房屋爽垲，气象轩敞；男与九弟言，恨不能接堂上各大人来京住此。

现在的年轻人可能也会因为花销和父母起分歧，这个时候就要详细解释一下自己这么做的原因了。

第三，高姿态和利益均沾的原则

高自尊的人在家族有利益纠纷的时候往往会选择退出纷争。比如，一家几个儿女争夺父母的老宅，很多时候是那个做了公务员或者教师的会主动提出："我就不分一份了，你们来吧。"这可能是因为这个孩子的条件比较好，此外就是他的自尊心较强，不愿意沉浸在这种收益不高的斗争里。

曾国藩在带兵之后日子好过了，家书里也出现了给家里送钱的情况。

比如，他拿出一百两银子，分成三份进行分配，分给那些没有分家的亲人，一个爷爷的后代。然后又拿出五十两银子，送各亲族（那些远亲）。同时，他点评说：此项断不可缺，但是家中不能过于宽裕，因为现在是乱世，越穷越好。原文：

> 兹由魏荫亭亲家还乡之便，付去银一百两，为家中卒岁之资。以三分计之，新屋人多，取其二以供用，老屋人少，取其一以供用。外五十两一封，以送亲族各家，即往年在京寄回之旧例也。以后我家光景略好，此项断不可缺，家中却不可过于宽裕。因处乱世，愈穷愈好。

现在，很多大家族里，一个人发财了，别人看着就会眼红，用各种名目要他出钱。曾国藩已经是地方大员了，势力很大，还带着兵，按说没人可以欺负他了，但是他会主动去接济家族中的亲人，这就是他谨慎维护关系的地方。

第四，钱用在安全和发展上

有的人有一种错觉，认为有钱人喜欢挥霍。其实，他们用很好的车，是为了更加安全，买很贵的房子也是如此。

在对孩子的培养、教育上，有更多的钱，就可以有更好的条件来帮助孩子发展一些兴趣爱好和特长。家境比较好的家庭，孩子大多会学钢琴、马术和冰球等更依靠装备和昂贵专业指导的爱好。

现在的许多成年人也都在培养自己，上各种各样的特长课，这一点非常好。无论是学知识还是学特长，为人父母，如果自己都在学习、都在努力，孩子也会效仿他们的父母，做得非常好的。

第五，钱花在节约时间和精力上

每个人的时间都是有价格的。如果可以通过加钱少排队，就应该尽量采用那样的办法。

特别强调一句，如果你在北京或者上海这样的大城市里，要尽量避免帮家乡的远亲到医院排队挂号。如果有的医院不支持网上挂号，就自己付费让别人现场为你挂一个号，然后告诉你的亲戚：

“我事情很多，没时间跑腿挂号。这次，我送一个号给您，我出了这笔钱，这是我孝顺您的，但是下次您就自己来吧。”更不要让你的亲戚给你揽事，再去帮他的朋友或者他的领导。

低自尊者的消费陷阱

低自尊者掌控自己人生的能力很弱，这使得他们很容易被身边的人影响。他们信任对方的原因，不是因为对方说的话有道理，而是因为对方跟他玩、和他好。如果你交到一个低自尊的女朋友，那你十有八九要面对一个比她还要低自尊的闺密。这个人用各种奇思妙想来影响你的女朋友，你却根本不能发作。

低自尊者身边的所谓“朋友”，往往是一些别有用心的大忽悠。而低自尊者往往宁愿相信这些低质量的“本人心得”，也不愿意听你的科学分析。

这使得他们很容易陷入各种骗局中。同时，即使是正常消费，低自尊人群也很容易经济破产。他们中的很多人在自我管理方面很差，无法做到“量入为出”，容易背负自己还不起的债务。

为了防止这样的事情发生，我们要注意以下三个方面：

第一，为了面子花钱

一些人会购买和自己收入水平不匹配的奢侈品，让自己陷入困境。

比如，过大的房子，太过昂贵的汽车。如果是学生，为了买太贵的手机而去举债，很容易陷入校园高利贷的骗局中。

第二，为了嗜好花钱

一些嗜好不仅增加开销，还会伤害身体，比如烟和酒。有一些不良嗜好更甚，可能会触及法律。像赌博这样的嗜好，还会使人走向破产。

第三，为了无法操控的关系花钱

有的人喜欢和比自己社会地位高的人一起玩，这会让他的开销变得非常惊人。

比如，东汉末年的奸臣董卓就干过这样一件事。他结交少数民族的那些大头领，总是去人家家里吃饭。后来，他要回请了，结果倾家荡产请客，把家里的耕牛都宰了。那些人发现他杀牛吃肉，知道他破产了，就赶紧回家带了牛和马送给他。董卓反而因此致富了。

但是，这样的记载百里无一。大多数时候，结交比你身份高太多的朋友会花很多钱。

如果你总是跟着一个有钱的朋友蹭吃蹭喝，而不是有来有往，造成的结果要么是这段关系会很快结束，要么是你会变成他的“随从”或者“弄臣”。

克制纠结和折磨

无论是高自尊人群还是低自尊人群，都要注意一点，就是克制住自己对花钱的纠结。

钱花出去了，享受了服务或得到了商品，才真的是自己的。趴在账上，以后就可能是别人的。花钱之前要详细筹划和计算，给自己的钱划定用途。一旦执行了策略，把钱花出去了，不管划不划算，花多了还是花少了，都不要去想它。这才是真的豪迈。一定要避免这种局面：一时心血来潮为别人花了很多钱，最后又辗转反侧、煎熬不已。

高自尊的人会照顾自己的心境，尊重自己的决定，永远跟自己站在一起。

做错事，该怎么办

“做错事要认，挨打要立正。”这句话的意思是：犯了错误就要爽快地承认，对于相应的惩罚也要老实接受。

这是人们对于“认错”的态度：要诚实，要爽快。其实，地位越高、自尊越高的人，对于“认错”这件事就看得越重。

肇事逃逸后的纠结

前几天，有人告诉我他骑电动车撞了别人的汽车后因为害怕而逃跑，被汽车车主拦下来并且报了警。后来，对方没有跟他要钱。这个人（事业单位新人）回到单位跟几个同事把这件事当笑话讲，态度是“幸好对方没讹我，遇见事还是要及时跑”。结果，这个态度一下子惹毛了几个同事，大家的关系一下子紧张了。我对这个人说：

第一，你被代入了一个故事

你在骑车，同事们可能比你资深和年长，都是开车的。他们很容易把你代入一个不守法、横冲直撞的骑电动车的人的形象，你莫名其妙就站在了同事的对立面。这就是自找麻烦了。

第二，跟同事聊天不要去讲自己的丑事

有的人做了尴尬事之后内心不能平静，非要找个人说说，这必须要改。同事间聊天要谈无关紧要的事，你可以在事迹中笨拙，但一定不能猥琐。法国伟大的启蒙思想家卢梭讨好贵妇人的习惯，就是谈论自己妻子（是个不识字的女工）的愚蠢，他觉得这样能让女人们发笑和同情他。结

果，大家笑完了都瞧不起他。

第三，最重要的，是你要认错

因为惊慌，撞了别人的车后逃走，这一定是不对的。事后谈到此事，就要认真反省和认错，在守法方面做好。剐蹭赔钱就好了，逃逸可能就要丢工作了。

如果有这样的认识，跟别人提起此事就不会是“我真聪明，知道跑”，而是“对方人真好，不跟我计较”。如果是以这种态度提到自己的经历，别人对你的评价会好得多。

这就是孟子所说的：“行有不得，反求诸己。”你的行为没得到预想效果，就要好好分析一下自己的行为了。

犯错的分类法

犯错这件事，无论看起来有多么复杂，细细分析起来，其实就是两种情况：

1. 对某件事情的结论违背客观事实；

2. 在某个环境中的行为与社会公共道德不符。

算错了数学题，预测错了股票，这是第一种。对“出错”这件事的认定如果有争议，一般是在第二种错误中：人们依靠道德观和利害关系来下判断，而每个人的看法都可能有所不同。

道德观的核心：共情

健康的高自尊者一般都会对自己的道德有比较高的要求，道德的核心就是共情。

“共情”（empathy）是对其他个体感受的理解。人群中有小部分人天生就是缺乏共情能力的异常者，他们看见别人痛苦，大脑中无法唤起怜悯、同情之类的情感。心理学家把这些人归类为“无情型人格障碍”。很多变态杀手就是这类人。

大部分人在婴儿时期，共情能力就会开始萌芽、发展。一个一岁左右的婴儿如果听到其他婴儿的哭声，往往也会跟着伤心地哭起来。

在学前阶段，儿童的共情会不断增长：对“正确”表示钦佩，对“不公平”表示愤怒，对自己违反规则的行为感到羞愧。

共情使儿童表现出更加有道德的行为，让他们更好地适应社会。

儿童的道德观是标准单一、对错分明的。随着年龄的增长，他们发展到新的道德阶段之后，对“犯错”的判断会发生一些变化。

法国大作家雨果的代表作《悲惨世界》的男主角冉阿让，因为外甥们即将饿死，打碎了商铺的玻璃，偷了一块面包，被抓后又试图越狱，前后加起来被判坐牢 19 年。两三岁的孩子会觉得偷东西的就是贼、就是坏人，应该坐牢。但是长大一些后，大部分孩子都会转而同情他，他们已经理解“情有可原”的意思，会根据一个人的动机考量他的行为。

但是，偷东西不对，这种最基础的判断根植在我们脑海中，会跟随我们一生。

低自尊打死也不认错，高自尊坦荡又爽快

真正“是非不分”的人，是极罕见的。

那些死不认错的人，往往都是低自尊的人：他们因为对自己评价极低，在被指出错误之后，就会由事及人。别人说“你这件事做得不对”，他就会觉得“好啊，你觉得我这个人不好”。为了维护自己的自尊，他们会想尽办法来否认“出错”的事实，哪怕是胡搅蛮缠，也不能在言语上落了下风，有些甚至会表现出明显的攻击行为。

高自尊的人对自己的总体评价高且稳定，承认犯错并不会毁掉他们对自己的看法：“虽然这件事我做得不对，但我还是个很优秀的人。还有机会的话，我一定不会犯同样的错误，我会尽全力做到完美。”坦荡、诚实、富有责任心，这些甚至就是一些高自尊人士内心品质的一部分。他们认为这是君子之风，为自己拥有这样的品质而骄傲，在面对批评时会毫不纠结

地自我反省、承认错误。

高自尊本身足够强大，不需要用“我不会犯错”来武装自己。

拒不认错是个下策

不认错是有些人维护自己内心自洽的方式。

明明清楚“红灯停，绿灯行”才是对的，嘴上却要说“没车过来不走才是傻子”。这样只会让自己更纠结、更痛苦。这种冲突反而会更加伤害你的内心自洽，破坏你对自己的评价，你会变得更加低自尊。

这是一个恶性循环的过程。

处理关系的能力有四种，除了内心自洽之外，还有人际和谐能力、群体内发展能力和应对危机的能力。

一个不认错的低自尊的人，不管嘴里如何“有气势”，都不可能真正说服周围的人。大家见到你强词夺理的样子，就会把你视为一个差劲的人，你的人际和谐和群体内发展都会受到极大的伤害。

一个人不认错，同时意味着他将不能从过去汲取经验，而这恰恰是人类智慧的主要来源之一。你应对危机的能力也会非常糟糕。总而言之，“拒不认错”会极大地伤害你的人际关系。

积极认错的好处

第一，被人指出错误的时候，一定要先控制情绪，听听对方在说什么。如果对方说得有道理，那就要及时诚恳地认错，避免事态扩大化。小错认完就可以着手处理，拖延成大错说不定就会带来危险。

第二，积极认错可以保护人的内心自洽。老老实实地说出“我错了”之后，你的内心将不再纠结、不再有冲突，你会发现自己还是好好地坐在那里，天压根儿没有塌下来。

如果对认错感到紧张，这里也可以使用“系统脱敏法”。想象认错之后旁人怎么劈头盖脸地骂自己，后果有多么严重。尽量想细节，然后深呼吸几次：我还是这个我，“认错”不是一件多么可怕的大事。

第三，一个成熟的人在遭遇危机和可能的屈辱时，优先考虑的不是丢了多少面子，而是自己能得到什么，不能失去的又是什么。

1. 你犯了错误，但你可以借机得到一个有担当、光明磊落的评价。

要知道，虽然我们都希望自己不要犯错，但现实生活中没人喜欢那些永远完美的人。一个有毛病，但坦荡、不矫情的人，要比完美先生（女士）讨人喜欢得多。想办法把“评价”内化为自己的“人设”（人物设定），你就是那个最可爱的人。

2. 无论是在家庭、职场还是朋友当中，你都不能失去你的人际和谐，不能失去在群体内发展的机会。

你应该去研究自己的错误，从头复盘。是态度问题就修正自己的态度，是能力问题就要努力学习。如果是制度有问题，认真写一份报告提交给上级领导，他会仔细看的。当你全力以赴的时候，根本就不会丢面子。

有错认，没有错，坚决不认

乱认错也是一种低自尊的表现。有些时候，无辜的人也会被人批评“你不对”。一个典型的情况是职场性骚扰，很多人爱说：“× × 当然有问题，可是你打扮成这样就不对。”这是极不负责任的一句话。遭遇职场性骚扰的人是受害者，没有犯错，就不必认错。对于“出错”这件事的认定，除了听周围人的话，更主要的还是依靠自己的标准来判断。我有没有给出违背客观事实的结论？有没有做出违背社会公共道德的事情？对自己严格是为了变得更强大，但不要严苛。

有错不认错会让自己变成低自尊的人。同样地，没错的人，迫于压力胡乱认错也会伤害自我评价，让自己成为一个低自尊的人。你对自己的声誉都不爱惜、不维护，身边的朋友看见你就会害怕：“你连自己的声誉都不爱惜，如果我受到压力，你怎么可能为了我挺身而出呢？”

p.s

越是身居高位的人，认错的时候就越可贵。这种表态往往可以载入史书：

周成王（武王姬发的儿子）为了自我规诫，创作了一首诗歌《周颂·小毖》，收入了《诗经》。

汉武帝则是下达了著名的《轮台罪己诏》。

这两个郑重认错的人都是中国古代强大、了不起的皇帝。

“我随时有空”不能随便说

高自尊的人，要爱惜自己的时间。

有人经常会向我提这样的问题：“我是一个新人……没有任何关系，什么资源都没有……熊老师，我应该怎么办？”这就问对了，因为我们解决的就是“没有任何关系”这件事。

但是，“什么资源都没有”，这就是对自己认识不足的表现了。至少有一种资源，是我们都有的——时间。

人人都有的资源

我们为别人付出的时间，如果用来工作，就会带来收入。同样地，和朋友共处、帮朋友的忙，都要付出体力和脑力，所以时间资源是有成本的。

身居高位的人，最稀缺的就是时间，有些事情可能是他必须要亲自做的。比如，陪他的孩子参加运动会，陪母亲过生日，签字卖掉他名下的房产，或者办理银行的业务。

有的事情不是他必须要做的，比如和一两个不太重要的合作伙伴谈一件小事。你的领导也好，你的老板、导师也罢，最稀缺的就是时间。如果你愿意用自己的时间去换他的时间，这就是你为他做事、为他付出的代价。

年轻人的资源是时间和劳动力，你可以和你的领导、资深的同事或者交情深的朋友交换一些东西。同样地，等到你强大了、带队伍了，也会用一些资源来换取年轻人的劳动力，或者是直接购买一些外包服务。

所以，现在的问题不是“我没有资源，也没有关系”，大多数年轻人其实是“我有资源，但我不懂得怎样换关系”。

每个人的时间都有价格

大多数新人，在 27 岁甚至 30 岁之前都会处于一种“时间无规划”的状态。这种状态要到幡然悔悟，觉得要用功的那一刻才会改变。经常有一些 30 多岁的人回顾过去的岁月时，会有许多感慨：“时间都去哪儿了？我当时怎么好像把时间都挥霍掉了。”这样感叹的人，往往在处理自己现有的时间时，仍然是一团糟，他们其实缺乏规划时间的能力。

时间（以及劳动力）是年轻人最重要的资源，所以要精打细算，把它作价拿去出售或者交换。

有的人可能在刚工作的那几年会做一份兼职，甚至多打一份工。这是很好的习惯，不过不要耽误了本职工作。

今天，很多做微信公众号的“大号”，当年其实都是各媒体的记者，做公众号之前都是兼职做的，后来逐渐转成了全职。再比如，“局座”张召忠将军，本职是一位教授，“兼职”上电视，后来则变成了最好的出镜嘉宾，退休后又成了“网红”。

还有的人会把时间拿出来交朋友、维护关系，那么，无论是用来给领导效力，还是给朋友帮忙，都要想好自己时间和劳动力的收益。

不要给人免费的建议。同样，也不应该给人免费的帮助。

用自己的时间或者注意力帮助领导、同事和朋友，都要执行等价原则。一般来说，对方的第一次求助往往是事发突然。这个时候，不要太计较，要积极回应，给予力所能及的支持。

帮助了对方第一次之后，就要立刻想到这件事：

“如果这事经常发生，我应该怎么办？”

我这里提供一个工具，叫作“小时价值计算法”。你如果能够获得一个稳定的兼职，那就把自己每小时的工作收益来算成你的价格。例如，你是写稿子挣稿费的，就把稿费折算到小时数里。

能力强的人，比如刘润老师，给公司做咨询是按照小时收费的。如果你是一个高自尊的年轻人，也应该给自己定一个价格，然后每年调整。

定好了自己每小时值多少钱之后，开始估算一个任务的付出：

1. 这件事要占据我多少时间；

2. 准备这件事，要耗费我多少时间（准备出来的成果能否再利用）；

3. 这件事结束后，我需要多少时间去休息和调整；

4. 这件事能够提升我什么技能。

赤裸裸的交易

今年春天，有个大学校友约我喝酒。我们十几年没见了。他毕业后回了东北老家，在一个国企工作，这次来北京就联系了我。

我跟他约了见面时间之后，随口问了一句：“有什么议题，需要我做准备的吗？”这件事让他觉得很不适应。我们见面之后，他说：“你看你现在是大V了，还要问我有什么议题……”这是在埋怨我了，我就跟他说：

“不是这个意思，你过来出差，可能身上有别的任务。比如，如果你希望我介绍谁给你认识，或者希望我帮你或者你的公司做点儿什么，我就可以准备一下，也许还能把合适的人约到一起。这是效率优先的做法。如果只是把酒话交情，那我就一身轻松地来。”

他听完觉得这个思路很有意思，因为他们那里的做法就是大家先喝上，聊够了，再说正事。

和领导、同事和同学交往，心里都要算账，大体大家的来往频率差不多时，这段关系就能够趋于稳定了。当然，有些人实力很强，或者以后的前程远大，是可以多关照他一些的——“放长线钓大鱼”。

一个人如果长期给你没必要的小甜头、小好处，又不要你回报什么，那可能就是谋划着以后要你为他做些大事。这样的恩惠要谨慎，不要随便接受，或者勤还着点儿小人情。

相反，如果一个人没有能力给你什么，只是一味地索取你的时间，那么这个人往往就是一个低自尊的人。如果他本身不够努力，最好是帮他一两回之后，你就要及时止损。不要觉得挑选朋友是自己势利，这不是势利，你尊重的是人与人之间平等相处的原则。

我的时间也是稀缺品

你在职场中的职位再低，你的时间也是一笔财富。别人委托你什么事，千万不要说："反正我也没事。"这种表达，特别自轻自贱，会让人觉得你是一个低自尊的人。

有一个经典场景，领导在电话里问你："有空吗？"你应该怎么回答？

"有空"是工作量不饱和，你在"摸鱼"。"没空"是你不尊重领导。

其实，这是领导在瞎客气，他的真实意图是"你赶紧来"。所以，你只要赶紧说"我马上来"就对了。

你的时间并不比领导的时间宽裕。你牺牲你的时间来替他做事，就是为了让他腾出时间去为你们的机构争取更多的资源，或者陪伴他的家人获得更多的愉悦感。

他支付的东西，可能是对你更加信任的感觉（可能是提升的机会），给你安排一个肥差（出差补助或者项目奖金很高）。如果他对你的长久付出无动于衷，甚至一点儿情感上的表示都没有，你就要逐渐把挑过来的担子慢慢放下了，不要长期消耗。

跟朋友相处也是一样，朋友约你，即使你暂时没有那么忙，也应该核对一下自己的时间，然后再给对方答复。

如果被朋友觉得"这家伙很闲，随时都能约到"，对方就不会太珍重你的时间了。

正确的做法是，让对方觉得"这家伙很忙，但是他很看重和我的友谊，会尽力配合我的时间"。比如，朋友问你："最近忙吗？"你的回答应该是："忙得四脚朝天，不过你约我，我一定尽力腾出时间来。"尊重自己的人，爱惜自己的时间，对方也会觉得受到了尊重和重视。

注意，"人人都有资源"是我们容易想到的，"每个人的时间都有价格"和"赤裸裸的交易"则是我们容易忽略的，尤其是"赤裸裸的交易"。

比如，现在我一般不跟人喝酒，因为喝酒之后要用好几个小时来恢复。这期间没法工作。类似地，如果你周六带领导的儿子去爬泰山，周日可能一天的时间都只能用来休息。这些时间成本都要考虑进来。

如果这件事能够让你有提升、有帮助，你就可以把心里的虚拟价格下调。但是，不要为学东西就免费给人做事，因为免费之后要谈收入就难了，从 0 到 1 难，1000 到 10000 反而没那么难。

如果你帮助别人做某事可能会变成常态，你就要想办法从对方那里得到应有的收益或者资源支持。

时间是可以买的

年轻的时候比较缺钱，出门可能是坐公交车，但是如果急着去赶面试，就会打个车走。这就是用钱来买时间。

跟人相处，也可以采用类似的策略。有的朋友可能是特别黏人的类型，要你付出许多时间来陪伴。你去陪他，去了会浪费许多时间，但是不去，这个交情可能还需要留着。这个时候的解决方案就是：买。

用礼物来赎买自己的时间：你可能没法陪他逛街了，但是在丰收的季节给他家来一箱水果或者几对螃蟹，算一点儿心意。

人被拒绝，没有不郁闷的，但是收到礼物没有不高兴的。

随着你的时间越来越贵，你可能会越来越多地使用这种方式。

一个人退休后，去看自己身居高位的老同学，对方只跟他说了十分钟的话。但是到家后，他收到了一份礼物。他知道是老同学的秘书寄的，还是兴高采烈地拿着给自己的亲友看。

村里希望某领导回去看看，如果能题词最好。这位领导没有回去，但是给村里的小学捐了一批图书和一笔钱。这都是聪明人的做法，他们了解自己时间的宝贵。你会觉得他们“装”吗？不会的。因为他们真心相信自己的实力，相信自己的时间有多么宝贵。这不是装，这是高自尊。

如何向父母妥协，又如何“斗争”

有一首英文儿歌，大家应该都会唱。

Row，row，row your boat，gently down the stream.（轻轻地划开你的小船，温柔而坚定。）

Merrily，merrily，merrily，merrily，life is but a dream.（快乐，快乐，快乐，快乐，生活不过是一场梦。）

关于如何处理和父母的关系，大家可以多想想这首歌。

在人际交往中，很多时候，如果你有半点儿犹豫，可能就会变成不独立的关系未成年人。

人的 20～40 岁被称为“成年早期”。在这个阶段，有一系列任务需要完成，其中第一条就是：心理上独立于父母。

只有完成心理独立这项任务的人，才有可能成为一个真正的成年人。

独立是人之本性

在生理学中，人的生长发育有两个高峰期：0～3 岁的婴幼儿阶段和 10～20 岁的青春期阶段（青春期的时间有多种说法，这里采用了世界卫生组织的规定）。

对应在发展心理学中，就是人在成年之前存在两个重要的“叛逆”期：2～3 岁的叛逆期和十几岁的青少年叛逆期。

欧美国家有“terrible 2”（可怕的 2 岁）和“horrible 3”（恐怖的 3

岁）的说法。在孩子 2 岁左右，会突然变得很不配合，对一切的回应都是“不”，让人觉得非常头疼。正是在这个阶段，人类幼儿发展出了对自己的觉知，他们希望争取的是自己吃饭（拒绝喂饭），自己选择如何玩耍（拒绝被大人安排）等权利。

换句话说，他们争取、想要表达的是“我长大了”。

对于摇头说“不”的幼儿，最好的应对方式就是“让他做，让他选”：凡是没有危险的事情都可以交给他去做；需要做出决策时，尽量安排两个选项（大人都可以接受的），让他来选择。

从“快来刷牙”变成“今天想用红色的牙刷还是蓝色的牙刷”，父母和孩子都会轻松得多。

青春期的叛逆，则是更进一步的“我成熟了”。

十几岁的少年寻求自主，希望获得独立性和对生活的控制感。

这个阶段的孩子开始拥有精细推理能力，发展出复杂的思维模式，喜欢做智力上的探索。他们愿意强调自己的见解，希望在打扮上和父母、长辈拉开距离，而这一点常常会让成年人觉得受到了冒犯。简单、粗暴的“因为我要求你这么做，所以你必须做”，对青少年已经不再有效了。

对于父母来说，最好是让子女在小事上直接做主：有数量合适的零花钱，买什么样的文具、书，都可以自己拿主意。而在重大家庭事务和较大的支出上，要让孩子参与决策过程，重视他的意见，拿他当一个平等的家庭成员来对待。在这样的家庭中，父母和孩子是不那么容易因为“叛逆”而伤害彼此的。

无论是两三岁还是十几岁的叛逆期，都是人在身体硬件飞速成长之后渴望独立。

如果父母能尊重孩子的独立性，叛逆期就能平稳、顺利地度过。如果父母一直大包大揽，或者用威力镇压，就很容易爆发激烈的冲突。父母拥有极大的权力，他们掌控孩子的几乎全部资源，也享受子女的仰慕和崇拜。子女获得的每一点独立都是妥协（好幸运）和“斗争”（不容易）换来的。

到了青春期末期和成年早期开始的这段时间，大部分的亲子关系都会变得比较平衡，双方最终达成了协议。父母一般还是会保留有利的地位，但大多会出让一些权力给自己的孩子。

有的亲子关系要“斗争”到子女成年之后。有的父母和孩子的恩怨可能要到几十年后，他们老了，病在急诊室里的时候，才最终爆发和解决。

独立于父母的五个标准

你可能已经工作了，也可能还在求学，仍然需要从父母那里获得学费和零花钱。要注意的是，经济上的独立确实有助于在心理上独立于父母，但是父母提供求学阶段的经济支持，也并不会妨碍你完成这件事。这里给出心理上独立于父母的五个标准，大家可以和自己的情况对照来看。

第一，不再把父母理想化

在我们很年幼的时候，往往觉得父母是无所不能的巨人。随着年龄和阅历的增长，会渐渐意识到他们也只是凡人。

凡人的能力是有边界的。

孩子长大了，就可以不用什么都跟父母说了，报喜不报忧更好。你越长大，遇到的困难他们可能越解决不了，告诉他们只能让他们徒增焦急和难过。

“不说”不是失望，而是爱和体谅。

如果开始“自己扛”一些事情，你就开始了自己的成长之旅。很早就开始自己扛事的人，在朋友中不会依赖他人，而是可以替朋友分担之人。

当然了，我从来没说要你自己承担一切压力。

你需要有医生、律师和心理咨询师的联系方式，向专业人士进行求助才是成年人的处世之道。

第二，不以父母的观点作为自己的判断标准

独立的成年人有稳定的“三观”，会使用逻辑工具。对是非和利益的

判断，他们有一套自己的标准，绝对不会完全依赖于父母的见解。

现在有互联网和搜索引擎，年轻人获得的信息量有了极大的增加，验证真伪和推导结果都比父母那一代人要容易得多。

但是，千万不要因此而变得刻薄。成长这件事让自己强大、让自己愉悦，不是用来碾轧别人的。我们今天享受到的人类智慧，有很多都是父母那一辈人创造的成果。

有一条新闻：一个准新娘在领结婚证当天突然拿出一份闺密写的婚前协议，极尽苛刻而且特别没有法律意识，要准新郎签字。男人看完之后，决定退婚。

如果你早早就有了独立于父母去探索世界的能力，就不会被这愚蠢的闺密或者同事里的“大明白”牵着鼻子走。

第三，不需要依靠父母的激励来给自己动力

要做一件事情，来自父母的激励是锦上添花，但绝对不是我们行动的必要条件。

我们判断一件事是安全的、对的、有利益的，那就可以去做。“我本身”应该是最重要的。

如果你成年后活着的意义仍然是实现父母的期望和得到他们的赞许，你在做各种事的时候就会“动作变形”，脱离常人做事的轨道。

《马男波杰克》的男主角就是这样的典型。他已经在电视界成了当红明星，却每次都要回到心理有问题的妈妈那里，想要获得她的肯定。结果是一次次被打击，陷入酗酒的生活。

第四，不沉溺在对父母的怨恨中

生活中出现了问题，不是去责备和归咎于原生家庭，而是尽快从精神上去摆脱它。

把自己的问题完全推给原生家庭，然后彻底自暴自弃下去，这也是不独立的一种表现。要知道父母伤害的是过去的你，你还可以把握现在的时

间，保护未来的自己。种树最好的时节是十年前，然后就是现在。

人们往往会觉得自己的痛苦“独一无二”“痛大于天”。

迈克尔·杰克逊和猫王的女儿丽莎曾经有过一段婚姻，迈克尔对丽莎说了自己小时候被虐待等各种问题。

丽莎说：“就这些了吗？谁家没这种烂事呀。”

在倾诉自己经历的过程中，许多人会与过去和解，对过去释然。

第五，能为自己的决定负责

要自己做决定，事后结果好与不好，责任都要自己承担，千万不要对父母说“都怪你们当初没劝我”。这句话只要说一次，你就会退步成父母的附属品。

谈恋爱时，你要了解一个人适不适合做伴侣，就要警惕这样的表达。

一个喜欢把责任推给自己的父母、朋友的人，就是典型的关系未成年人，而且是那种最糟糕的“情感碰瓷者”。

和这样的人发展亲密关系要特别谨慎，他们讹任何人，他们讹全世界。

何时要“斗争”，何时该妥协

一个最简单的判断标准是，事情完成之后，承担后果和责任的人是谁。

如果是自己的事情，那就一定要“斗争”到底。婚姻是最典型的场景，和对方相伴几十年、共享婚后财产的人是你，就不能听父母的“那个谁看着挺老实的，凑合凑合得了”。

如果婚后没多久，对方有家暴行为，打得你浑身是伤，你就不能听父母的“谁家不打媳妇啊，离婚太丢人，忍忍吧”。

一旦有了这个标准，你看各类社会新闻就有了主见。

比如有网友吐槽，说父母负责装修新房，效果让人不忍直视。这件事从一开始就不对，要住进这套房的人是你，就不应该全权委托父母来装修。父母主动要求，你就要拒绝他们。自己辛苦一点儿自己负责装修也好，外包给设计师也好，就算听十年唠叨，至少不用被迫住在不喜欢的房子里。

对自己不会产生重大后果和长久影响的事情，就可以适当向父母妥协了。我经常说，好儿女待父母要：甜言蜜语哄他们一时开心，说了的话未必做，有时候还拿钱砸，但我不被你控制。

这种态度的核心是：“我不受你控制，但我对你特别好。”这种对待父母的方式，比“我们想控制对方，势同水火，但心里都爱对方”要健康得多。

独立于父母的清单

这个清单是按时间的先后顺序来排列的，越靠前的可以越早出现。年轻人可以对照自己来看，为人父母的也可以对照自己的孩子和教养方式来看。

自　律

不需要父母，自己就能管得住自己。自律这件事，我们在很小的时候就能够做到，也应该尽早做到。自律的品质本身充满强大的力量，如果你拥有它，你的父母自然会对你有更多的尊重。

生活自理

我们一般说孩子做家务，往往强调他是在替父母分担家务。事实上，这件事是对双方都有益的。从小适当接触家务的孩子会更聪明、更细心、更独立，也更让父母放心。

去外地上大学

能够生活自理的人，去外地上大学不会有任何问题。不能生活自理的人，离家会逼迫他们迅速成长。

提高收入

收入就是个人实力最直接的体现。

现在，年轻人在一二线城市买房基本都要靠父母支持。这件事本身没什么可丢人的，其实很多家庭给孩子买房的行为，是最近二十年来他们最有回报的一次投资。

但是，不能把父母的支持看作理所当然的事情。要努力赚钱，将来去支持、回报他们。

经营关系

我们有了这套方法论，就有了比父母当年更多的机会去交到很好的朋友，找到很好的结婚对象，在职场上取得很好的发展，做一个比父母更出色的关系达人。

做到以上这些之后，你就可以慢慢从被动接收者，转化为一个可以向父母输出观点的人。你的人格将被尊重，意见也将被看重。你已经真的成熟起来，作为父母的依靠了。

职场上越独立的人越强大

有人问了我这个问题："我们都说过犹不及，是不是太独立的人反而不好？"

给你举个健身的例子。

有时候，你会听见有些女生谈论健身说："不能练肌肉，练出一身肌肉块来，穿衣服难看死了！"其实，她每周一共才去健身房一个小时，还有 30 分钟是在慢跑。要练出一身肌肉块来，至少需要五六倍的时间和高强度，还得吃对了东西才行。

你的问题不是"运动过度了怎么办"，而是"运动量根本不够"。

同样地，看到"独立"这两个字，我们就会发现，大多数职场新人的问题都是"不够独立"。太强大，强大到不平易近人的人有没有？有，但我觉得应该不是你，也不是我。

职场上为什么要看重独立

我们所说的职场独立，是一种不依赖他人、他物的强大，和"搞独立王国"是两个不同的概念。独立不是要跟上级分庭抗礼，而是要在工作中足以独当一面。

事实上，独立是职场上的"无差别美德"，所有的人都应该独立。

新人必须要独立

如果总是说"我是新人"，用这句话来摆脱对自己的严格要求，那么这个人走不远。

老员工必须要独立

你可以请托新人来帮你分担工作任务，但这件事最好先通过你的领导。有的老员工欺负新人，是因为他对自己的工作非常怠惰，就想着往外推。

如果老员工让你干他的活儿怎么办?

放心拒绝掉就好了，不独立的老员工在部门里的地位很低，而且很难升上去。就算有一点儿关系，最多也就能自保而已，根本没有欺负新人的实力。拒绝的同时，可以跟自己的领导不经意提一嘴，别告状，就说“××请我帮忙，没帮上”，给自己的领导打个预防针。

不独立的老员工，连新人都会瞧不起他。

领导必须要独立

你可以试着观察一下你的领导。领导也分好多种，但是最强大的那一种，一定是特别独立的。

一个空降的领导应该如何“清场”?“清场”的关键是要有“老子自己带几个人也能把事干了”的决心，如果你依赖下属的劳动力、战斗力或者业务实力，那么“清场”一定会失败。

也有一些领导是纯依赖别人被提上来的，下面一直有优秀员工给他做出成绩，这种领导走不了太远。如果你想确认一位领导值不值得跟，那么观察他是不是独立可能是最重要的一点。

不要害怕自己的独立

“夹起尾巴做人”是很多父母喜欢教给子女的，但是不能一概而论。

我们会发现很多新人活得太小心翼翼，生怕说错了一句话、行错了一件事。

新人最重要的人际关系就是和领导的关系。你的绩效打分在他的手里，你应该分担他的压力、减轻他的负担，让他腾出时间去思考战略，去和友邻部门的老大争夺资源。

花费太多时间经营和同部门老员工的关系，性价比很低。要知道，老员工可能是陷入“平台期”之人，还有的是领导对其有意见，甚至已经不再想用的角色。受他们的影响，新人很容易被误导，学来一身油腻之气。身上的斗志被消耗殆尽，这份工作也就做到了尽头。

这么多年来，我挑下属、看同事一般就看说话和做事时“用减法”的能力。

大家做过政治考卷就知道，有的人答题是默写课文，把自己记得的内容都铺上去；高明的人是踩点写答案，几个点一到，那道题就是满分。

生活中也是这样，有的人说的话不多，但都能说在点子上。如果一个人做的事情很明确，没有太多多余的动作，这样的人就是聪明、能干之人。

相反，该说的话说了，该做的事做了，却因为害怕自己没做好而继续使劲，这样的人其实就是不自信、不独立。

你如果能表现出自信和独立来，你的领导一定会看到，并会信任和重用你。

独当一面的忠诚才有价值

《小羊肖恩》里，农场主是个生活基本不能自理的高度近视眼，整个农场的秩序实际上是由一条狗维持的。虽然它经常被羊和其他动物嘲讽，但它忠诚、努力，还很公正。

在创业期和开拓期，领导希望建功立业，他最看重的一定是那个最独立的人。我们可以看看刘备用人的规则。

关羽是非常骄傲的人，很难跟人亲近。张飞则是一个很容易被主公喜欢的人，但是张飞对关羽“兄事之”（像对待兄长一样）。这不仅仅是因为年纪，更重要的一点是关羽这个人很独立。

关羽有独自带兵的能力，刘老大（刘备）如果要分兵，一定是把另一队交给关二哥（关羽）。关羽做事妥当、细心，在荆州兵败之前，关羽几乎没有让刘备失望过。

刘备喜欢的另外一个人是魏延，这也是一个自己有主意、可以独当一面的人。魏延对刘家很忠诚，但不被诸葛亮信任。诸葛亮死后，魏延死于内斗，是一起大冤案。

大公司的“曹老板”（曹操）做事就有所不同，他会照顾一些不太独立的人。当公司有足够大的规模时，就一定会有关系未成年人出没。在曹操身边，这个人就是曹洪。

《军师联盟》里的曹洪

曹洪贪婪，因为救过曹操的命，和曹操又是堂兄弟，曹操对他比较纵容。这使得曹洪任性，与曹仁和夏侯惇相比，他的独立性很差。

曹洪独当一面的时候容易出问题，曹操就会派徐晃或者别的业务骨干跟他一起行动。徐晃，一代名将，帮老曹家看一个 40 多岁的“熊孩子”。

曹操对血亲的纵容埋下了隐患。在后面两代人中，纵容和保护关系未成年人的恶习流传了下来。曹用夏侯惇的儿子、曹操的女婿夏侯楙带兵，成绩一塌糊涂。到最后又用了曹爽来做顾命大臣，正是这么一个不能独立的人在关键时刻软弱、怕死，最终让司马懿夺权成功。

用更独立的下属的好处

做上级不要害怕独立的下属。三国时期有个被低估的大军师、大政治家鲁肃。鲁肃是孙权的人，和孙坚、孙策掌权时期用的那些人相比，鲁肃资历很浅，但是他根本就不在意那些老臣说什么，他只考虑孙权的利益。我们细看鲁肃劝说孙权的话：

> 肃曰：“向察众人之议，专欲误将军，不足与图大事。今肃可迎操耳，如将军不可也。何以言之？今肃迎操，操当以康还付乡党，品其名位，犹不失下曹从事，乘犊车，从吏卒，交游士林，累官故不失

州郡也。将军迎操，欲安所归乎？愿早定大计，莫用众人之议也！”权叹息曰：“诸人持议，甚失孤望。今卿廓开大计，正与孤同。”

从这段话中，我们可以看出鲁肃说明白了：孙权投降会死，大家投降都会过好日子。

对领导来说，有独立的下属好处颇多：

更有本事

独立的人在见识上要比爱依赖人的人远远高出一个档次。如果一个人害怕独立，你就会错过一些特别好的人才。控制型领导无法取得比自己个人成就更高的成绩，但是信任型的领导是可以的。

省力、省心

对你千依百顺的人并不能帮你建功立业，独立的下属才能够帮助上级建功。

如果你是一个小团队的负责人，有几个独立的下属，你就可以腾出更多的时间去考虑更重要的事，事事请示的人会把领导活活累死。

没那么难控制

有人认为独立的下属不好控制，这是一种常见的谬误。人们今天谈起“被下属架空”，往往会描绘为“晁盖—宋江”模式。其实，晁盖对宋江的管理，不是因为宋江独立，而是因为只有一个宋江。如果有一个花荣事业部、一个柴进事业部和一个宋江事业部，晁盖的管理就不会有问题。一个上级授权给一个下属，下面的人全向这个“二把手”汇报，“一把手”不被架空才怪。

独立下属的佳话

历史上有一段被人赞誉的上下级关系，就是曾国藩和胡林翼。

曾国藩是晚清“中兴四名臣”之一，他曾经佩服地说胡林翼的才华

“十倍于他”。曾国藩不是那种信口开河夸人的人。

胡林翼早死，知道他的人不多。同是湖南人的毛泽东，字“润之”，早期也经常写作“润芝”，这两个字就是胡林翼的号。

胡林翼不是曾国藩训练出来的身边人，他 24 岁就中了进士（神童级），后来因父亲去世而辞职回家。再回来之后总是补不上官，就买了一个官做。别人买官去富地方，胡林翼买官去了贵州安顺——去一个穷地方做事。

后来，洪秀全起兵，胡林翼从贵州带着兵去投奔了曾国藩。

这个时候就看得出曾国藩的胸怀了，他没有把胡林翼当作练兵补血的，而是让胡的部队保持独立，配合自己作战。

这下了不得了，胡林翼成了一个常胜将军，总是打胜仗。很快，他就当上了湖北巡抚——地方大员。有一段时间，他比只带兵没有地盘的曾国藩还要强大。

但是，胡林翼这个人明白团结的重要性，也明白曾国藩才是成事的关键，所以他一直都以曾国藩的下属自居。

曾国藩佩服胡林翼善于理财，说久被战火蹂躏的湖北，居然能养六万大军。有人说胡林翼是湘军的联合创始人，这句话其实不过分。不过，这个人最妙的是，他特别会处理人际关系。很多时候，跟地方上要钱、要粮，都是胡林翼去争取、去谈条件。曾国藩和胡林翼的友谊一直保持到胡林翼生命的尽头。从胡林翼的经历，我们可以发现跟对人需要做这些事：

1. 给自己挑选一个合适的舞台；

2. 给自己找一个对脾气的领导；

3. 小心侍奉这个领导，不让他多心或者多想，尽可能地给他制造一种安全感。

第一点和第二点好做，第三点最难。曾国藩有胡林翼，显然要喊一声“好幸运”。胡林翼有曾国藩，当然也要叹一句“好幸福”。清朝没有当时就亡，坚持了五十年，甚至一度有“中兴”的势头，和这些强大而勇猛的人如旋风一般出现关系极大。愿我们都能遇见自己的曾国藩，挑到自己的胡林翼。愿发心做事的人都能找到独立、强大的彼此，携手前行，彼此珍惜。

伴侣心智不成熟怎么办

我对“独立”的评价很高，认为它是一种无差别的人类优点，在各种关系、各种角色中，我们都需要独立。

有人问我：“夫妻、情侣之间，也需要‘独立’这种特质吗？”

当然需要了。

爱情的排位

男人的心里对各种关系应该有一个关系优先级的排位，而这个排位中，妻子应该在自己的父母之前。

“妻子—父母”这样的排序，是小两口结盟，和老两口博弈。

如果排序是“父母—妻子”，那就是一家三口欺负一个“外来人”的格局。这种格局特别不稳定，最终会以冲突告终。

而一旦因为婆媳冲突造成了夫妻离异，真正愤怒和饱受折磨的其实是婆婆。她会更加担心儿子的生活，婚变也会造成严重的财产损失。配偶一定就是家庭关系优先级的第一位吗？当然不是。在配偶之前，一定还有一个人。那个人是自己。所以，一个男性心中比较健康的优先级排位其实是这样的：

“我—妻子—孩子—父母—其他人。”“我”这个角色，一直都有，一直都在。其实，女性的排位也是如此。如果处理不好自己在家庭中的排位，就会与家人发生冲突了。

当然，有些人不愿意承认自己有利益，更不愿意承认把自己的利益放在配偶之前。他们坚持认为在自己的世界里，“我爱他多”“我是卑微和渺小的”。

结果，这个优先级就变成了这样：“你、我的爱”第一 ，“我和全世界”第二。有人把这种感受和认识当作爱情。

耗尽心力的爱

如果你被一个不独立的人爱过，就会明白上面我们提到的那种爱有多么沉重。在这种至高无上的虚拟地位被他一次次强调之后，紧跟而来的就是无休止地向你伸手。

心智不成熟的人对爱强调得特别多，但是每次他们说一句“你比全世界都重要”，都要求对方做出相应的表达。这个表达可能是表态和甜言蜜语，但大多数都是费心费力的付出。

如果心智不成熟的人碰巧还是一个特别情绪化的人，他们会在满嘴的爱中加上一些词：生命、善良、意义、死亡、自由。

爱是他们世界中唯一的动词，而他们在谈论爱的时候会挂上所有宏大的大词，动词—大词，动词—大词。如果谈论爱时总是这种节奏，他们就是“爱情至上主义者”了，这些人看上去是为爱而生的。

如果你不是他的同类，而又卷入了一段和他的亲密关系，你就会很快变得非常非常累，因为每天都像是在演戏。天天演戏能不累吗？

爱情至上主义者有严重的不安全感，渴望沉溺于纯情感世界。但是，我们知道还得有现实生活，我们要拿出时间来应对复杂的人际关系、学习、充电和成长。这在爱情至上主义者眼里都是一些俗务。

而激情消退之后，爱情至上的人会从下一段感情中去寻找意义，上一段关系的普通人则要去应对一段虚度的、没有成长的青春。当他回头看的时候，满满都是这种感受：奇怪，我怎么跟这么一个人在一起了好几年？

当然，我们不能把责任推给心智不成熟的人。事实上，在和他们相处的时候，爱情至上主义者可能是富有魅力（尤其是性吸引力）的，责备这些孩子气的人并不能让我们更舒服一些。

但是，我们想做大英雄、大女人的关系修炼者，是可以早早提醒自己不要沉溺于这类感情的。如果你要过一段“突飞猛进”的生活，在挑选恋人和配偶的时候，就要尽可能地把一些不独立的人筛掉。

为什么我们还会卷入不独立的感情

十年前，我听说过一位比我年长的前同事聊自己的感情。当年，他被当时的女朋友折腾得团团转。

深更半夜，大雪纷飞，女朋友把他踢醒，让他出门去买烤串给自己吃（那时候，没有半夜的外卖软件）。他工作非常辛苦，觉得这件事很屈辱，但还是挣扎着出门了。

后来，他和几个同事提及此事的时候说：“我有心说不去，但是想到她这么漂亮……实在舍不得。”

我当时跟着大家“嘿嘿”了两声，没有说什么。

这就是被一些外物给降服了，自己不够独立和强大的表现。我们要躲开那些为情而生、爱情至上的人，但大多数时候，我们都不仅仅是筛选相亲简历，这些人都是有血有肉的，有的还会和我们有罗曼蒂克的开始。

我们希望筛掉那种关系未成年人，不愿意对方拖累我们，但对方可能已经对我们情根深种，可能有令人无法拒绝的绝世美颜。

天下最不讲理的就是爱情。

我们可能最终还是会卷入和关系未成年人的爱恋中。这个时候也不要太纠结，要知道你的纠结和斗争对内心自洽的伤害可能比对方对你的拖累还要严重。

我们当然有办法让不独立的人有所改善。

改善独立性的清单

如果你的恋人是独立性很差的人，我建议你最好考虑一下是否继续交往下去。

如果你们的恋情才刚刚开始，或者还没有确定关系的话，筛选可能比改善和训练要更容易，毕竟成年人是非常难以改变的。

如果已经下决心想改变对方，最好就赶紧进行，这可能是一个几十年的长期计划：

合理称赞

心智不成熟的人在很多时候确实很像孩子，这个时候是可以用称赞和表扬推动他们前行的。称赞人关键是要真实，不要捧假了，再自恋的人也听得出言不由衷的赞美。

称赞要具体化，只表扬对方的某个行为。“我觉得你这次没有受你闺密的影响，做了正确的判断，非常好。你进步了呀，亲爱的。”

适当拒绝

独立性差的人，特别喜欢在细节上依赖别人。如果要改善这一点，就要早早做安排。

1. 先打预防针

“我不会 24 小时都在的，我该开会要开会，该出差要出差。你要我帮你做这些事情，可以，但是动作会很慢。”

2. 再给一个游泳圈

“我会教会你这些事情，其实很简单，操作也很方便。”

3. 放心，开始游泳吧

“现在你会了，你再要我做这件事，我就会让你自己去做了。我知道你有实力，能处理好。”

大家注意，拒绝亲密的人确实可能会让对方特别不爽，但是如果你不能硬起心肠，突然又要把他拥入怀中，对所有事情重新大包大揽，那你以后就没机会再去拒绝他了。

如果你决定要和对方过一辈子，最好是尽早开始这个驯化过程。如果仅仅是谈几年恋爱，根本没有结婚的计划，那就怎么宠溺怎么来好了。从这一点来说，决心改变对方的人，往往是动了真心，想在一起好多年。

贿赂和讨价还价

对小朋友可以用奖励的办法，可以采用“一个星期好好守纪律，到周末就有一个小玩具”的方法。

这一招在恋人之间也非常有用。

“如果你认真打扫房间一个月，我就送一个新游戏机给你。”（对宅男是有效的。）

“如果你能够坚持一个月沟通时不发脾气，你想要的那套口红我就帮你买回来。”不要担心你的另一半会利欲熏心，变成金钱的奴隶。更何况，即便他真的变成金钱的奴隶，也比你当他情绪的奴隶要好得多。

要勇于接受对方的讨价还价。不独立的人不会讨价还价、不会谈判，他们仅仅是对一切安排表示不满意，没有提出建议的能力。

“给我五千元钱”可是比“我不要你的钱，我要你全部的爱”可爱多了。所以，如果你的伴侣提出了对等的提议，恭喜你，他已经迈出了进步的一步。

摆脱他的“烂朋友”

很多不独立的人身边都有一堆“烂朋友”，最常见的情况是一帮人花天酒地，不干正事。这种“烂朋友”很难摆脱，你的伴侣根本就不想摆脱。

他沉浸在一个心理舒适区，不愿意进步，所以，去攻击他的朋友（或者说她的闺密都是庸俗、猥琐的人），只会让对方暴跳如雷，因为其实你指责的就是对方。

更好的办法是，直接给他一些更好的东西。遇到事情的时候，你可以把有些道理用自己的话说出来，一两句建议提到点子上，他就会对你刮目相看了。那个时候再输出你的理念，培养他主动求索，世界从此就会大不相同。

有“烂朋友”其实是因为他的个人成长太慢，跟不上你的成长速度。如果是因为工作上太稳定，你可以支持他发展一些兴趣和爱好。如果是健康的爱好，不要心疼钱。

要有隐私

不要共享你们的微信、QQ 和手机的锁屏密码。即使是夫妻，也应该把账号分开，不要有公用邮箱或者共享苹果品牌的产品。

如果对方觉得麻烦，就给他申请一个，给他设定好密码。如果他为此对你进行指责，认为你把他当外人，就要非常明确地对他说：“这是我做事的风格，我觉得我们可以尊重彼此。”

不要怕关系破裂，其实心智不成熟的人对关系破裂的恐惧，要比你对关系破裂的担心大得多。当然，在对方接受了这个现实之后，你可以哄一哄他：“谢谢你支持我，你最深明大义了。”

灵魂上的控制

好多人说，如果女朋友（或者男朋友）不黏人，那就是不喜欢你。

这是小儿女的看法，如果你是中学生早恋，那么这话一定对，但不要停留在这样的阶段。要明白，我们追求做独立的人，但不是性冷淡。要善于用自己的魅力。如果对方喜爱你、迷恋你，要善加利用。

坏男人和坏女人是用对方的迷恋去欺负、控制对方，来达到自己的目的。大男人和大女人是用对方的迷恋来推动对方进步，让对方变得更好，最终达成两个人的大和谐。这一生，改变世界很难，但是让世界变得好一点儿很容易。这一生，改变一个人很难，但是让对方变得好一点儿、开心一点儿很容易。促进伴侣的成长，自己也会从这种努力中收获很多。你会发现，这些艺术以后可以很好地用在职场中，关系这门学问是一通百通的。

和一个人一起成长，也是非常美好的。和那些放纵、凶暴、折磨彼此的家庭相比，这是大爱，这是真正的菩萨心肠。

如何狙击抑郁情绪

负面情绪是内心自洽的敌人，一个人管理关系的能力可以分为四种：实现内心自洽的能力、实现人际和谐的能力、实现组织内发展的能力和应付危机冲突的能力。

一些负面情绪是躯体疾病的产物，比如抑郁和焦虑。

严重的抑郁障碍和焦虑障碍，虽然可以通过心理咨询来改善（很有限），但不用药物根本就好不了。类似地，双相情感障碍中的“躁狂”，那种狂妄自大和骄横，都是疾病的表现，只希望“变个念头”“开导开导”是不行的。

各种情绪障碍在春、秋两季特别容易发作，抑郁障碍和双相情感障碍要特别留神这两个美好的季节。

除去这些疾病引发的负面情绪，还有不少负面情绪是因为认知而产生的。

抑郁：负面情绪之王

抑郁情绪是所有负面情绪之王，重度的抑郁障碍患者会从根本上丧失感知快乐的能力。他们觉得自己没有价值、浑浑噩噩地度过每一天，对朋友和家庭都丧失了兴趣，饮食和作息都陷入严重不规律的状态，有的人还有轻生的念头。

如果你，或者你的亲友有轻生的念头，就要尽快就医，这件事没商量。千万不要觉得自己在小题大做，空担惊吓比追悔莫及要好得多。

2004 年，阿洛伊和艾布拉姆森等人主持了一个实验来研究一批轻度抑郁的大学生，对照组是一批正常大学生。这个实验很简单，就是让参与的人去按键，来判断灯光亮度的变化是不是自己造成的。实验结果很令人惊讶。

正常组基本上都盲目乐观，他们自认为控制力超过了他们实际的水平，反倒是轻度抑郁的这些大学生判断完全正常。

最后，心理学家认为：轻度抑郁的大学生更倾向于自我关注，但是更加善解人意。这种情况被人形容为“抑郁现实主义”（Depressive realism），也叫作悲观而明智效应（Sadder-but-wiser effect）。

乔治·R.R. 马丁的《冰与火之歌》系列（后改编为电视剧《权力的游戏》）里，七国的九大家族都有自己的家训：

坦格利安家族：血火同源！

拜拉席恩家族：怒火燎原！

马泰尔家族：不屈不挠！

兰尼斯特家族：听我怒吼！

徒利家族：家族、责任、荣誉！

提利尔家族：生生不息！

葛雷乔伊家族：强取胜于苦耕！

艾林家族：高如荣耀！

贵族阶层一般都会极大地夸耀自己的荣光，而贵族中的骑士阶层又特别爱自吹自擂。但是，有一个例外就是：

史塔克家族：凛冬将至！

在小说里，史塔克家族是背负更多、苦难更多、更容易流血牺牲的家族。这个家族里的所有人都是一种愁眉不展的状态。

这就是悲观而更明智的一种设定。这一点其实符合心理学的研究成果：现实中，长期缺乏光照的寒冷地区，人们抑郁的概率更大。

轻度抑郁的人更容易说出冷言冷语，以及那种带有失败气息的话，他们也更容易在别人兴高采烈庆祝的时候克制地表现出自己的睿智。

所以，如果你遇见有这种表现的人，不要急着觉得对方是在挑衅，更常见的一种可能是这个人就这样，他对自己的评价可能会更加残酷。

他不是一个妄人，只是一个有困扰的人。

消极的解释风格

和“正常”人相比，轻度抑郁的人做事情更符合“实事求是”这四个字，遗憾的是，这对他们并不是一件好事。我们说一个人是“正常”的，并不是说这个人就是正确的。同样地，一个对自己判断正确的人，也未必就一定正常。

轻度抑郁的人也许对自己的认识非常正确，而正常人都是把自己的能力和别人对自己的评价进行了夸大。

比如，正常人做错了事，会喜欢推给别人，他们会觉得未来一定会变好。但是，轻度抑郁的人会认为是自己有问题，还会觉得这个世界恐怕好不了了。他们习惯于使用消极解释，会把失败和挫折的原因归结为稳定、普遍和内在的，你会听到他们反复言说这类话：

> 我的缺点会一直持续下去，改不了的。
>
> 我的缺点会阻碍我做的每件事。
>
> 这些全是我自己的错。

这种消极和泛化，这种恐怖的自我责备，会带来沉重的绝望感。

这和西方俚语里的墨菲定律并不一样，墨菲定律是：

> 任何事都没有表面看起来那么简单；
>
> 所有的事都会比你预计的时间长；
>
> 会出错的事总会出错；
>
> 如果你担心某种情况发生，那么它就更有可能发生。

墨菲定律是把失误推给可能性和坏运气，但是消极解释的人只会攻击自己。

恩断义绝的冲动

人在快乐状态的时候，思维是积极的，容易把全世界往好里想，也容易对身边的人友善。

在轻度抑郁状态下，却容易对未来丧失期望，伤害所有的关系。重度的抑郁，往往还会导致记忆力下降，对全世界的期望值都变得越来越低。有的人担心自己得了抑郁症被朋友们知道会被嫌弃，这是一种掩耳盗铃的想法。其实，伤害你和朋友交情的不是那一纸诊断书，而是你在受困于抑郁的时候发泄情绪可能对他们造成的伤害。

如果你事先告诉他，你作为抑郁症患者也许会误解他，对方对你可能会更加宽容。

如果你的朋友受困于抑郁，那最好不要被牵扯进他的家事。大多数抑郁症患者在谈及自己家人的时候，都会对他们有更多的抱怨，认为他们一无是处，想到的都是父母殴打和惩罚自己的场景。

但是，在治愈之后重新描绘这段岁月的时候，他们是能够发现自己父母的优点的。

恶劣心境会扭曲人的记忆，这也是很多抑郁症患者得罪亲戚、朋友的关键。亲戚、朋友会被他们的误解所激怒，而这种激怒又会让抑郁症患者继续回到他们的经典“三部曲”：

> 我的缺点会一直持续下去，改不了的。
>
> 我的缺点会阻碍我做的每一件事。
>
> 这些全是我自己的错。

这真是一个恶性循环。

抑郁有传染的倾向，会在没有血缘关系的收养家庭的兄弟之间传染，会在大学宿舍里传染，还有可能在恋人之间传染。

好消息是快乐也可以传染。心理学家跟踪了美国马萨诸塞州 5000 多个居民将近 20 年，发现在更快乐的社区里生活，人也会觉得更开心。

所以，如果不能挑亲人，最好挑邻居，尽量不要和一大堆绝望、颓废、不快乐、天天骂街的人住在一个社区里。

压力下的生存

从人类诞生到现在，抑郁的人没有全部灭亡，就说明抑郁有积极意义。

你无法想象一个自大狂带着一批自大的乐观主义者在冰河期的严酷条件下存活下来。多少年，多少代，有许多内心黑暗、目光阴沉的老族长带着他的族人熬过了艰难的“蒙昧时期”。

正常人在受到打击的时候会感受到短期抑郁，这种刺激就像是被烫了或者刺痛了一下一样，能让他们反省一下自己。很快，他们就能够改变自己的应对策略，重新回到人群中了。

遗憾的是，有抑郁倾向的人很难采取应对措施，而是会反复地进行自责和情感上的反刍（后面我们讲纠结时会谈到这种痛苦）。青春期的女性抑郁风险比同龄男性高一倍，主要就是因为她们有这种自责和反复复盘不良情绪的倾向，男性则往往会更直接地采取行动。

抑郁情绪和倾向是可以被人工造出来的（抑郁症不是）。心理学家萨克斯和巴吉特尔曾经做过一个实验，他们让一些年轻女性接触一位故意不友好的陌生人，这个陌生人专门被安排来给她们难堪。结果，倾向于消极解释风格的女性很快就出现了各种社交障碍和抑郁，而且她们会对以后遇见的人更加苛刻和敌对。

这在职场上是特别常见的情况，很多人认为“女领导更变态”，很可能是因为女性领导在职业生涯的早期经历了太多的不愉快。许多资格比较老的女同事，会对年轻女性同事非常不友好。除了个别可能的性嫉妒之外，更大的可能是曾经的不友好留下的印记。

改变自己解读的方式

渴望领导或者同事不针对自己，基本没有可能。前几天，有人跟我说："熊老师，我最近被我的领导盯上了。我知道我最近做得不好，但是我坐在办公室，没招惹我领导，他就要跑过来问我在做什么，进度怎么样。"我对她说："你的态度是不对的。"领导问你在做什么，看你手上工作的进度，这是他对公司负责的表现。他担心你的实力，也担心因为你不给力而让他被连累。你应该把更多的注意力放在自己的工作上，好好完成任务，而不是把领导对你的正常监测看成一种敌意。

合理情绪疗法，也叫作"情绪 ABC 疗法"。上面这个例子就是一个典型的 ABC 案例：A 是领导问我做什么（诱发事件）；B 是我认为领导在找我的碴儿（我的解释）；C 是我和领导关系紧张（导致后果）。

如果不考虑自己的解读，你会发现这件事完全讲不通。加上自己的解释之后，你会发现这不合逻辑，所以你的解释有问题。修订过解释之后，是这样的：

A. 领导问我做什么（诱发事件）。

B. 我认为领导担心我的工作进程和他被我连累（我的解释）。

C. 我汇报我的进度，让他放心了（导致后果）。

在压力困扰和抑郁情绪袭来的时候，ABC 疗法是一个非常好的工具，可以让你和自己的不合理念头斗争，让你的内心逐渐强大起来。

当然，要牢记那句话："这是应付一般抑郁情绪的，当你出现严重的失眠、效率下滑到无法学习和工作、有轻生念头的时候，赶紧去精神病专科医院，请医生帮忙诊断。"

不要自己硬扛，很多人其实都会帮你。但是首先，你要让他们知道。

如何控制嫉妒情绪

嫉妒和怨恨

嫉妒指的是看见别人取得成就或者收获感情之后感受到屈辱，并对对方抱有敌意和厌恶之情。

嫉妒是非常复杂的感情，心理学家最感兴趣的两种情感就是嫉妒和害羞。

嫉妒和怨恨不同。怨恨是得不到的东西要尽量毁掉，毁不掉的也要天天惦记算计，让人不得安宁。怨恨的攻击性主要在被怨恨的对象上。嫉妒则是一条刃口对内的刀子，真正受到嫉妒折磨的，往往是嫉妒者本人。

嫉妒是通过羞耻感来实现对人的伤害的，嫉妒者通过和对方的比较，往往会觉得自己能力受损，可能会变得斗志全无。

嫉妒者比怨恨者㞞多了。

两种嫉妒的区分

“嫉妒”和“妒忌”是同义词，其实讲的是一回事。

确实有些人建议，应该把“嫉妒”和“妒忌”两个词在汉语里分开，让后者专指关于性的嫉妒，然而这件事不符合语言传播的规律。

一种文字在初建期会造出各种稀奇古怪意义接近的指称。《尔雅》里，古人对强壮的牛和强壮的兔子都有专门的字来称呼，这些字现在都没有人用了。我们用小白兔、小灰兔，老黄牛、大黑牛来替代这些称呼。

所以，不用那么复杂，把嫉妒分成两种即可：一种是关于成就的嫉妒，另一种是关于性的嫉妒。

前一种紧扣“别人家的孩子”，后一种则是关于“自家的老公”。

成就嫉妒：你看别人家的孩子

一种情感会带来很多负面作用，但拥有它的人却仍然能够繁育后代而没有灭绝，说明这种情感可能对人是有利的。前面我们提到了轻度的抑郁可能会让古人更加面对现实，变得睿智，从而在严苛的环境中存活下来。

同样地，适度的成就嫉妒是有益的。

传统的中国父母并不习惯于称赞和鼓励的教育方式，而是尽量采用称赞别人家的孩子（大多数时候，这个人都并不在场）的办法，来激起自家孩子的嫉妒，进而提升孩子的自尊程度，引导孩子更加听话，以及让孩子更认真地学习。

不仅父母如此，中小学的老师也会夸隔壁班的同学（他在隔壁班也夸你们）。这些倒不是父母和老师们的发明，如果你读过《论语》就会发现，在孔子的校园里，颜回就是这样一个“别人家的孩子”。孔子经常称赞颜回。颜回活着的时候当面称赞，颜回死了，他仍然念念不忘，还对子贡说颜回的好，让子贡和死了的学弟做比较。说得子贡非常惭愧，只好在谈感想的时候说：颜回比我厉害，我不如他。

好的嫉妒怎么发挥作用

轻度的成就嫉妒能够激发出人们进步的动力，这就是我们所说的“好的嫉妒”。要想让“好的嫉妒”起作用，要注意以下几点：

称赞榜样的时候坚持“具体化”

前面我们说过，无论跟配偶沟通还是称赞同事，尽可能把话说得具体一点儿。比如，你称赞隔壁小明，不要说“这个人就是比你强”，而是说“他每天都是做完作业再玩”。这样的榜样才有意义。“处处都比你强”，描绘的是一个很好的决斗对象，不是学习对象。

称赞榜样，并不挖苦和贬低面前的人

对自尊水平比较高的人，几乎不需要批评，只要指出榜样，就已经给他造成极大的压力了。这就是自己驱策自己前行的人。

对“奋起直追”的行为提供帮助

如果称赞了别人家的孩子，父母要尽可能地给自己的孩子提供好的条件和环境，让孩子能更快赶上“别人家孩子”的步伐。这一点往往被家长忽视了。比如，有的家长在批评孩子的时候一套一套的，勒令孩子去做作业的同时支上了麻将桌，这个孩子的学习成绩能不能提高很难说。

成年人如果想要成长，希望用好的嫉妒来驱策一下自己，也是同样的道理：

> 分析值得你嫉妒之人的具体做法，加以学习。
>
> 告诉自己“你也很棒”，学习了他之后，会迎头赶上。
>
> 改变自己的做法，尤其是一些不良的生活习惯，提高效率。

我们如何挑选嫉妒的对象

除非某些过于病态的家伙，大多数正常人都不会随便嫉妒别人，被嫉妒的人往往符合以下条件：

和嫉妒者很像。

身份、地位、相貌、年龄越接近，嫉妒的可能性越高。一个作家可能会嫉妒另一个作家，但是一个作家很少会嫉妒一个医生。

他的优点我很在乎。

比如《天龙八部》里，慕容复嫉妒萧峰，因为萧峰在武林中武功高、声誉好，而且朋友很多。段誉嫉妒慕容复，因为慕容复有王语嫣的喜欢。到后来，慕容复又开始嫉妒段誉，因为段誉是正经的大理国世子。如果对方取得的成绩、收获声望的领域或原因正是你所在乎的，那你就有可能对

他起嫉妒之心了。

认为自己（在被嫉妒者成功的领域）更厉害。

认为对方运气好。

对方和自己不是最好的朋友。

嫉妒往往产生在熟人到一般朋友之间。如果一个人和我们特别亲近，有的时候我们会执行一个“嫉妒豁免权”，因为我们会把对方的成功合理化，比如“那 ×× 是我的兄弟，真替他高兴”。

在《三国演义》里，罗贯中虚构了关羽对五虎大将的评价。在这个排名出来之后，关羽说：“张飞是我的弟弟，马超是名门之后，赵云跟了我哥哥这么久，也算是我的弟弟，但是黄忠算老几呢？”关羽是一个嫉妒而骄傲的将军，但是他不嫉妒张飞和赵云，因为关系好，情同手足，这就是嫉妒豁免权。

历史上的关羽只是曾经写信问诸葛亮：“马超这人比我如何？”诸葛亮说：“跟张飞、赵云差不多，跟你还有差距。”

过度的成就嫉妒危机重重

恶性的成就嫉妒会对内心自洽造成严重的破坏，如果这个时候权力当前，再多一些极端的手段，局面就会难以控制。

田忌赛马、围魏救赵中的大军师孙膑，被自己的同学庞涓嫉妒，庞涓把他骗到魏国剜去了膝盖骨。

大多数嫉妒转为恶性主要是这两个条件：

极端行为的出现。

因为自己嫉妒而不肯原谅自己。

要克制自己的恶性嫉妒，有几点可以注意：

提醒自己“你在嫉妒了”

这非常有效，你不愿意被别人提醒，但是如果自己能提起，感觉一下子就能好很多。嫉妒对你的压迫和伤害一般也会到此为止了。

提及自己的关系

像《三国演义》里关羽那样好好开出一张豁免嫉妒的名单，把你的好友放进去。

谈谈你的感受

在觉得要被嫉妒吞噬的时候，赶紧找到信任你或者爱你的人，谈谈你的感受。如果没有的话，也可以找个心理咨询师。爱你的人能称赞你，拥抱和亲吻会让你缓解痛苦，心理咨询师能让你的倾诉没有什么后患。记住，千万不要找认识被嫉妒者的人来聊。

性嫉妒：看好自己家的老公

性嫉妒是伴侣之间很常见的一种不良情绪，嫉妒者对配偶的性魅力过于迷信，或者对配偶的性道德过分不信任。

性嫉妒常见于低自尊者，但是嫉妒误伤的目标可能是任何人，包括路人。

要区分清楚性嫉妒者和正常的关系担忧。比如，老公与女同事或者前女友经常说笑，半夜聊天，老婆指出来，这不叫猜忌，这叫大胆假设、合理怀疑。

性嫉妒不同于正常伴侣间的担心、担忧的有以下几点：

性嫉妒者认为伴侣没有一点儿自己拿主意的能力；

性嫉妒者怀疑对方身边所有的人；

性嫉妒者有跟踪、调查、追问的行为，甚至使用暴力；

性嫉妒者不是天生的，而是逐渐变成这样的；

性嫉妒者和性嫉妒者在一起的组合一点儿也不罕见；

性嫉妒可能会传染，身边的人可能会受他的影响。

成为性嫉妒者不是没有好处，比如：对男性来说，有利于保证抚养的孩子血统纯正；对女性来说，有利于避免婚内财产的损失——在今天是防止离婚分割财产。即使在几百年前，男人纳妾也是一个非常花钱的做法。

遗憾的是，在今天，变成性嫉妒者的好处根本无法和损失相比。

性嫉妒者很快就会沉迷于此道，他们还会输出价值观，在朋友圈中替别人出头，从中获得尊重和权力。

在希腊神话里，宙斯的妻子赫拉就是一个疯狂的性嫉妒者。她被看作家庭和人妻的守护者。

类似地，大学者胡适的妻子在“朋友圈”也是一个这样的大姐大。每当有认识的学者婚变，她就会带一队人妻打上门，堵住了问三个问题：

“你有我家老胡有名没有？”

“你老婆有我老没有？”

“那你还敢提离婚？！”

不过，这种虚幻的权力会耗费很多时间。比如，许多人会沉溺于明星劈腿之类的新闻，把正义感放在网络上，耽误了自己的正事。每天在论坛、微博上“替天行道”，自己的家庭关系却已经岌岌可危。

这样安排时间和精力，当然也没法儿读书、充电和学习了。

增强自己的实力，是解决成就嫉妒和性嫉妒共同的大道。

掌握的资源多了，财富多了，房子大了，在自己的领域受到同事和同行的尊重，偶尔还能影响别人让社会变得更好，这就是大男人和大女人的雄心壮志。

你到了这时，还会想起来有个家伙大学一年级评奖学金时把你给挤掉了吗？

用不好，嫉妒就是弱者的毒品；用好了，嫉妒就是强者的兴奋剂。

02

部分

职 场 关 系

对付控制狂的行为指南

不少人问过我这个问题："上司控制欲太强怎么办？"这个问题如果去问亲戚、朋友，一般会有两种声音：

> 35岁以上的人、长辈倾向于说："要调整自己的心态嘛。"而35岁以下的人，尤其是朋友会倾向于说："换老板！"

这两种态度哪种对？

都不对！我们"修行"这么久了，对一个事件简单地用"是"和"不是"来判断，不是成年人该有的态度。不同性质的单位（所有制）、不同阶段的公司、不同经历的老板，要做出不同的判断。

上司控制欲太强不是中国特有的现象。

美国盖洛普咨询公司发布过一份《全球职场环境调查报告》（*State of the Global Workplace*）。

这份报告显示，一半的美国职场人士曾为了离开上司而离职。在欧洲、亚洲和非洲职场人士中，这一比例与美国的情况相近，甚至更高。

而在对控制狂上司诸多不满意的行为中，"控制欲太强"排名第一。

1. 什么是控制狂？

越级指挥，忽视下属的主观能动性，直接插手工作的"细枝末节"。

猜忌下属，认为对方没有在工作。

2. 控制狂有什么危害？

不了解情况就做决定，可能直接导致项目失败。

下属失去主观能动性，只剩下了惰性。

没有明确下属为某事情负责，但出现差错的时候，领导和下属互相怨恨。

下属感觉到不被尊重和屈辱。

3. 如何应对控制狂？

在这里列举一个如何与控制狂相处的要点清单给大家：

你的领导代表公司，但他不是公司

职场新人总是觉得自己的领导代表着公司，其实根本不是那么回事。

外企有一个习惯，称呼自己的领导为“我的老板”，这么叫是不对的。

其实，如果你的领导是职业经理人，或者只是部门负责人的话，他和公司的利益并非完全一致。公司的大致结构是：

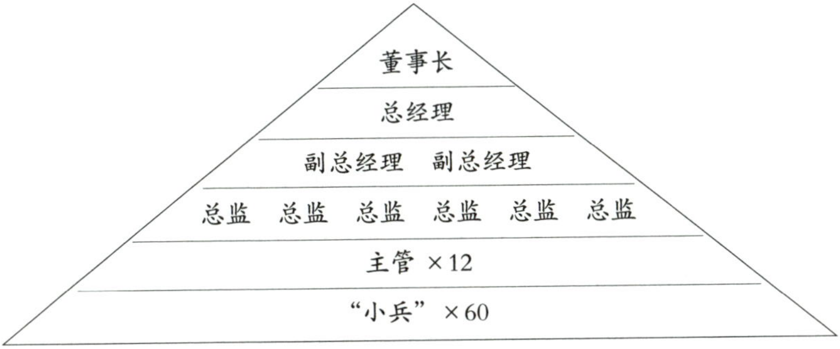

阶层越靠下、同一个级别的人越多，你的利益和公司的利益差别就越大。我们管这个薄弱的地方叫作“接合部”。这是借用了一个军事术语，两支部队中间，有缝儿。有利益接合部的地方就有可以搞关系的地方。

比如，停车场的管理员是一个雇员，你可以说：“别二十了，十块吧，我不要票。”但是，如果是管理员自己承包了停车场，他就会说：“不行，二十就是二十，不能少。”如果他确实是给老板看场地的，很可能就十元钱了，因为十元钱他会自己留下。

高科技是可以弥补一些接合部的。比如，有一次我搬家，一车没搬完。我对司机说："你再给我跑一趟，你给我折扣吧。"司机说："不行啊，车上有 GPS，公司知道。"但是总体而言，有人的地方就有关系，公司董事长和公司的利益之间，也会有一个细微的接合部。

你的"老板"只是一个主管的话，接合部就很宽大，能跑掉很多例外。说服他做一些可以变通的事情就会容易得多。比如，你的薪水、待遇可涨可不涨，如果想说服大领导，要用业绩；说服小领导，可能单纯靠关系就够了。

有人问我："我有个同事离职了，我怎么说服我的领导把这个人负责的客户分给我？"我说："你的领导肯定有自己器重的人，不过你可以直接请求。如果你从来没有和他有交集，他可能会把资源给他更近的人——他的人。你可以去跟他申请，告诉他你来做效率会更高。同时，你要发誓奉献你的忠诚，以后就跟他站在一起。"当然，有的时候领导也会因为预算或者业绩的压力而让你受一些委屈。

比如，这次晋升的三个人里恐怕没有你，他会跟你解释原因；公司改制合并可能要压低你的薪水，还可能让你额外负担一些工作。也有的时候，他会考虑你的需求、你的感受，以及和你的友谊（尤其在他要依靠你的时候），"手松一松，枪口抬高一寸"。让公司吃点儿亏，你占点儿便宜。

你、领导和公司是三方。这个道理，越早明白越好。

不要只把对公司的怨念（待遇、公平）发泄在你的直接领导身上。如果他的行为伤害了你的利益，那就约他谈谈，听听他的想法：是看不上你，还是请你暂时委屈，以后会弥补你，或者他根本没有意识到这种做法会伤害你的利益。

体制内的控制狂要接近

我们经常用"利益接合部"这个标准来区分不同类型的单位。你的领导有个人利益，他代表的公司是公司利益，你要看这两个利益相差大不大。如果领导就是老板，或者领导必须要忠于公司才能获得利益，那两种利益的利益接合部就很小。相反，如果领导的利益和公司的利益相差比较大，领导可能有时候睁一只眼闭一只眼或者干脆背叛公司利益会更有好处，那就是领导和公司的利益接合部很大。

利益接合部大的单位包括：大多数的机关、事业单位、国企，以及规模足够大的私企和外企。

利益接合部小的单位包括：大多数的私企、外企，各种小公司、个体店铺，以及一些层级比较少的机关、事业单位。

如果你在一个利益接合部很大的单位里工作，你的领导又是控制欲很强的人，那就要贴近他，他的控制欲能够让你在这个职场上收获足够多的资源。不要跟领导的实力和资源过不去。

军情六处，是英国的体制内机关，层级很少，他们能直接对首相汇报。这是追求效率的机关的运作方式。

创业公司的控制狂都是假把式

在利益接合部很小的公司，比如创业公司里遇到控制狂，最好的办法就是离开。

和之前我们描绘的那一类单位不同，这样的公司往往最宝贵的财富是人，创意和执行力是创业公司能走出来的关键。

如果一个领导拼命推销他的以往经验，只是把下面的人当作执行的手和跑腿的脚，那他可能就失去了“人和”。

曹操经常远程遥控自己的将军，给他们一些锦囊，一来因为曹操用兵如神，二来是他的队伍规模大、实力强，按布局稳扎稳打，效果就不会差。

刘备会放手让手下人做事，派张飞争夺汉中、关羽经营荆州、诸葛亮看守成都都是如此。

刘备是个能团结人的领导，但最关键的原因是，刘备处于“创业”阶段，他要手下人放手去争功，自然不能做控制狂。

诸葛亮掌权的时候，蜀汉已经成了一个大公司，那时的诸葛亮也就变成了一个控制狂。诸葛亮六次北伐失败，跟控制欲是有一些关系的。

如果你在一个发展缓慢的小企业里遇到一个让你不爽的控制狂，那别勉强自己，不爽就要走，不要浪费时间。

控制狂的事业处于上升期，适合靠近他

这一点我们参考一下雍正，他是一个勤政、孤僻的控制狂。他每天都要批示大量的小报告，直接用密折对他汇报的就有几百人。

这是一个多疑、苛刻、爱听小报告和控制欲强的皇帝，杀死过有大功的将军。但是，雍正事业处于上升期，他只要把父亲时代手太松的毛病改掉，使劲收钱就好了。

衰退中的事业，控制狂拯救不来

崇祯是一个多疑、苛刻、爱听小报告和控制欲强的皇帝，杀死过有大功的将军（这里重复用雍正的描述，很少有人发现他俩很像）。崇祯的事业最终却崩溃了。和雍正性子相似，命运却迥然不同，很关键的一点是：

控制狂性格的领导不会驶逆风船。

这里要提示一句，我们之前曾经描绘过“鹰派的崩溃”，说的是鹰派在艰难的时候可能会觉得自己想做事真难。

和这个局面有点儿像。

许多鹰派是控制狂，但不是全部，而所有的控制狂都是鹰派，无一例外。

怕你干得太好的控制狂要留神

《水浒传》里，晁盖是梁山的负责人、董事长，宋江是总经理，带着队伍搞经营，后来晁盖被架空了。

这个安排有问题，因为如果你是皇帝，可以派一个大将军出去打仗，一个大丞相负责收税。如果大将军不听话，军饷就不会发给他了。但是，梁山不是政权，带兵打劫是他们主要的经济来源，所以晁盖逐渐就被架空了。

晁盖后来为了夺回权力，自己带队伍去打仗了。晁盖其实不是控制狂，他当时担心的是“宋江干得太好了”。

职场上有些控制狂领导是会嫉妒下属的。如果你所在的公司等级森严，你无法越过领导提升的话，最好的办法是尽量归功于领导，让他先于你提升。你则努力获得他的位置，接管他的队伍。

遇到有能力的控制狂，要当他的徒弟

科比说过一句话，流传甚广：“你见过凌晨 4 点的洛杉矶吗？”科比是球队老大，他在球队里不是教练，但对于湖人队其他队员来说，科比就相当于他们的上司。

这个上司喜欢凌晨 4 点多爬起来去体育馆练球。他有时也会叫其他球员跟他一起练球。如果对方能坚持下来，他就会对这个球员高看一眼。同样地，每天训练后要加练，比赛时要够狠、够强硬……这都是科比对自己，也是对他的球队小弟们的高要求。

表现不能让科比满意的球员，他会对其施压、训斥……甚至会跟管理层施压。这是一个控制狂老员工对新员工的欺负。但是，他是科比呀。

虽然他已经没有巅峰时期的灵活和速度，但他的人生经验能让任何一个年轻人受益终身。科比曾经讲过一个很悲凉的故事。他看见他的女儿们在打球，说：“不对，你们的运球是错的。”他的女儿们生气地说：“怎么会？我们体育老师就是这么教的！”（她们不知道自己老爹的“江湖地位”有多高。）

你那个指手画脚的领导，当年可能是像科比那样的王者。岁月流逝，他胖了、迟钝了，就剩了一双辣眼和一张利口。但是，如果别人都单纯地厌恶他，而你像对老师那样去请教他，受益一定匪浅。

新来的控制狂？要做他的心腹

中国有句老话："新官上任三把火。"新上任的领导，通常喜欢"搞事情"。

身边有人怨声载道的时候，你千万要咬紧牙关，一个人吐槽很简单，看一部烂片就可以了，话说出去想收回来可就不容易了。新领导上任，不要吐槽。

领导可能一来就调整你的工作，甚至触碰大家的利益。这一般是打草惊蛇，看一看大家的反应。

新上司一定要来对你的工作指手画脚，你确实会不爽，但这个时候跟别人一起吐槽，你就是见识短浅。

你应该及时和领导联系，向他请教和汇报。领导刚上任，自己人一般还没有带过来，他需要一个像导游一样陪着他的人物。

有新领导来，要注意以下几点：

A. 新领导不准大家心怀"旧主"；

B. 新领导不许下面的人搞独立王国；

C. 新领导精神紧张；

D. 新领导在对新岗位不熟悉的时候，一定会倾向于寻找和提拔一个他熟悉的、有经验的人。

注意，只有最聪明、最有见识的领导才会找所有人挨个谈话，对一些老员工表达赏识和尊重，请他们全力帮助自己。有的领导不会说这种暖心的话，这个时候，你要来说。

你要在他面前证明"我才是对的"，"之前这么做，效果还可以，您看看有没有参考价值"。

回应最积极的人，就会成为领导的自己人。他以后可能会调集自己的人手过来帮忙，但你一定已经是他倚重的一员大将了。

裙带关系上来的控制狂？快跑！

如果一个控制狂是靠裙带关系和亲戚关系掌权的，那你最好是赶紧离开。

当然，我们所说的去请教、帮助对方、去做他的心腹，仍然是有效的，因为这种关系的出现往往意味着这个部门已经是一个：

用笨蛋也能掌管的部门。

管不好也没什么要紧的部门。

不要紧也不能撤并的部门。

要牺牲一些人的部门。

有的时候，遇到一件难以决定的事情，我会用连珠问的方式来探索自己的想法，大家可以试试看：

派领导的亲戚来执掌你们的部门，他能工作吗？（不能。）

不能工作，谁来工作呢？（当然是你了。）

他是控制狂，你能自己做决定吗？（不能。）

他工作失误，谁来背锅呢？（当然还是你了。）

你想要调走，他会放你走吗？别的部门会要你吗？（当然不行了。）

结论出来了：

你会作为一个业务冠军，在接下来的几年里在一个副职甚至一个老员工的位置上蹉跎岁月，给大领导的亲戚当牛做马。可以给大领导当牛做马，不要给大领导的大舅哥、“狗腿子”当牛做马。

这是完全不同的两回事。

如何与你的领导发生冲突

你没看错。不是“如何不与你的领导发生冲突”，而是“如何与你的领导发生冲突”。

中国的文化氛围里有回避“冲突”这种风气，尤其是在大家庭内部，冲突往往被看作一种可耻的行为。

在职场上，上下级之间的冲突被看作一种神秘的故事和传闻。职场的潜规则会变成一种微妙的故事，说话人往往表露出一种“你懂的”式的神情。

健康的上下级冲突是怎样的

被意外卷入领导批评自己下属的现场，目击这种强度的冲突场面，会让许多职场新人手足无措——劝也不是，不劝也不是。

确实，有旁观者在场会让上下级冲突变得更加激烈或者完全失控。我把这种情况称为“旁观者的破坏力”。

我还在杂志社做主编的时候，曾经有一次听见一场激烈的争吵。加夜班到深夜，我在办公室的沙发上打盹儿，听见同集团一本兄弟杂志的副主编和自己的记者发生冲突。其实是业务看法问题，但很快女记者开始人身攻击，认为副主编（来了大概三个月）的水平很差。副主编保持克制，努力解释这件事。

过了一会儿，他们的争吵即将结束，回来时可能会路过这个沙发，我想想决定赶紧溜走。如果副主编知道有人听见这场争吵，他对冲突的性质认定可能会发生改变。

以下是健康的上下级冲突的四点建议：

1. 内容私密

如果我是一个阴谋家，这个时候就应该冷言冷语地挑事儿：

“你们这边的沟通环境真好啊。”“× 老师，你对人真好。如果我们这边有人敢这么跟我说话，我直接抽他。”

注意！这样的人有的是坏，想从浑水中获得利益；有的是没事找事，他没想好怎么做，就先要来数落你一番。

即使不坏或者不贱，单纯的旁观者出现也会改变冲突双方对冲突性质的认定。一旦关于业务或者能力的冲突转化为维护自己尊严的冲突，就成为“不可控的冲突”。

所以，如果公司是开放式办公，老板和大家坐在一起。老板批评人、骂人的时候最好是去会议室——隔音好的那一种。里面哪怕吵翻天，也不要让外面的人听见。

不要在工位上骂人，更不要在自己的工位上展开冲突，工位上的东西太多，镇纸、剪子、水果刀……

2. 形式公开

作为领导，应该敢于提及和下属的冲突，强调冲突“争论到说服”的属性。

和家庭内部的冲突差不多，在职场上，上下级之间的冲突是公司活力的表现，冲突本身不应该变成一种禁忌。领导承认冲突，下属才能够习惯轻微强度的冲突，遇见事情反而不容易胡思乱想。

3. 不搞突然袭击

领导不应该在他人在场的时候引发冲突。同样地，下属也不应该在公开会议上引发冲突。会议上可以描述自己对某事的观点、看法和提出建议，但不要发泄情绪。

这种表达是错的：“您让我去做运营，也不给钱，也不配人，我甚至连个正式的任命都没有。市场部完全不买我的账，这不是做运营的态度！”这是叫板，每句话都是判断句。

这种表达则是对的：“我们现在的人手压力还是比较大的。这个活动需要的人手大概是六个，没有专职的人，就需要从各部门调人支援。我希望能够得到您的授权，帮我协调一下。还有一些必要的经费支出也要保障，不然的话，可能花很多力气，效果还不好。您看行吗？”这是描绘困难，每句话看上去都是为公司好、为业绩好。但是，即使这么委婉的话，最好也是私下沟通，不要在领导没有准备的情况下突然抛出，这会让领导措手不及。

有的人可能喜欢看老板措手不及，但我得说一句：“最终吃亏的恐怕是你自己。”

如果你的部门经费不足、你所在的公司陷入困境，你应该寻找更好的工作机会，而不是在一个绝望的公司里过向上管理的瘾。同样地，领导如果要做比较大的决定，也应该事先跟重要的人沟通、讨论，然后上会讨论。让自己最重要的属下首先表态支持，大家就会一拥而上，踊跃站队。

领导搞突然袭击是不对的。先行协商，上会走过场，是高明的艺术。

4. 不要顶撞领导

有人可能会因为工作压力怼领导，还有人会因为领导不懂业务而顶撞领导。不过，这种一时爽的事情还是不做为妙。顶撞领导之后，领导有五种方案：

（1）不做反应，很屈辱地就这么算了。

（2）未来可能人人都敢顶撞领导。

（3）这种领导就此成为窝囊废。

（4）详尽地解释、说服你，你的批评和嫌弃站不住脚，然后给大家打气。这种好领导存活在教科书里，你基本遇不到。

（5）报复，通过打击你、收缩你的权限、剥夺你的利益来重建自己的权威。

第五点其实是最省时、省力的，所以职场上大多数下级挑起的冲突，最后领导都是以打击、报复来解决的，尤其是不懂业务的领导。

越是不懂业务还能当上领导的，搞政治的能力就越强。他不懂业务才会找懂业务的人合作，这对业务骨干其实是机会，怎么能鄙视一个领导不懂业务呢？

良性的、可控的冲突对组织内部有好处，就像美国一些森林管理者那样，他们会容忍一些小规模火灾，或者划出隔离区，然后用小型可控的点火去掉灌木和落叶，就是为了防止大规模火灾的发生。冲突是减压阀，冲突是稳定剂。

失控的冲突是怎样的

大多数不愉快的劳资关系结束后，都伴随着不可控的冲突。失控的冲突一般有几个特性，都是认识上的错误。

来看五种失控的冲突的特性：

1. 对上下级关系认识的错误

在上下级关系中，我们有两处需要明确。

第一，领导没有“抢”你的功劳，而是正常收获你的功劳。

第二，你应该给老师和领导分忧，节约他们的时间，哪怕帮他们做一些跑腿之类的私事。

2. 越界

乱下命令和越界，这两件事一定要拒绝。

如果你回避这种冲突，可能会带来经济损失、众叛亲离甚至牢狱之灾。

3. 沟通不顺畅

其实很多时候，领导希望你学会变通，综合考虑事情，但是他说出来时，会说你“不成熟”。不成熟是无法短期之内改变的。一方不愿意明说，或者使用不明确的、模棱两可的话语，就容易发生冲突。

4. 基本归因错误

和领导发生冲突的时候，我们很难客观地分析自己做错了什么。我们有保护自己的一种机制，这是为维护自己的内心自洽进化出来的机制。

比如在归因上，我们会认为：

> "我在各种压力下决定先不向领导汇报，直接做某事。"
>
> "我的领导生性爱好玩弄权术，所以他决定收回我的权力。"

我们喜欢把理由放在事实之前，对冲突的发生做过多的矫饰，这是不对的。

同样地，领导其实也在犯类似的错误：

> "这小子做事吊儿郎当，居然没有向我汇报就自己做决定了。"
>
> "我已经对他忍无可忍了。其他部门的人都拿我当笑话，我还能让他管事吗？"

我们会把自己的决定推给压力和无可奈何，却愿意把对方形容为人品很差、向来如此的一个"惯犯"。

其实，健康的解释方式是这样的：

"无论什么理由，他都不应该私自决定。不汇报这个行为让我收回了他的某些权力，他必须重新证明自己。"

如果有人跟你说出他和领导的冲突的时候，记得用**归因错误**来分析一下，看看对方是不是在掩饰自己。

如果跟你说这件事情的人是你的朋友，不要上赶着把分析结果贸然告诉他。你可能会失去朋友的，除非对方真的诚诚恳恳地求教于你。大多数情况下，朋友跟你说这样的事，只是想让你安慰他，站在他那一边而已。

不要给别人免费的建议——这条规则一定要记住，记得时时提醒自己！

5. 涉及第三人的不公正

有时候，领导要在员工之间做一种利益分配的调整。这种时候，最好对被调整者实话实说。如果你言之有理，对方是会接受的。

但是，如果涉及对方的竞争对手或者他瞧不上的人，要特别谨慎。

职场中，这样的观点是一定有的：

“你是老大，你全拿走都可以。但是给 ××，那就不行。”

要想办法在别的地方给被拿走利益的人一些补偿。

最激烈的上下级冲突：如何“清场”

我是主张沟通的，不过如果你是一个新领导，需要尽快立威、站住脚，“清场”这种事，该做就要做。菩萨心肠是要有的，雷霆手段也是要用的。

跟“刺头”接触、沟通，希望对方站在自己这边，必要的时候可以示好，给一点儿甜头。如果对方不识趣，就应当启动“清场”程序：

1. 调集自己最忠诚的支持者，如果可以的话，最好是跟大领导要来自己的一两个旧部下。

2. 接触本部门内利益上被忽视的人，尤其是业务优秀的，加以鼓励和宽慰。

3. 业务娴熟的人和自己的旧部能够在“刺头”不在的时候接手部门四分之三的工作，就可以“清场”了。动作要快，时间不等人。

4. 取得大领导对所动之人的谅解（他派你接管的时候，一定也已经做好这个准备了）。

5. 调离或者解雇“刺头”。

第四个阶段之后，对方即使希望和解，也不要停止，因为你已经停不下来了。

收拢墙头草，敲打犹豫不定的人，“刺头”的小跟班，由他们走。

分配利益给你的“从龙之臣”。

空出来的位置，招新人并且加以训练，你的队伍便成形了。全力搞好工作，年底给大家体面地发年终奖。

不是领导的人，更要好好学习这个“清场”小清单。不要在领导碾轧“刺头”的时候，站错位置，变成无辜受牵连之人。

事情搞砸了，如何面对领导

人在职场上没有不搞砸事情的。

如果有人说："我从来没有，我一直勤勤恳恳，一直都在赢。"很可能是这个人从业的时间还不够长，或者做了一份特别没有挑战性的工作。

一旦工作出现失误，领导对我们的态度就有可能发生改变。

大态度上："这个家伙的能力有问题。""这个家伙的态度不认真。"

其实还有一种可能，就是："我们的管理有了问题。"

还有的时候，各方面都没问题，是真真正正的"黑天鹅事件"。大家都不想看到的某件事，各种机缘巧合，它真的就这么发生了。

我们用一个清单，简单谈谈事情搞砸之后，如何从容、紧急应对，以改变领导对我们的态度。

谈及自己的过失

美国动画片《辛普森一家》里，有一集霍默·辛普森（辛普森爸爸）吃河豚疑似中毒。他觉得自己快要死了，就开始跟儿子巴特谈人生经验：

"孩子，应付工作你只要学会这三句话就行了。不是我干的！我什么都不知道！我来的时候它就这样了！"

其实，他在核电站的中控室，做的是关乎许多人性命的工作。

这是一部讽世的动画片，许多美国人就是这样来对待自己的工作的。世界各国的人都差不多，在看见责任、过错的时候，第一反应都是尽量往外推。

职场上最丑陋的一刻就是在推诿的时候，这个时候，有人慌张而且六神无主，如果你是领导，就能一眼看透。

一个负责任的成年人，要尽快谈及自己的过失，回避并不能解决问题。简单分析一下局势："抱歉，领导。这件事我工作有失误，我赶紧先处理一下。"

简单整顿自己的内心自洽

不要带着情绪处理危机。深呼吸，让自己先平静下来。如果你刚被领导"咆哮"了一顿，就更要如此。

害羞的人可能更难自洽。有些人在遇到被动的复杂局面时，会有一种大难临头的感觉。这时候，用两三分钟（看紧急程度，如果是车间失火，最好就用五秒钟）来整理一下自己的思路。俗话说得好："磨刀不误砍柴工。"在这几分钟之内，赶紧默念以下几句话：

> "好吧，我还活着。"
> "世界（工作）也还没有毁灭。"
> "现在就要拯救世界了。"

如果你现在纠结于"我搞砸了"的念头，可以用"人生导演法"对现在的自己和搞砸事情的自己做一个交代。

"我的孪生兄弟（可以骂一句'这傻帽儿呀'）搞砸了事情，现在需要我出来挽救一切了。"

这种想法能够有效地把你从"我表现得真糟糕"的念头中解救出来。

其实，我们细细想想自己经历过的危机，大多数失败的人都是当场就陷入了过度的自我关注，难以自拔。

立刻给出解决方案

有经历与否的区别是什么？

平时可能大家都做着相同或者相似的工作，但是在关键时刻，尤其是各种危机到来的时候，能利用经验解决问题的能力就非常重要了。

我们之前提到过，有的领导是不值得跟的。也有人跟我说，他的领导平时很粗鲁。其实，粗鲁和一团和气并不是好领导和坏领导的区分标准。好领导在遇到事情的时候，可以安抚人心，可以拯救危局。

第二次世界大战中，美国人和日本人在海上交战。海战时，最依赖经验的工作不是飞行员，不少优秀的飞行员都是靠天赋作战，但是损管（损害管制）部门，也就是修船的队伍，却是最依赖经验的。这些人的压力很大，天上敌机来袭，海面上还有鱼雷横飞，甲板上到处都是伤员和尸体。这时候，损管部门还能冷静地关闭舱门、调水灭火、用木材来修补夹板、用沙袋来填补破洞。

这是在考验负责人承担压力的能力和业务的精熟程度。美国的好几艘大船，都是被强悍的损管部门挽救的。一些大家认为必沉的船，都是边开边修，最后存活了下来。

职场上也是一样。如果能够分析局面，快速给出一个方案，派出人手积极应对，那就很容易让领导刮目相看。

你的领导可能比你想象的脆弱

大多数人都并不善于当领导，各种教授领导力之类的课程，也都是虚的多、实的少。当领导的艺术，很多人都是边干边学，慢慢摸索。

你在向领导问责的时候，你的领导如果还有大领导或者董事会的压力，他可能会备受打击。这时候，他可能需要的是你的支持。

暂时稳定局面之后，赶紧找领导谈谈，说说自己对工作失误的想法。如果可能的话，复盘一下“我们最近是如何失败的”。

有些领导本身是害羞者，虽然他可能会在某些事情上滔滔不绝，但可能有高度脆弱的小心脏。这时候，你尤其要主动谈及工作。你不谈工作，他会觉得你回避，对你心生怨念。

切记千万不要去告诉对方：你的脆弱我已经看破了，你只要尽情借我的肩膀哭就好了。

领导一定会恼羞成怒，尤其是你本身很有可能在这件事情里责任不小。如果你这个时候跑去想要原谅和安慰领导，他一定会发火的。

“你还好意思来这套！”这样很容易让领导把注意力重新聚焦在这件事情上。

只负自己该负的责

不要替平级的同事背黑锅。如果你的领导提议你这么做，你要坚决拒绝。

有些领导的黑锅是可以背的，因为领导其实没办法甩锅给下属，他的领导失误永远都跑不了。

如果是领导一意孤行造成了损失，最好是在做决策之前用最正式的方式请他确认一次。以后大家复盘起来，会发现你其实考虑到了风险，这就会好得多。

替平级的同事背黑锅看上去是一种友善，其实是打乱了公司的各种规章制度。失误的人没有付出代价，无辜的人却要受到打击，这是不对的。

想要靠替平级的同事背黑锅来赢得对方的支持，这是一种妄念。尤其是如果你有自己的下属，更不要这么做，你的下属会觉得你根本就不值得信赖。

注意你领导的态度

在遇到麻烦时，你领导对你的态度基本上是以下四种：失望、原谅、鼓励、放弃。

失　望

一般来说，失望是一种中间状态，很少有人只停留在“失望”状态，有的领导会明确地告诉你“这次我对你很失望”。

这时候，千万不要觉得天都要塌了，这是领导在开价。如果他彻底对你失望的话，根本理都不会理你了，明天就是人力部门的同事来跟你谈了。这时候，他是要你承他的情，你只需要赶紧表忠心！

这个态度是：“可补可缝，等你投诚。”

原　谅

原谅仅仅是领导原谅你了，你还不能松一口气，而是尽可能地跟领导一起处理好善后事件：控制损失，写各种报告。要帮领导分担失误带来的各种麻烦，不要怕苦、怕累。

这个态度是："如蒙大赦，心念天恩。"

鼓　励

鼓励是领导伸出来的橄榄枝，领导希望维护和你的关系。他没有把失误归咎于你，不要觉得这是你表现出色。事实上，这是领导的善意，也是一笔感情债。对有的领导来说，这还是一笔情感上的高利贷。要谨慎地应对这种鼓励，他可能希望你时隔多年后经常挂在嘴上。

这个态度是："与子同袍，把你套牢。"

放　弃

放弃其实有三种可能。

第一种：情况极其糟糕，领导需要放弃你来保住自己。

第二种：领导自身难保。

第三种：领导对你的工作态度极其不满，认为你对工作不负责。

一旦领导出现了放弃的苗头，局面可能就不妙了。如果你认为领导对你有误会，可以赶紧和领导交流一下。不过，前两种情况基本都是死局，而如果领导对你的工作态度不满的话，那一般来说不完全是因为这一次的事，而是对你不满有一阵了。

大多数的放弃都是："早有怨念，趁机裁人。"不要指望着用几句甜言蜜语或者掏心窝子的话恢复领导对你的信任，这不是嘴上功夫的事，而是需要付出行动积极表现的。这可能是一个月，可能是三个月，甚至还有可能是半年。在这期间，你可能还要承受领导的一些怨念、抱怨和各种负能量。要耐得住寂寞！好好干活儿。不信任的裂痕就像一个伤口，仅仅涂药还远远不够，还要靠时间的推移才能愈合。

挑选领导清单

一直有同学希望我多讲解一下“如何跟领导”和“如何站队”，以下这个挑选“主公”的小清单，排序越靠前的越重要：

战略眼光

我在回复用户留言的时候，一般首先问的是工作单位的性质，机关、事业单位和大国企，可能与私营企业完全不同。

如果你有挑选领导的机会，那第一个要看的，就是他的战略眼光。

换句话说，每个当领导的都要解释这句话：“这个行业，我们这么做能成。”解释得最好的人，就是这个行业最优秀的人，身边不会缺乏人才，执行力什么的如果能跟上，就一定能赢。如果对行业两眼一抹黑，没有长远的目标，那就不能跟从。

比如，刘邦造反后的策略就是追随楚国（那时的楚国君主还有雄心，后来成了“义帝”）。刘邦出身很低，所以不能自己搞一摊，但他也没有投奔项羽，那样就没了独立性。

项羽是他的同事和盟主，但不是他的主公。刘邦的合法性来源就是楚王的那句承诺——“先攻入关中的称王”。后来，项羽杀死了他们共同的大领导之后，刘邦就有了讨伐他的大义。

同样地，东汉末年，刘备颠沛流离，一直缺乏一个战略上的谋划者。诸葛亮给他讲了隆中对，知道要打下湖北、湖南和四川做根据地，他才有了一个对的思路，人才也就逐渐愿意跟随于他。

再比如，曹操的战略就是迎接天子，控制朝廷。战略对了，就成功了一半。

公平公正

《曹刿论战》里，鲁庄公说起大家会为自己战斗的理由。他说理由是自己祭祀虔诚，又说自己给大家发福利。曹刿都说不行。后来，鲁庄公说自己断案治理公正。曹刿才说，这是一个好理由。

在利益分配上要公平，但公平不是平均分配。如果一个队伍里过度容忍能力低下之人或者谄媚的人，伤害了骨干的积极性，这样的领导就不值得跟从。

需要注意的是，公平和公正，就是“对我公平，对我公正”。

以前，有用户留言说，他替一个乙方派过来工作的员工鸣不平。老板发了火，他问我他做错了什么。

“你老板设了一个岗位，不用自己的人，而是让乙方派人过来，那一定就是炮灰岗——是承担怨恨、可以经常换的岗位。你身为领导自己的人，去维护一个炮灰岗的人，那就是不智的表现。”

你不应该是你们部门的奥特曼，对谁都仗义执言。一个领导能照顾你们所有人的利益只有两种可能：1. 领导牺牲了自己的利益；2. 你们公司的部门可能太小。

实力和资源

一些领导有自己的实力和资源，比如打一场骑兵的对攻战：吕布可能是东汉末年最强的，他有实力；董卓一度占据着最富有的地区，他有资源。但是，他们失败的时候，他们的实力和资源都没有发挥作用。

这两样都是好东西，是我们挑选领导时要考虑的，但是它们和人才与战略相比又没有那么重要。

你要做足智多谋、魅力十足的人，一定要看《三国志》，因为很多人本身就是成功人士。

比如，曹操年轻时曾经和老朋友袁绍谈到自己的志向。袁绍说自己占据河北的南部和北部，调集少数民族，向南争夺天下。袁绍看重的就是实力和资源，也差点儿就成功了。但是，曹操说自己“任天下之智力，以道御之，无所不可”。他更看重人才和战略，而不是这些有形的东西。

寿命和退休年限

别轻视这一点，在独裁者掌权的国家，领导的身体状况都是秘密。非洲的一些元首，一旦发现身患肿瘤，国家就会内乱。这是因为身体状况差的领导，他的许诺没有太多的意义，如果不早点儿安排继任者，就会出大问题。

跟即将到退休年龄的领导表忠心要谨慎，你可能在两三年后要找别的出路。如果你不能忍受这样的变动，就不要爬老树、上危船。

性　格

应该挑选坚强的领导，无论在什么样的逆境里，他都信心满满，带着大家往前冲。

坚强的领导可以用懦弱的人，但懦弱的领导却没法用坚强的人。

电影《跨越德拉瓦河》讲的是美国首任总统华盛顿的故事，他当时是个将军，但是一路打败仗，最后带着残兵败将退到德拉瓦河边，对面是几千名德国雇佣兵。当时的北美士兵缺乏训练，不是对方的对手。华盛顿就策划了一场突袭，带着渔民和士兵在圣诞节上午突袭了对方，杀死了对方的上校，俘虏了所有人。华盛顿的士兵无一死亡，从此华盛顿成了一个神将。当时突袭前，他的同事、上级和下属其实都在给他施压，说各种不可能。力排众议的，说到底还是华盛顿这个带头的。

坚强和强势是完全不同的两个概念。我所见过的最坚强的人，鸽派居多，占到了至少七成。

道　德

道德可能真的没有那么重要，尤其是一些私德。

有些年轻的朋友往往把领导的道德看得过重，因为他们会给领导身上加一些投射。有的人觉得领导是很好的老师，这个还比较正常；还有的人相信领导应该是好男人（女人）、好丈夫（妻子）、好儿子（好女儿）和好父亲（母亲），这都是特别错位的一种情感。大家在一起是要成事的，如果要欣赏男性或者女性，建议还是找个出色的大学教授、学者或者表演艺术家来做审美对象。对领导寄托这种期待，而领导又无法满足这种期待的时候，就会出现各种问题。

所以，职场上应该收起孺慕之情，陈凯歌的《无极》并非佳片，但是里面张东健的那句台词很耐人寻味，为什么要跟着主公？“跟着你，有肉吃。”

道德是加分项目，如果有，自然最好。无论有没有这个加分项，首先还是要跟随能赢的人。

反过来，强调另外一点，有道德的领导不是软弱，他是对自己有更高的要求，道德会让他有更强的感召力、更多的朋友。

珍惜善良的领导吧，因为这物种在这个时代已经濒临灭绝。

鹰派领导如何带团队

之前，我们提出了鸽派鉴定规律：只要你问自己是“鹰”还是“鸽”，那你就一定是“鸽”。

判断一个人是不是鹰派要容易得多，一个最简单的判定标准就是语速。

语速快的人，十之八九都是“鹰”。如果行动、思维也很快，那就一准是“鹰”了。鹰派是一辆高速运转的战车，如果你的下属中有一个给力的鹰派，你会觉得生活非常美好，效率和秩序是富有美感的。有没有效率，是鹰派和没有实力而虚张声势的妄人的根本区别。

以前，我也曾用过飙车做类比：当一个人把车开到时速 120 千米以上的时候，他能看见的仅仅是前面小小的一块扇面；如果是低速行驶，他的视野就会宽得多。

鹰派的思维、说话和做事的速度都很快，他们胜于专注。

大多数的利益之争，鹰派都会胜出。他们不怕明枪，但是容易在小事上遇到麻烦。

高速前行的他们视野也会因为聚焦在前面而变得狭窄，他们在“观察周围”这件事上会做得不够。他们容易忽视身边人的感受，然后怨念就会出现，这是他们遭遇暗箭的关键原因。

“鹰”的叹息：先去理解别人

我见过鹰派如何与人交心，他们平时有多强悍，到心情低落的时候就有多脆弱。把酒精灌下肚之后，鹰派朋友的话大同小异，基本是：

“我要带着大家一起走，我想做点儿事，我不明白为什么就这么难？！”

我管这个叫作“‘鹰’的叹息”。值得一提的是，如果听到了“鹰”的叹息，那你就有了这个朋友。这类人很少吐露心事，以后认真维护与他的关系就好。

我一般会给叹息的“鹰”提人际黄金法则：

“如果你期望别人怎么对你，你就要用同样的方式去对待别人。”

“我想那些人理解我。”

“那你需要理解他们。”

鹰派的朋友需要理解的是：世界上的人不会都有事业心，而有事业心的人，也未必会把你这个领导的事业当作自己的事业。

无论这个人有没有情怀，用利益去驱动他都是有效的。而大刀阔斧想要让事情有改变的鹰派，一定会“碰触一些人的利益”。

即使你没有做任何利益分配的调整，也可能给人增加了压力。压力源往往不是生活或者工作本身，而是生活或者工作突然发生改变。鹰派领导哪怕调整一个小时的上班时间，都有可能给员工造成压力。

鹰派一旦处于逆境，身边就会出现各种各样的状况。如果这个时候鹰派内心有所动摇，就会有“所有人都背叛我”的孤独感。电视剧《人民的名义》中的李达康就是这样的一个鹰派。

鸽派不能当“包子”，同样地，鹰派也不能当疯子。如果很容易忽视别人的感受，那就应该每天注意一下。我管这叫作鹰派的“三省吾身”：

我仔细观察某人了吗？

我今天伤人了吗？

别人可能对我有怨恨吗？

鹰派容易忽略自己对别人的伤害，有这么几种原因：影响了这些人的利益，却根本没有意识到；影响了这些人的利益，却觉得这帮人应该没什么意见；听信了假的表忠心，相信对方是真感动，能够忍受这样的麻烦。

认为对方没有更多选择，只能任由自己伤害，看上去对自己的力量非常自信，其实是非常不好的一种情况。鹰派如果心里有傲慢，几乎很难掩饰得住，这种自信会造成下属的怨念。没有意识到这些人被伤害可能更糟糕，因为你根本就不知道压抑着的情绪在哪里，这以后可能是暗箭。解决这一问题其实并不难：

1. 尽量照顾对方的收入

宁愿裁掉一个人，也不要降三个人的薪水。裁员裁掉一个人，给他补偿金、帮他推荐别的机会，可以避免他的怨恨，但是降三个人的薪水，一定会承担三份怨恨。

2. 不用钱也有法子

鹰派领导如果能合理地称赞下属、稍微关心一点儿下属，就会有极大的效果。大家会觉得领导只对自己如此。（鸽派和烂好人的称赞就没什么意思，见太多了。）

照顾他们的收入，监控他们的情绪，你就不会有“鹰”的叹息了。

“表忠心和真动情”

我们再专门说一下“假的表忠心”。

很多时候，绊倒鹰派的都是小人物、小角色，关键时刻，总是自己觉得稳妥、不会出问题的不起眼的角色会出状况。

周星驰《食神》里的唐牛，这个人开始时完美地扮演了食神的粉丝，被食神百般侮辱还在表忠心。这样一个人，却在关键时刻站起来叫板，夺取了食神的头衔。

鹰派不容易被和自己实力相当或者比自己强的人所欺骗，但是非常容易被弱者、小人角色的臣服所迷惑。说句过去的老话，就是“不辨忠奸”。他们弄不清表忠心的场面话和真动情的差别。其实区分这二者，有一些办法：

> 聪明人一般会私下表忠心，笨人一般是公开表忠心；笨人私下说的话，可能是真动情，聪明人很少真动情。真动情会在你说了很多话之后，一步步深入才会出现，大多在深夜；酒后的话基本全是表忠心。

人是多变的动物，如果你拿不准，那么把这些话权当表忠心就好。把生人当熟人，就会给他们不当的恩惠，放松对他们的提防。把自己人当作自己，就会伤害他们的利益。

最好的办法是：把亲人当路人看，把熟人当生人去看，不因为谁与你亲近就给对方恩惠或者伤害他的利益。在职场上把下属当路人、生人，大家至少是公平的。

觉得可以让自己人吃亏，以后再补偿他，这种想法很危险。很可能没到你补偿的时候，两个人的关系就已经崩溃了。

影响情绪是高阶技能，甚至察言观色都是一种非常稀缺的能力。这在今天的职场上已经是一种难得的、出色的能力了，但在早年间的体制内，这基本上是“入场游戏”的及格线。

很多鹰派领导，可能是通过效率和成绩成了团队的领袖，那就特别需要补上察言观色这一课。这个课程就是要练习、要摸爬滚打。

以前我在做杂志社的主编时，经常会告诉年轻记者，眼睛要比嘴巴厉害。问题清单可以有人帮忙整理，观察采访对象和周边环境，那就只能靠自己的努力和勤奋了。好记者有双好眼睛，能多看到很多东西。遗憾的是，明白眼睛用法的记者，十个里面只有一两个。

如何观察某人的近况，我简单地列一个表：

1. 体重是否有改变

可能意味着生活方式发生了改变，比如搬家到了夜宵一条街附近，或者身体有了疾病。

2. 发型是否有变化

有些人失恋会剪短发，男生还有的会剃光头，但很多时候发型有变化仅仅是因为人想要省事儿。如果你的女下属剪了短发，你可以称赞很干练、很精神，给她更多的任务，她很可能就是这么想的。

3. 突然开始注意打扮

可能是恋爱了，也可能这个人最近在面试别的公司。

4. 突然牢骚特别多

可能是你们内部的薪水水平外泄了，也可能是家里遇到了麻烦。如果他已婚，那夫妻关系出问题的可能性极大。也可能最近在和猎头或者其他公司接触，或者参加了一次足以让他心态失衡的同学会。

5. 突然增加了某个口头禅

如果这个口头禅不是公司其他同事的，那他可能最近认识了新的朋友或者情人。

6. 蓬头垢面来上班

他可能家里有病人或者什么麻烦，要关注一下。还有一种可能就是，他对你们部门、你们公司受够了，根本不在乎你们的感受了。

7. 突然工作特别努力

如果不是在看《掌控关系》之后觉悟了，很可能是准备换工作。有些人在辞职之前会想着做几个漂亮活儿，对得起老板，这样的人都是好员工。

8. 传达命令之后看对方的反应

如果你和对方说什么事情、交代什么任务、做什么调整，对方犹豫、迟疑、面露难色，一定要跟他确认：“有什么顾虑吗？”有些人会把顾虑烂在肚子里，自己在执行过程中生闷气（这样的人往往是“鸽子”，甚至是“包子”）。你不问，他不会说。

尽管对方不太可能真的和领导、老板敞开心扉，但你说一些请他敞开心扉说出自己感受的话，对方可以感受到你的真诚，也确实有效果。

“××，我想听听你的真实想法，希望你可以信赖我，说给我听。”说的时候，记得看着对方的眼睛。

如何跟下属谈心

对下属来说，领导要他“交心”，就是告诉对方：你的心头所想，要交出来给我，我来看看，有没有什么不对的地方。

领导在大多数时候对下属像是一个黑盒子，下属不知道领导的某些想法和念头，但大多数人又不能详细地向领导问清楚。领导想找下属谈心，在某些时候，就需要用谈话的方式，告诉下属一些他希望他们知道的东西。

这就是谈心。

谈心本身并不会做出任何工作上的安排，而是以沟通为目的。所有的谈心都包括两部分：

我和公司（部门）现在是什么状态。

我希望听听你的想法。

新任领导的谈心

新领导上任初期，通常需要比较密集地开展谈心活动。这是为了了解团队中每个人的基本情况，也是走马上任后必要的示好。

这类谈心是在员工心理预期之内的，比起突发的“××，明天到我办公室来聊聊”，紧张程度会轻很多。谈话内容一般也只停留在比较浅的层面，仍然是以采集信息、听取意见为主。

如果你觉得这是一次例行公事，那你就想错了。我们知道，权力的变更并不都是暴风骤雨。大多数时候，都是静水流深。

对于领导而言，这是一次“再面试”。我们以前仔细地讲到过领导新到一个部门的时候，如果遇到挑衅应该怎样“清场”。开始的时候，要摸清下属对自己的态度，也就是这场“再面试”，来看一下他们的反应：

那些反应敏捷、表达清晰的员工，是你接下来要深入了解的人；

那些主动示好的员工，是需要重点考察的对象；

那些表现得冷淡甚至排斥的人，可能还在怀念原来的领导——这样的人是不能托付重要任务的。

有人说了，表现出自己比较长情，对老领导仍然心存感恩，这不是很好吗？关于这个，民间智慧有非常清楚的解释。

《说岳全传》中讲到，金兀术入侵宋朝，每次遇到一个宋人，就问军师哈迷蚩："这人是忠臣还是奸臣？"哈迷蚩说是奸臣，金兀术就侮辱人家的人格；说是忠臣，金兀术就恭敬地要人家投降。后来，哈迷蚩忍无可忍："狼主啊，都像您这样，我们大金国的买卖没法做了。你要那么多宋朝的忠臣干什么？！"金兀术是个政治高手，但是评书里的这种民间智慧是对的，那就是：

“不被我所用的忠诚，都是非常危险的。”

快走了的老领导的三种态度

面临调动或升迁的领导，也会发起一些谈心活动。此时的谈心不再是广撒网，而是在那些已经表了忠诚或确立了师徒关系的下属中进行。一般就是三个意思：

1. 挖角

"我要调走了，有更好的机会，你愿不愿意跟我一起？"

2. 劝守

"现在，这个部门仍然需要人，接掌的人还是咱们的人，你要不在这里稳定一阵？然后，我们再看能不能合作。”

3. 诅咒攻击

“咱们这儿陷啦，现在看来没啥，很快就要乱啦。你回头待不下去，记得去找我……”

这三种领导我都见过，前两种是比较体面的做法，第一种考虑自己多一些，第二种可能考虑现在的部门多一些。第三种一般是在政治斗争中受挫或者利益没有得到满足的领导带着情绪的一种表达。作为一个领导，最好不要这样情绪化。

你会发现这种表达，除了情绪之外，他什么都没有说，没有前两种任何一种表达有价值。最要命的是，说着第三种话的人往往不会帮你解决新工作。

何时进行调离谈心

调离谈心需要把握谈话的时机，你已经在收拾工位了，才去和自己的下属谈心是对下属极大的冒犯。

“什么事都最后告诉我”在职场上是极大的侮辱。

“事情基本定了，我第一时间告诉你”才是对有力下属的尊重。

管理岗位的变动不会是一朝一夕完成的。有些人会在上级透出口风之后第一时间和自己最亲密的下属交流，试探他的意向。

这么做的好处是交流的时间比较充分，但有走漏风声的可能。如果部门领导频繁地和关系紧密的员工关门谈话，一些嗅觉敏锐的人可能会察觉到异常。

有些比较保守的人会等到调动基本确定之后才开始约谈自己的下属，但是规模大的公司或事业单位，调动流程会很慢，通知正式下发之前，消息可能已经满天飞了。如果你最好的下属最先从旁人那里听到了你要调动的消息，他就会有不被信任的感觉。

总的来说，调动前夕的谈心很多都带有“挖人”的性质，要特别注意保密，并且要为员工留出足够的时间。

下属有异动时的谈心

团队处在顺境中时，大家都在埋头赚钱，出问题的概率小。一旦团队遭遇逆境，需要和下属谈心的情况会明显增多。

1. 下属离职

如果下属平时很温和，突然在开会或布置任务时表现出很激动的情绪，他可能是在业务推进过程中遇到了很大阻力。要找他谈话问清楚。

如果你的下属工作效率突然下降，也要找他谈话。

一些人到中年可能遭遇到很多麻烦事，夫妻关系、婆媳关系、孩子问题等，这些都会让一个人的状态变得很差。横加指责只会把人推得更远，谈心是个比较好的选择。

如果你的员工突然工作特别努力，那么他也可能是准备换工作。

有的人是那种高自尊的类型，临走之前希望努力为老东家多做一点儿事。这时候去和他谈心，发现问题和挽留成功的概率都会比较高。

有的人可能是太累了，要让人该休息就休息，不要把人累病了。

2. 下属不再适应工作

下属出现酗酒，变得突然有攻击性，到处借钱，觉得有人针对他、害他等情况，都要尽快和下属谈话。

谈的时候，记得找个身强力壮的家伙在门外等着（我认识的一个前领导，腿上挨过下属一刀）。如果下属沾了黄赌毒，可能会变得不适合工作。如果发现这个人出现了幻觉或者妄想，要赶紧联系家属送医院。

3. 下属被内部挖角

这可能是最坏的一种局面。

过去，很多人问我内部转岗怎么做，我会说这比找新工作更难。因为如果开了这个口子，以后这个部门的人就会源源不断地流失。

下属越过自己和别的部门的老大去勾结，如果他们意见达成一致，你会被全公司质疑管理能力。

所以，最好的办法是积极挽留。如果挽留不了，就摧毁这个调岗设想。不要因为“爱惜人才”就允许转岗。转岗只有两种例外：

顺水人情：手下原本就是对方的旧部，不是自己的人。

拿人来换：我看上了你部门的 ××，一个换一个。

谈心的时间长度需要控制

谈心的时间不能太长。如果去找心理咨询师咨询，心理咨询师只会给你 50 分钟，最长不会超过 1 小时。

人精神高度集中能保持的最长时间大约是 1 小时，谈心最好也以这个时间长度作为上限。

有些表达欲很旺盛的领导（鹰派居多），碰到态度积极配合的下属会不自觉说得更多、时间更久（我曾经听说过有领导和下属从下午 4 点说到晚上 9 点的）。这是一种风险很大的做法。

很多人如果一次性说太多话，会进入一种类似于喝醉酒的状态，通风不好的办公室尤其会这样。如果你还有在办公室里抽烟的坏习惯，那 30 分钟之后，可能大家都会丧失判断力。

随着自控力急剧下降，你非常容易说出很多原本并不打算让对方知道的事情，事后回想起来十分后悔。

顺境的时候，下属可能会把这些视为你信任他的标志，但如果你们的业务走向逆境，这些话就有可能被下属拿来攻击你。

和年轻人谈心：你的困扰并非不值一提

中年领导最喜欢跟年轻人聊理想、聊期待、聊可能性。有时也会看到一些中年领导在抱怨：“现在的年轻人都特别物质，不像我们当年那样愿意为理想献身。”这其实是一件好事。现在的年轻人接收信息的渠道比几十年前要多得多，他们判断一件事所选择的依据也更加丰富、立体，不那么容易被几句豪言壮语征服。

注重利益的人更好相处。事实上，和聪明的年轻人谈利益，他们会觉得受到了尊重，认为自己被领导看作一个可以谈论现实的人，而不是好忽悠的笨蛋。

正确的做法是，领导尽可能维护自己的利益，年轻人反倒会说："老大，我跟你真的不是图钱，我就是服你这个人。"

如果年轻人说："老大，我薪水比较低，日子过得太惨了。"领导张嘴说："要啥钱啊，你每天看见我还不够开心吗？"这就没法聊了。

真正没皮没脸天天要钱的下属，一百个人里未必有一个。如果有下属真的提出来了（现实生活中，这个概率并不低），领导不要彻底回避钱的问题。

简单一句"眼光放长远，钱都不是事儿"对缓解年轻人的焦虑并没有什么帮助，只会让对方感到你的敷衍。一个表现得不在乎下属困扰的领导不会收获忠心的臣子。

适当加一点儿：

"我当年也是这样……我也是从那个时候过来的，知道你现在有多难。"

"以前，小偷没有共享单车可偷，我被偷过三辆自行车。"还可以和对方追忆一些生活上的小技巧，例如，如何拼车，如何省钱。

但最重要的是，告诉你的下属："我已经从大领导那里争取到了资源，你要能做到替我分忧，钱，不是问题。"

和中年人谈心：手下有一老，如有一宝

职场上，中年人的状态：

事业比较稳定，过了干活的苦力期，过了被严格考核的绩效期，

> 但也错过了成长为领导的机会。大多数中年人会渴望掌控自己的生活，渴望受尊敬，还希望发展兴趣爱好、注意子女的教育。

中年人在职场上容易遇到一种角色冲突：

> 有些年轻人会把中年人视为明日黄花，但中年人“渴望向年轻同事输出自己的建议或者价值观，这能让他们感觉自己很强大”。

在这种冲突之下，中年人的自尊心会变得非常脆弱。因此，跟中年人进行友好交流的前提，就是一定要承认他们的经验，尊重他们的付出。对中年同事要保持客气，鼓励年轻同事向他们请教。在部门内外公开讨论的时候，如果遇到中年同事提出一些异议，作为领导，措辞也需要注意。

事实上，中年人下属是最“懂事儿”的人，早早谈心、做好沟通，他们更容易和你形成默契，以一种经过年龄和经验加持的圆熟方式对你进行支持。

此外，中年同事在公司的时间长，尤其在一些规模较大的国企或事业单位中，中年人往往有自己的小群体。他们和各个部门（如人力部门、财务、信息技术部）关系也都更密切，因此消息会非常灵通。经常和中年同事沟通可以提前了解到很多信息。

这就是“手下有一老，如同有一宝”。

谈心谈心，必须要用心。作为领导，你可以不站在下属的角度去做决定，但是一定要站在下属的角度去说话、去沟通。

你要给自己找一个“二把手”

什么人是“二把手”

他是你的分担者，在你不能处理事务的时候，他可以代替你；他是你的继承者，在你无法继续走下去的时候，他可以接替你；他是你的陪伴者，要和你一起承受艰难、分享收获。

注意这三点：分担，继承，陪伴。

你对“二把手”的所有策略，都应该围绕着这三点展开。我们试着分析下面这个例子，看看这几个人是不是“二把手”。要知道，有些人是你的首席手下，但不是“二把手”。

荀彧是不是曹操的“二把手”？

在曹操让儿子建立魏国之前，确实是。曹操做司空，荀彧当尚书令；曹操打仗，荀彧留守。彼此有点儿相濡以沫的姿态。

如果曹操只想做一个丞相到退休，那比他小八岁的荀彧是可以继承他的事业的。不过，曹操的最终目的是建国——在决定做这件事之后，荀彧就不是“二把手”了，“二把手”是五官中郎将——曹操的儿子曹丕（本来这个职位也接近于副丞相）。

有人会把荀彧和曹操的矛盾归于士族和庶族的矛盾，但这其实是一种“二把手”之间的交接。

曹操其实是除掉了前任“二把手”荀彧的。（曹丕 211 年升五官中郎将，荀彧 212 年去世。）

荀彧和曹操是同事，都是汉朝的臣子，但他不是曹操的私官，这使得他们之间早晚会有冲突。

在一些单位，副职往往是出于各派利益平衡选出来的，所以第一副处长基本上都不是处长的“二把手”。处长真正倚重和希望接班的那个人，可能在更下面的位置。

对职场和官场的新人来说，认清谁是真正的“二把手”非常重要。如果你按照开会级别去找“二把手”，很容易犯错误。

真正的“二把手”一定是“一把手”的自己人。

我们在这里列举一个关于“‘二把手’的清单”，帮你快速掌握怎样认“二把手”、当“二把手”和管“二把手”。

1.“二把手”最重要的不是分工，而是影响“一把手”的权力

“二把手”固然会直接分管一些部门和项目，但分工这种东西不要看得太重。与其看排位，不如去观察“一把手”对谁言听计从。

2. 你组织里的“二把手”是不是“健康”的

我们一直说应该有一个自己的情报网，比如你作为一个普通员工，对“二把手”应该有比较深的认识。其实你看“二把手”和“一把手”的关系，就能看出这个公司的上层是不是团结、是不是“健康”：

如果你的单位里，“一把手”只有一个副手，那一般这个人会是“二把手”。

如果有多个副手，则排名第一的副手未必是“二把手”。

排名第一的副手如果同时是“二把手”，这个单位的形态会比较稳定，也适合发展。排名第一的副手如果不是“二把手”，而是一个老好人或者创始员工，那就要看“一把手”有没有钦定的接班人了。

不设“二把手”的公司，领导同时管理多名副总甚至直接管总监的公司，“一把手”很可能是一个控制狂。这未必是好事，因为人的精力有限。这时候，“二把手”的部分权力会落在“一把手”的助理身上。大总管管大臣，大臣们是不会喜欢的。

接班人不明确，“二把手”也不明确的单位，可能会在未来几年里面临争斗和动荡。

如果这个公司有一个比较明确的“二把手”，那这个“二把手”最好是早期的“从龙之臣”或者凭借实力上升的接班人。

突然空降的“二把手”，或者是董事会成员家族中的人当了“二把手”，不是好事。

“一把手”最好信任“二把手”，如果“一把手”公开和“二把手”有冲突，那下面也会不可避免地割裂为两派。如果“二把手”敢于公开向“一把手”叫板，很有可能是他还有别人的支持，比如董事会成员、上级机关的高级领导，这个单位可能酝酿着巨大的危机。

“二把手”最好不同时有一套自己的队伍。如果他是从基层做起的，那么最好是成为“二把手”的时候，把旧部交给“一把手”也信任的人。

如果“二把手”有“一把手”无法调动的力量，这不是一件好事，而是存在危机。

从队伍稳定的角度来看，一个偏保守的“二把手”会更有利于组织的稳定。不过，同样是保守系的“二把手”，也会有完全不同的风格。

如果你只是一个底层员工，你要做的就是别卷入高层的斗争中。在斗争刚刚开始伤害你的时候，明智地选择蛰伏或者离开。

“二把手”的三种分类

1. 鬼副长型的“二把手”

鬼副长以鹰派为主，高效率，待人苛刻，执行力强。

鬼副长的代表，当属日本幕府末期的警察组织“新选组”的副长土方岁三。土方性格残忍、业务娴熟、执行力强，是个管理好手。他的老大近藤勇，则是一个粗线条、大大咧咧的人。

一般都是粗线条会搭配鬼副长，一个爱谈理想，一个心思缜密、心狠手辣。

2. 大管家型的“二把手”

电视剧《亮剑》里的赵刚政委，是全面辅佐李云龙的。赵刚是典型的鸽派，他是儒雅的人，冒失的“一把手”需要这样细致的“二把手”来辅助。

这样的“二把手”偏鸽派，遇事尽量以配合为主，能包容冲动、暴躁的“一把手”。

3. 少东家型的“二把手”

少东家和鬼副长、大管家都不一样，他只要学习、成长、显示出活力来就够了。如果你遇到这样的“二把手”，相处可能会是一个问题，因为少东家往往还有需要学习和改善的地方，做事业可能偶尔还有情绪化的地方。

“二把手”和“一把手”的几种关系

1. 组阁授权

“一把手”充分授权给“二把手”，让“二把手”组织人力、财力来完成。“一把手”只负责要结果，一些大的花销和支出，“二把手”有决定权。

这种制度的好处是可以让“二把手”尽力发挥自己的力量，坏处是“二把手”权力比较大，很难控制。

诸葛亮和刘禅就是这样的关系。刘备的制度设计是加了一个保险：让第三号人物李严也开府，成为一方诸侯，制衡诸葛亮。后来，诸葛亮想办法废黜了李严。

晁盖和宋江的相处模式就是组阁，最后宋江做大，晁盖失去了对队伍的控制。

2. 任命合作

“一把手”任命“二把手”和其他几个副职，大家一起合作。这种做法的好处是"一把手"可以利用几个人之间的掣肘来保证自己不被架空，坏处是"二把手"能做的事情太少了。

这种制度下，"一把手"必须要敢于担当。

3. 职业经理人

用劳资协议来规定"一把手"和"二把手"的权力。

这三种关系里面，职业经理人的参与感最低，对"一把手"的威胁也是最弱的。

当"二把手"必须给"一把手"省时间

鬼副长和大管家虽然路数不同，但在"节约'一把手'的时间"这一点上是完全一致的。

让领导从繁忙的日常管理当中解放出来。

职场上的时间有两条规律，好好记住："老板的时间一定比你值钱。""如果你的老板用你帮忙省出来的时间来打游戏，请参看第一条。"这也是我会对大家说"要奉献你的忠诚"的原因。同样地，"二把手"最重要的一点就是分担，要替"一把手"减少工作时间。

为什么普通人也需要"二把手"

有人可能会觉得，我现在自己还是基层员工，别说要一个"二把手"了，就连一个"兵"都没有，为什么我也要物色"二把手"的人员呢?

因为大多数能成事的人都会早早物色好自己的队伍。比如《三国演义》里，刘备、关羽、张飞刚开始创业的时候，就已经确定了三个人的管理层。刘备走到哪里，关羽、张飞这样的组合都服从于他。别人发现另外两个人只有他能调动，他自然也就获得了一个统领别人的机会。

类似地，新选组负责人近藤勇刚加入组织，仅仅是一个普通队员，但其他七个队员是他的师弟或者朋友，自然形成了一个小队。大家都信服他，只接受他的命令，上面即使有命令也要他点头，那几个人才去做。这种局面下，上级很快就会让他成为这七个人的负责人。

如果你还是普通员工的时候，就不仅仅有团队，而且还有一个明确的“二把手”，那么你的队伍会在有机会的时候快速扩充，因为你有可靠的带兵者，甚至还有分兵合围的能力。

其实，生活中没有那么复杂。如果你在一群小兄弟中有威望，这其中有一个组织能力强又特别信服你的小弟，他就是你未来的“二把手”候选人了。

兄弟是你天然的“二把手”

在职场游戏《太阁立志传》中，木下藤吉郎（后来的丰臣秀吉）在自己当上武士之后，会赶紧跑回乡下老家，去招募自己的弟弟木下小一郎（后来的丰臣秀长）。

在 2 代游戏里，藤吉郎的妻子有一段有趣的台词：“您现在成了武士了，需要有自己的手下，最好的手下一定应该是自己人，不如去老家找弟弟加入怎么样？”弟弟是天然的小跟班儿，他从小是孩子王的话，你日后带团队也会容易得多。

看看三国时期的三股势力，就会发现他们对兄弟的态度是不同的。

曹操的兄弟很多，夏侯惇、夏侯渊、曹仁和曹洪都发挥了很大的作用。夏侯惇扮演了首席武将的角色，算是他军队方面的“二把手”。

刘备是一个很缺兄弟的人，所以才会有人觉得关羽、张飞和他是结拜兄弟。刘备知道什么时候应该更换自己的“二把手”——关羽一直是他的“二把手”，但是能够找到徐庶和诸葛亮，他就能摆得平关系，让他们接替关羽，这其实是挺不容易的事。

孙家和司马家有相似之处，都有过一个兄弟之间的权力让渡：孙策死前把权力移交给孙权，司马师死后又把军队和权力交给了弟弟司马昭。因为他们的兄弟一来足够聪明，二来早早就加入了自己的创业队伍，加上年龄合适，比较成熟，很容易就会成为继承人的人选。

“一把手”怎么对“二把手”

仔细观察“二把手”的动向。事实上，大多数“一把手”每天一睁眼都要问手下人“二把手”在做什么。

现在的人没有那种刘、关、张或者近藤和土方的交情，所以应该对“二把手”又拉又打：该拉拢，放心拉拢；该授权，放心授权；该给钱，放心给钱。但是，如果“二把手”反水，就要全力报复，直到对方付出沉重的代价为止。

永远不要投票选“二把手”

千万不要投票选“二把手”，除非你想让“二把手”膨胀，然后动手除掉他。如果你在两个人选中要二选一，拿不定主意的时候可以抽签。

抽签都比投票靠谱得多！

除非是你儿子，不然就选笨一点儿的，笨的忠诚——这个定理对大多数情况都适用。

如何“没羞没臊”地称赞同事和领导

前几天，有人给我留言，说自己在人际关系上的能力为零，自己完全是个没用的废物。现在跟熊老师学习了，希望能有帮助。

于是，我赶紧告诉他：“你不要说自己人际关系上的能力为零，你能不能先写下自己的三个优点给我看？”

大家别觉得奇怪，这件事不简单。有的人活到 25 岁、30 岁，其实从来没有认真写过自己的优点。

什么是优点

古龙有一句话说得很好：“一个人的名字可以起错，但绰号不会起错。”然而，金庸先生快速打脸：岳不群的外号叫作“君子剑”，但他是一个彻头彻尾的阴谋家。扮演成一个君子，君子就成了岳不群的优点。

优点是社会舆论对一个人某种正面特质的概括总结。一来得是正面特质，比如“大胃王夏周一”，这就不算是正面特质；二来得是社会舆论的评价，比如自称“二道桥吴彦祖”，并没有什么好处。潘安被公认为美男子，是因为他走在街上，大家都会向他投掷各种水果，以此表达对美男子的爱慕和追捧。

优点不是你觉得“我这人还是挺聪明的”，而是大多数人认为你这人挺聪明的。所以，优点就是你传播出去的那个形象里的正面部分。

优点、缺点和传奇

称号、外号、绰号、匪号，一般表现了别人对你优缺点的概括。

评书《雍正剑侠图》里有个“左胳膊刘三”，这个人别的武功都不练，只练左胳膊的力气，每天只能抱着左胳膊走路——太粗了。这就属于缺点。

除了优点和缺点外，还有一个部分是传奇部分。

传奇是中性的：当你优点多的时候，传奇会让你成为万众敬仰的人；当你的缺点多过优点的时候，传奇会成为墙倒众人推的有力工具。

优点、缺点、个人传奇，就构成了一个人人际形象的总和。人际形象公式：

人际形象 =（优点 + 缺点）× 个人传奇（缺点是负数）

如果总体形象偏正面，你的个人传奇越多，你的正名声就越大；如果总体形象偏负面，你的个人传奇越多，你的负名声就越大。

称赞和拍马屁的区别

称赞别人不是拍马屁。

什么是拍马屁？

拍马屁是顺口搭音地吹捧，讲究的是快速反应。拍马屁一般没有规划，都是想到哪里就拍到哪里。拍马屁一般止于当场，不会有后续传播。拍马屁的内容也根本不可能形成“优点”，因为拍马屁者称赞的内容，很难被社会舆论认可。

什么是称赞？

称赞是深思熟虑后的一种行动。称赞有一个体系，你系统地研究过对方的长处。称赞有针对第三方的传播行为，称赞时有多人在场，或者被称赞的人根本不在场。称赞有称赞者的个人信誉背书。

我们由此看到了拍马屁和称赞的区别。

称赞别人要少且精

我们了解了称赞的本质，是面对一个圈子，甚至是公众的传播行为，这就要求我们对称赞要特别严谨：

1. 不能贸赞

不要瞎夸人，或者夸得不对。

2. 不要怕被当“洗地”

有的人是一个圈子里容易被黑、被误解的人，这时，不要人云亦云，也不要畏惧被人看作“洗地”和“辩白”。事实上，翻盘并不难，只要你提出一个优点，然后讲一到两个传奇，就足以在大多数的时候翻盘。

3. 对外传播称赞的时候，要注意这个场合里有没有被称赞者的仇人

这是一个避免冲突和尴尬的方法。例如，不要在一个中年男人面前称赞另外一个中年男人，你不知道他们之间有没有什么恩怨。

4. 在不同的圈子、不同的层面称赞不同的人

其实，你称赞的人并不少，但是你的朋友、熟人不会觉得你在讨好所有人。但是，如果向所有熟人每天称赞不同的人，你的称赞就会显得廉价。

称赞会让你更加宽容和友善

我上大学的时候就体会到了这一点。我们本科宿舍有位北京满族的同学，家教很好，人很和气，影响我们几个同学挺多。

年轻的时候，大家都容易带点儿愤世嫉俗，见到什么东西，尤其是太俗的，都是先要批判一番。但是，这位同学总是温和的。大家谈论起什么艺人、什么作品，他都是先提及这个艺人或作品的优点，而且不是假装，他是真的先看别人优点的人。

他第一个提到某艺人的优点，别的喜欢这个艺人的同学就可以接着说下去了，愤世嫉俗的声音一般看见两三个人表示喜欢，就不好再去怼了。

宽容和友善会让你去称赞别人。

开始学着称赞别人，发现别人的优点，也会逐渐驯化你桀骜的脾气。

人会逐渐变得宽容而友善，用行为来调整自己的内心，是真实、有效的。

有人会疑惑，说："熊老师，我现在是一只'鹰'，我很喜欢现在的状态，宽容而友善不是成了'鸽子'了吗？我不想要那样的状态。"

这个其实不用担心，"鹰"的优点是把握时机的能力和做决定的果断，宽容而友善会让你变成鸽包鹰——非常理想的状态。

宽容和友善都不会让你丧失"鹰"的眼光和果断，只会改善你处理事情的方式和手段。

如果称赞的人是领导

我们前面已经提到了称赞人和拍马屁的区别，这里我们要讲到称赞领导是怎么回事。

《三国志》里有一个人物，叫作郭嘉。郭嘉是袁绍的人，后来投奔了曹操，所以他对前任老板和现任老板都很熟悉。在曹操决定和袁绍开战之前，郭嘉分析了两任老板的优缺点，说曹操有十点胜过了袁绍，袁绍有十点败给了曹操。

注意！我们经常听见有人说："我这个人耿直，不屑去巴结领导。"其实，很多情况下是："我这个人比较笨，不会去巴结领导。"下面，看看郭嘉是怎么做的。

称赞人需要勤奋

如果你觉得这是郭嘉有天分，那就错了。

郭嘉是个关系达人。

他从袁绍那里走的时候，跟郭图等人说了不少袁绍的缺点，这对后来曹操信任他很有帮助。袁绍这人小心眼，郭嘉得罪了他就回不去了。

郭嘉很勤奋，他到 196 年才跟了曹操，却对曹操的早年经历特别熟悉，比如曹操惩治豪强、殴打十常侍的长辈这样的事，他清清楚楚。曹操会跟他讲一些经历，但是更重要的，还是去跟团队里这些老员工去聊、去采访。

我们今天信息这么发达，可是有多少人能把自己老板的简历写出来？

如果你和老板有稳定的上下级关系，那就尽可能地试着给老板写一个职业经历的小传，时时温习。需要称赞老板的时候，这些东西都是素材。

熟悉之后才有热爱，热爱之后才有发自心底的、由衷的称赞。我们如果看见一个人能够到位地称赞领导，不要想着这个人的节操问题，最应该警惕的是这个人的智力水平，还有：

“还能这么称赞老板，我怎么没想到？”

习题

假设你是《西游记》里的一个小妖，现在有一个提升总钻风（巡山主管）的机会。你希望获得大王的青睐，你应该怎样称赞你家大王？

有四个妖王供你选择：

A. 牛魔王

B. 红孩儿

C. 白骨精

D. 孙悟空（别忘了他也是妖。）

如果你还有更熟悉的妖怪主公，也可以写自己熟悉的角色。

如何在职场上更受欢迎

我一直认为，不要对“大社交”场合期待过高，思维应该从“让所有人喜欢我”转向“让更多人喜欢我”。我们今天就来讲一讲：如何在职场上更受欢迎。

之前，我一直强调大家不要在职场上交“朋友”，而是要寻找“盟友”。这两者的区别在于应对策略：我们会愿意为“朋友”牺牲自己的利益，而结交“盟友”就是为了一起争取更多利益。《孔乙己》中说得好：“这次是现钱，酒要好。”

所以，在职场上的“受欢迎”和社交场、朋友圈里的“受欢迎”之间有着本质的区别：你和你的同事未必真心喜欢彼此，但在日常相处时能够客气、友善地交往。

大家需要寻找盟友时会第一个想到你，在争斗、冲突时会尽量绕开你，这就是一种非常理想的“受欢迎”状态。不要在职场上寻求友谊和爱，这件事是不对的。

在这里给大家列出一个在职场上受欢迎的清单。

实力在及格线以上

这是一切的前提。职场新人要“先活下来，再做兄弟”，稳住了工作能力这个基本面，才有资格和同事谈交情。

战时的军队，大家会因为失去战友而愤怒。同时，很多人不愿意和新兵发展友谊，因为他们大多数人会在第一次战斗中死掉。如果你在一个人员流动性极高的公司工作，新人期就会感受到特别浓烈的冷漠。实力不够的人会拖累整个团队，增加所有人的工作量，大家恨他都来不及，是绝对不会和他称兄道弟的。实力强可以表现为实力本身，在初级职位上，也可以表现为潜力。

极少数特别强大的人可能从一开始就能很好地完成工作，大多数人在新加入一个团队时都需要经过一段时间的磨合。在这个过程中，有欠缺和不足都是正常的，你所表现出来的敬业精神、学习能力和进步速度才是大家对你进行评价的关键。

我曾经带过这样的年轻人：刚入职，他对要做的事情完全没有概念，但是为人极勤奋，又上进，给他布置的任务他会完成得特别好，每一天都在飞快地进步。这样的人在职场上永远都能收获一大把来自他人的橄榄枝。

比较高的自尊水平

前面提到过高自尊的人对自己评价高，要求也高，又能够带着欣赏的眼光去看周围的人。他们不光是很好的父母、伴侣和朋友，同时也是职场上最好的结盟对象。

高自尊的人往往拥有很多优秀的品质，同时，他们也能够理解“大局”。和他们合作不用在鸡毛蒜皮的细节上纠缠、推诿，可以把精力全部用在开疆拓土上，极大地降低了团队的内耗。

如果你是一个高自尊的人，在日常生活中表现出了自律和很好的品行，就会收获高自尊同类的赞赏。有些低自尊的人可能会认为你的言行是在“装 ×”，别犹豫，把他们从你的结交名单中删掉。高自尊会帮你筛掉一批糟糕的潜在合作者。

如果你是一个部门的领导者，记得要维护高自尊的下属，他们都是潜在的优秀带队者。给他们一个位子，他们就可以坐上去自己正常运转；给他们一点儿精神鼓励和支持，他们就会变得无所不能。

即使高自尊的下属可能某些地方让你感到嫉妒（这是常见的，嫉妒是每个人都一定会有的情感）或者冒犯，也绝对不要默许或者纵容低自尊的妄人跑去伤害他们。否则，会伤了大家的心，事业就难以成功了。

“朕可以敲打丞相，但你算什么东西？”就是对这种低自尊妄人最好的态度。

嘴严，可靠

在任何一个群体中，多嘴多舌的人都不会受到尊重，而在职场上，嘴不严尤其危险。

如果你是一个爱说是非的人，围绕在你周围的只会是一帮同样没正事、低级趣味的家伙。你会被打上“不可靠”的标记，愿意和你交流的人会越来越少，大家等着看你什么时候因为多嘴闯祸，而强者根本不会与你为伍。

有些同学曾经给我留言说，自己很内向，不知道如何跟同事拉近关系。内向的人最适合强调自己的“嘴严”和“可靠”。在职场上，这两项品质远比“能说会道”更让人喜欢。

随和，有分寸

体面的人不传闲话，也不会轻易对旁人发表议论。

“思想可以特立独行，生活方式最好随大流”，这是对自己的要求，而他人的生活方式是不是合理，不是我们能评价的。

哪怕是最亲近的人，都未必能知晓对方的全部经历和心里藏着的每一件小事。在职场上，大家保持着客气、有礼的距离，就更不可能了解每个人做事的出发点和逻辑了。“看不懂”是正常的，但是完全没有必要“看不惯”。如果还要大发议论，把自己的“看不惯”到处传播，你的伙伴就只会越来越少。

有人说在北上广深这样的大城市，人和人之间的距离遥远，缺人情味，太冷漠。这不是冷漠，而是对“和自己不一样”的宽容。这份宽容就是我们在向文明社会靠拢的标志。

懂得如何打扮

斯大林在离开校园之后，从头到脚都经过精心设计。不是为了精神、好看，而是要让自己看起来就像一位投身革命事业的进步青年。

有句老话叫作“先敬罗衣后敬人”，本意是讽刺那些根据衣饰打扮来评价一个人的现象。我们自己在做判断的时候要尽量避免受到这类偏见的影响，但是对他人可能存在的偏见一定要心中有数。人是视觉动物，穿着打扮是“人设”（人物设定）的一部分。在我们开口说话之前，外在形象就已经传达了无数信息。

想要成为职场上受欢迎的人，穿着打扮的风格就要和公司的风格保持一致，最安全的做法是向你的同事靠拢。

曾经有一个女生留言说，她喜欢穿精心搭配的服装去上班，觉得自己的风格是知性得体，但是单位里上年纪的女同事对她的敌意非常强。要在打扮上妥协，和中老年妇女看齐的话，又觉得心有不甘。

我告诉她说，你的年轻和身材已经很让她们嫉妒了。在一个风格统一的群体中，“与众不同”这件事自带攻击性，年轻姑娘尤其要当心。如果在事业单位这样上年纪的同事比较多的地方上班，马卡龙色的衣服和颜色夸张的口红，最好等到下班时间再上身。

这不是压抑天性，而是自我保护和职业精神。

和优秀的人站在一起

在职场上，优秀的人品质都是相似的：勤奋、自律、不断精进。如果发现了这样的同事，就要尽量和他们保持良好的关系。

但是，单纯的日常沟通并不足以让你们成为盟友，正式结盟往往是通过利益交换和分享：当你遇到棘手的工作任务时，可以主动邀请对方共同跟进，同时将一部分利益让出去。愉快的合作是关系飞跃的最好契机。

优秀的人能认可的，通常也都是自己的同类。如果你能获得他们的称许和背书，在同事中的地位自然会有所提升。

知道如何求助

前两天，有人留言说，自己即将去实习，家人请一些行业资深专家给他指点指点。他问我他应该如何表现，是不是不懂就要问，像“好奇宝宝”一样，对方就会觉得他好学、上进。

我告诉他：“不要上去就问，有任何疑问都先在网上搜索一下答案。如果找不出来，再带着你搜到的细节去询问那些资深前辈。”

互联网时代有个很大的变化，就是人们获取信息的成本大大降低。善用网络寻找答案，能更快、更精准、更全面地找到自己想要的东西，这种方式比跑到对方工位边用嘴问效率高得多。

凡事都问，只会让人觉得你的文字阅读能力有限。同时，既不把自己的时间当回事，又不尊重别人的时间。尤其对方还是行业中的专家，他们的时间一定比实习生的宝贵多了。如果网上找不到答案，再带着细节去仔细咨询。这样的请教才是高效的，才能证明你是一个“好学、上进”的人。

职场不是校园，不会再有一群老师专门负责手把手地教你，不轻易占用其他同事的时间会让你成为一个自立、有分寸、受尊重的人。毕业之后，你取得进步的速度、最终的上升空间，都和使用网络寻找答案的能力呈正相关。

有技巧地送出小恩小惠

小恩小惠带两个“小”字，并不意味着这是一件微不足道的小事。事实上，即使是最普通的零食，只要讲究得法，都可以送到人心里。

你的同事中有没有因为宗教信仰而忌口的情况?

甲和乙爱吃辣，丙和丁爱吃甜，买零食的时候，是不是两种口味都来上一点儿?

我之前告诉过大家，要留心同事的自我暴露，最好是用一个小本子记下来，关键时刻可能会派上大用场。大家都是成年人，不会像孩子一样轻易被小恩小惠打动，打动我们的往往是“你把我放在心上”的温暖。

良好的情绪管理能力

很多时候，情绪管理能力是个隐藏特征，但是自带“一票否决”属性：平时表现得沉着、稳重，周围的同事不会有特别明显的感觉，然而歇斯底里和失控只要有一次，之前苦心经营的形象就会全面崩塌。

情绪不稳定的人一般没人敢惹，但是也没人会在意：这个人会被视为一个“病人”，很难再有大的发展。已经发泄出去的情绪不能收回来，这时候不要反复陷入纠结和悔恨中。不要待在情绪里不出来，这个和高自尊的人的金钱观一样，钱花出去了就不要去想，不要去比价了。

如果情绪失控了，应该立刻做到的是原谅自己，然后考虑如何不再有下一次失控。要知道，大多数人一辈子都至少会换三四次工作，大不了换个地方，重新再来。

不管局面有多糟糕，先深呼吸几次，然后按自己的利益来思考下一步该怎么做。有的人特别幸运，天生长得好看，容易被人喜欢。

如果不是让人眼前一亮的高颜值人士，也不要太心急了，成为一个自律、行为可以预期的人，也能慢慢地被别人喜欢。

人生很长，被人喜欢这件事，我们不用赶时间。

如何和同事掏心窝子

朋友和盟友的区别

朋友：你们之间的感情很好，你愿意为这个人承受一定的金钱损失或者冒风险。

盟友：你们可能在为同一个目的而努力，或者你们在一段比较长的时期内有共同的敌人和对手。

盟友关系可能会因为敌人消失或者目标达成而解体。而当你说一个人是朋友时，就有了许多情感上的羁绊。

现在的人都有亲密值虚高的问题，好多人一张嘴就是“这人是我的闺密”“是我的死党”“是我姐姐”“是我们孩子干妈（其实一下子认了十几个干妈）”。这种分级完全没有必要，尤其你在托别的朋友办事的时候，他们会因为你这种分类而感到困惑。

一个人根本就没法与那么多亲密好友一直保持很好的关系。一个亲密值虚高的人，一定有许多名不副实的关系，要么希望给别人下陷阱，要么容易被人“套路”。

遗憾的是，这些单纯长于显示亲热的人，往往被我们的文化看作“社交能力强”的人。许多人跟我说“自己不善交际，羡慕这样的人”，我只能告诉他，你羡慕的这个人是有问题的。

一个有些内向的人可能交朋友会有点儿慢，但是只要交上了朋友，往往会是一辈子的朋友，你需要改善的是自己的内心自洽和社交技能。

只要你在这家公司一天，就不要和同事做朋友，但是你们可以结盟。

结盟关系中，你可以观察对方的表现。当你们不再是同事时，可以转为朋友关系。

同样地，如果你的朋友加入了你的公司，你们在同一个部门，你就要调整你的策略，尽量把他当作盟友来看待。不然的话，你就会缩手缩脚。

盟友之间该如何聊天

明白了同事之间应该是盟友关系之后，你应该调整的就是自我暴露的程度了。朋友、恋人之间需要很高程度的自我暴露，而且是相互对等的。但是，盟友之间的自我暴露，一定要注意两个原则。

第一个原则：有限暴露

绝对不要什么都说，可以交换的是你的人生观和世界观。不能交换的是你大量的家庭情况，尤其是你最重要的关系：你的贵人是谁，你的“主公”是谁。

第二个原则：无关紧要

暴露的东西要和职场无关，绝对不要针对第三人。你跟哪个前同事谈过恋爱，和谁是亲戚这样的信息，绝对要烂在肚子里。不要让别人画出一张你的关系图来。

如果你是一个纠结的人，有一句话不知道当讲不当讲，很简单，那就是不当讲。如果一个职场新人都觉得这件事情讲出来有问题，那么职场“老人”很可能会想得更多。

控制住了自己的信息出口之后，你就要尽快地调整自己的信息入口。你需要的是一个大功率天线，要多收集别人的信息。

记一本笔记

婚礼上可以观察一个家族的实力，婚宴基本上能够暴露这个家族全部社会关系的总和。

类似地，和同事闲聊的时候，总会有一些人不太在乎自己的隐私，愿意多说一点儿，所以你也不要客气，自己记下来。

××是什么星座，哪天的生日，有几个兄弟姐妹……说者无心，听者要有意。父亲做什么工作，母亲做什么工作，弟弟在哪里上学，学的是什么专业，这些听了都可以记下来。

根本不需要去做那种惹人厌恶的“包打听”（你一定遇见过这种人），用心留意，知道的事情就会很多。

你可以用一个纸质的记事本，也可以用一个 txt 文档来解决这件事。前者的特点是可以写一写、想一想，后者的特点是你可以用查找功能搜索名字。但是，一定要记住不要把这些东西贩卖二手，不要转述一个同事的个人情况给另一个听。

为什么会没话说

还有一点要注意：关于同事的笔记要时常更新。

举个“熊老师的吐槽体”例子：“‘得到’的专栏作者，经常教育人不要提供免费的意见，却经常在半夜三四点把专栏的问题回复完。”一个身份定位，一个个人主张，一个背离自己个人主张的行为，戏剧性一下子就出来了。

你的笔记中，可以把同事主动分享的戏剧性情节记得清清楚楚。

有人会谈论自己的妈妈恶斗传销组织的心得，或者保护儿子不被舅舅、姨妈逼婚的态度。这些戏剧性的场面，日后都可以提及。

再分享一个例子：

有个网友第一次见我，问我：“熊老师，家里老太太好吗？广场舞天团的事业进行得还顺利吗？”这就是因为她看了我的那篇《我妈卷入了广场舞天团的政治斗争》。

你对一个人越熟悉，就越会有话说。你跟自己的同事没话说，就说明你没动心思去了解他。

藏身在人群之中听别人聊自己是很安全也很有趣的事情。如果你到一个新单位，可以先加入同事们的午餐局，慢慢对每个人熟悉起来。

同时，一些“大嘴巴”的同事也会把别的同事的事情说给你听。如果跟某个爱聊天的同事出门办事或者出差，你就能收获很多。

当然，还是那句话：你要谨慎，留神他的打听。最好的办法是一直请教他，让他说出来。

跟不熟悉的同事怎么聊天

你跟有些同事可能确实不熟，还有新到一个单位，也会有刚刚“破冰”的那一刻，应该怎么和不熟悉的同事掏心窝子呢?

我一般采用的办法是，谈论你们共同面临的问题。

大城市通用话题：房价，交通。

北方城市通用话题：雾霾，降温。

南方城市通用话题：高温，梅雨季节。

中年男女通用话题：财富，公益慈善，育儿，儿女择校，置业，安全，移民。

青年男女通用话题：梦想，明星，深造，相亲和择偶，电影和电视剧。

外来人口通用话题：家，父母和远方。

如果你的办公室位于大厦高层，你就会遇见很多在电梯里聊天的同事。你会发现，他们说的大多都是蠢话。你要想接话，都能怼得很漂亮。

“哎，我老公他们单位最近组织去了 ×××。”（关我什么事儿？）

“是吗，他们说我湿气太重。”（多吃两碗干饭啊！）

如果你新到一家公司，发现同事们在说蠢话，千万别觉得他们是蠢人，也不要对你的公司印象不好。相反，如果你的同事张嘴就说：

“你是怎么把握这个时代的脉搏的？”

“我来给你念一段澳大利亚著名作家的话吧，你体验一下。”

那么，这个公司才值得留神。

蠢人很难说出聪明话，但是聪明人一定会说蠢话。

我们多说一些蠢话，很多时候不是因为我们蠢，而是因为这些蠢话能让我们暂时彼此不太防备，也注定不会冒犯别人，还能慢慢地增加彼此的亲密值。

如何对待有野心的同事

职场上的“老人”们如何对待新人，一般来说就能够看出他们的品性来。其实，无非是三种：拉一把，踩一脚，完全无视。

这三种里，又以第三种最为常见，尤其是新人刚来的时候，非常容易感受到老员工的冷漠。

新人目标：先活下来，再做兄弟

我以前曾经提出过一个观点：所有职场上的新人，都不要对老员工有什么期待。

你进职场，不是为了交朋友，而是为了实现自我价值，那你进来的那一刻，就会有人不喜欢你，也会有人直接要踩你。你在有资格跟别人社交之前，一定要把工作能力这个基本面稳定住，等过了试用期，再去跟人谈交情。和一堆同事关系弄得不错，却没法完成自己的业绩，你的同事绝对不会集体出来保你。

老员工目标：寻找可以结盟的年轻人

老员工很容易犯的一个错误，是把自己身边的年轻人当弟弟、当朋友。有些人喜欢使用一些拟态关系，与别人称兄道弟，觉得自己是老大哥、老大姐，这其实都是江湖气的一种表现。

如果想要“套路”对方，和对方表现出亲近，这种方式是可以用的。不过，心里面一定要明白，不要随随便便就把年轻人当作自己的朋友。

“朋友”这两个字很重，代表的是交情很深。你愿意为对方的利益牺牲自己的利益，这是朋友。

所以，你仅仅是在年轻人中挑选结盟者，而不是挑选朋友。我们说职场上不要交朋友，如果要深交，最好是一个人离职之后。

既然是奔着结盟去的，老员工在选择新人盟友的时候，最好注意以下几点：

1. 此人不能太强大

直接可以和自己展开竞争的人不要结盟。

2. 资历上拉出距离

比如，你已经是一个部门负责人了，去对一个年轻人收买、拉拢一下就有意义。如果你只是一个去年毕业的人，刚刚摆脱了“新人”的称呼，就不要去结交新人了。

你要把自己的精力转移到结交公司内部能教你、能给你机会的人，不要在新人面前装师傅。这种低层次的培训会消耗你的精力，而你自己成长甚少，最后很可能变成一个“大明白”——那种没用而浮夸的角色。

3. 此人不要品行恶劣

有赌博、酗酒、借钱等恶习的人，一定要迅速远离。同样地，能力太差无法完成工作的人也不要结交，嘴再甜、长得再好看都不要心软，你会被能力弱、没用的人活活拖死的。

年轻人并不单纯

许多老员工还容易犯的一个错误，是认为新来的年轻同事，尤其是直接从学校来的，是“单纯的人”。这是不对的，这是一种江湖气，认为自己是“养儿、养女的人”，心里把对方当成了孩子。

即使是在最极端的情况下，也会有人犯这样的错误。比如《钢铁是怎样炼成的》中，保尔的朋友谢廖沙跟着征粮队一起下乡征粮。富农袭击了他们，发现谢廖沙还很年轻，就“只揍了个半死”，其实谢廖沙是带头的。如果说职场上放年轻人一马还有“做人留一线”的考虑，那对年轻人过分态度松弛或者过度自我暴露，就会让老员工身处险地。

我说每个年轻人都不简单，就是因为和你的领导、有实力的同事类似，年轻同事也一样是一股势力：

1. 家庭训练

即使是刚毕业的大学生，对关系也有一套自己的看法。这套看法是什么？就是各家的言传身教。换句话说，他父亲怎么教他处理和别人的关系。这一点非常关键。

为什么我们会觉得有些人特别“与众不同”？就是因为不同家庭对某类事、某类人的看法不同，没有经过职场锤炼，带着原生家庭“土特产”关系观跟你过招，很容易出现“乱拳打死老师傅”的局面。你释放的善意可能被对方当作敌意（这倒也罢了），或者理所当然（真的好气人）。

2. 学校烙印

大学毕业从来不是一个人“进入社会”的开始，很多人进入社会是从第一次脱离家庭——住宿舍开始的。

事实上，学校里，各种学生会或者社团里的内斗，都可以用“惨烈”来形容。有些社团做事的方式，特别让人无法理解，甚至无法忍受。

3. 家族实力

如果你的公司是一个员工和公司利益接合部很大的公司，比如事业单位或者规模足够大的私企，在没有经过调查的情况下去对对方友善，可能会让你陷入派系斗争之中。

4. 其他同事的触手

这是最凶险的一环，尤其是有的部门新进一个人，可能会有好几个人争夺。所以，如果要拉拢新人，早做调查，早收买、拉拢，先来的人就可以为你所用，成为你的眼线。

对这些不单纯的年轻人怎么办呢？

四个字最好：狮子搏兔。

把他们当作成年人来看待，用大利益来行事，用结盟来拉拢，让他们不沉溺于小恩小惠，而是看到加入一股势力的可能。这时候，对方更容易成为你派系中的一员。

师徒：最后的准江湖关系

过去的工业和技术工种有师傅带徒弟的制度，这是因为那个时候的工厂自动化程度不高，你分到厂里去，就得师傅手把手地教你才行。

还有一些手工艺活儿也是师徒关系，比如没有 PS 技术之前，修改图片要通过画底片的方式来实现——不喜欢的图片和字都要在暗房里让老师傅在底片上做修改。这些都是很难自学成才的本事。

现在，这样的行业越来越少，所以很多公司还保留了师徒这样的设定，但更多的是师傅以一个新人期训练者的方式来教新人。度过了新人期之后，师傅对徒弟的控制就很少了。大家可能都向一个主管汇报工作。这时候，师傅不要把对方当作自己的手下，不然一定会失望的。

出师之后，双方的关系没有那么紧密了，所以师傅要放下“偶像包袱”，不要把自己当什么能工巧匠。教徒弟客客气气，教完了也别指望对方节假日去探望自己，那个时代结束了。

但是对徒弟来说，最好是对师傅要有礼貌和尊重。不直接跟师傅发生业务上的冲突，不抢师傅的活儿，这都是分寸感很好的表现。

和年轻人如何冲突

有的人目光比较短浅，可能因为一两件小事，就希望换师傅和改换门庭。这样不懂事、有野心的徒弟和下属是可以敲打一下的。有些品行不良、猜疑心重、撒谎成性的年轻人，必要的时候要着手教训一下。这样的人，公司用了利益可能会受损，他还是一个隐患。

这样的人，最好在是否转正领导征求老员工意见的时候，及时评点。如果你不“拦下”，他可能就会到你的身边来。不要担心有人说你嫉贤妒能，这样说话的人一般水平都很差。

曾经有人问我："上周批评了一个年轻同事，结果另一个老家伙就说你对年轻人应该宽容。我当时一句话都说不出来。"

这种人是在向年轻人卖好，有一个解决方案就是把这个冲突反推在对手身上：

1. "确实，我觉得他水平一般。"

2. "因为我知道水平高的人工作什么样。"

3. "我们现有的队伍当然都是千锤百炼的，但是这位不行。"

4. 面对主张宽容的同事可以说："如果他能有你的四分之一，甚至八分之一，我都支持他留下，但是现在，他还是差得太远了呀。"

要摆脱那种江湖气，最好的办法就是认真地把新人当作一个成年人，而不是当作半大孩子来看待。你把对方当成年人看待，收到的就是成年人的回应。

被同事“告黑状”，应该怎么办

我最常被问到的问题是：

“我的同事在我背后告我的黑状，我应该怎么办？”

我几乎每次都会看到“黑状”这两个字。这个词是不对的，对一个常见的行为不应该过早地有负面评价。

我们小的时候看动画片也好，电视、电影也好，总是希望自己喜欢的一方好，对方坏。但是成年之后，应该尽早认识到，最关键的是：我希望我赢，对方输。

如果你喜欢说“黑状”两个字，说明你仍然认为：

告状这件事是不义的；
我对这事被告状很气愤；
我不会采用这样的手法；
我没拿到对方告状的证据。

这四点意味着：

你限制了自己的手段；
它影响了你的心情；
你还不太清楚伤害来自哪里；
你没有应对措施。

局势是如此严峻，而你却在到处找人分辩，说那件事根本就没有发生过。这是“有”或者“没有”的事情吗?

背后挨了枪，要注意的事情很多:

首先要放下情绪

情绪放下了，才可以认认真真地分析利益。

黑泽明的电影《影武者》，讲的就是一个情绪影响判断的故事。日本战国大军阀武田信玄上京（征服天下）路途中身亡，一个小偷出身的替身扮演了主公几年，把武田家治理得井井有条。

武田信玄是放逐父亲、杀死妹夫、逼死儿子和妻子的枭雄，这样的人也会抱怨、有情绪。比如在听说有盟友不愿意出兵相助的时候，他的反应很激烈。

结果，他的大将山县当时就哈哈大笑:

“你打了一辈子仗，搞了一辈子阴谋，居然还为这种事生气。我劝你别征服天下了，回甲斐做你的山猴子去吧。”

这样跟主公说话需要与主公有亲近的关系。主公听了也哈哈大笑起来，放下情绪的君臣开始研究攻城的事。

愤怒会让人冲昏头脑，武田信玄身亡后，小偷出身的假主公知道自己能力有限，他用保守的策略、听取群臣的意见，下面的人没人知道他是冒牌货。

当激进的少主（他是贵族出身，从小被当成接班人培养，能力比小偷强）接手了家业之后，他被愤怒和证明自己的怨念驱动着，冒进地展开决战，武田家迅速走向了灭亡。

情绪稳定比能力强要重要得多。

调查清楚是谁干的

很少有人会告状而不留痕迹。事实上，大多数的控诉都是和你关系最恶劣、利益冲突最严重的人干的，但是查证控诉的人是谁这件事一定还要做。倒不是怕冤枉了你的对手，因为你们的矛盾已经近乎公开，这就是所谓的“明枪”。

但是，你要防备的是有人躲在明枪后面放暗箭。多排查那种利益上和你有矛盾、性格上和你相差很远，但是现实中和你关系好像还不错的人。

发现了新对手先别说破，掂量一下危险程度再说。必要的时候可以和老对手联手，职场上这种事情很多见。为什么先不说破？有几种情况能让我们占优势：别人的把柄我知道；别人暗算我，我事先知道；别人暗算我，我事后查清了；对手不知道我知道他的行为。

反　击

赤裸裸的造谣很容易失败，大多数的攻击是通过真话 + 隐瞒背景的方式来实现的。故意隐瞒一件事的前言后语，就能造成很好的杀伤效果。

反击应该条理清楚，对所有指控一一回应。没有的事情，明摆说这是造谣。有一点儿影子的事情，解释清楚前因后果，要告诉领导这件事是怎样发生的。

做错了的事要认，不要撒谎，但可以把争论的焦点引导到别的地方。撒谎的话，谎言会越来越多，最后完全圆不过来。

正确认识告状

每个人的过错都是可以评点和汇报给领导的。在很多公司，领导不坐在单独的办公室，最多是有一个相对私密的大桌子而已。

领导和员工之间的沟通，就是通过会议、电话、邮件来实现的。除了工作内容，他也要掌握各种情况、各种局面。

领导需要耳目，如果一个人提供很多中性立场的消息给他，他会非常乐意接受。在这些消息里夹带“私货”，大多数领导也明白，但是偶尔给竞争对手“上点儿眼药”，领导不会觉得你是一个小人。

你再三忍让，领导很可能觉得你缺少魄力或者认识上比较迟钝。相反，你告诉领导，对方在做有损公司利益或者伤害领导利益的事，这样做能够让领导对这个人的评价改变。你如果仅仅反映对方去见女网友，那就没有太大杀伤力。

生活中到处都是修行，一个人会告状，说明这个人能打探消息、分析局面。一个人告状的时候有说服力，一定也是思维缜密的人。

你仔细观察以告状而臭名远扬、无法被重用的人，会发现他们告状的问题是：

> 不会取舍，而且堆砌一大堆的素材，有真有假。
>
> 不分轻重，告状告不到点子上。
>
> 高度情绪化，喜欢用“我觉得”这样的思维。

告状方式如果不考虑领导的感受，就会被领导逐渐边缘化，或者被领导当牌打。要避免变成这样的人，控制告状的频率和次数。“夫人不言，言必有中。”——《论语·先进》

如果你不喜欢告状，那要有机会让你和领导有更深度的交流和沟通。这样，你可以展示自己的“三观”和做事风格。

不要和领导只在工作的场合说话，陪着领导出差和出国，回来后会变得更近，就是这个道理。

为什么不劝你用工作成绩说话

有些公众号喜欢贩卖“鸡汤”，比如你说工作上被人暗算，他们会说“你还是要让自己变强大”。这样的大道理非常对，但是只知道傻干活是绝对不行的。

我用奥运会的项目类型来对**职场局面**分类：

射击型职场

射击比赛，一枪就是一枪，没打中就是没打中，裁判的因素较小。你要是做销售的，大家签单子拿钱，领导的主观评判用处不大。

跳水型职场

虽然有一定的规则，但最终就是裁判主观打分。

你要是做品牌活动、公关这样的工作，就要让领导满意。被别人告状了，就要想办法解决，要解释和说明。

拳击型职场

在一些野蛮生长的行业里比较多见，本身就是领导让大家互相竞争的。在胶着的时候领导有评价权，但是你直接击倒他就高下立判了。

几种情况，复杂得很，简单说一句苦练内功显然没办法解决所有的问题。在拳击型的职场上，别人一拳一拳打你的脸，你还默念“天之道，损有余而补不足”，那就熬不到还手的那一天。

叫破法

有些同事很得宠，或者自以为很得宠。你知道他在告状，但是没有证据，就有点儿无可奈何。这时，你可以再试这一招——叫破法。就是告诉全公司：你们俩有私人恩怨。

讨好告密者有的时候也是一个解决方案，只是需要委屈你自己。有时候，把告密者和自己的恩怨公开，可能是一个不错的主意。决定要应对了，就要放手去搏。

情侣也好，朋友也好，如果你总是担心失去这段关系，就会不断地被对方欺负。同样地，在一个群体里，公司在乎团结，领导提倡团结，但是我们知道，有的时候，不太团结，对领导是有利的。打你小报告的对手不在乎团结，你却要担心破坏团结，不肯跟对手正面交锋。你是董事长，还是圣人？如果两样都不是，不要用“团结同事”这样的小学生行为规范束缚住自己的手脚。团结不是忍出来的，而是打出来的，把害群之马清理掉，自然就有团结了。

习题

你刚刚通过一场恶战，打败了几个人，同时成为部门的主管。大领导支持你换掉不听话的人，但不要换太多，你的四个属下里，哪一个是你需要炒掉的人：

A. 能力最差的“傻白甜”

B. 你很强的竞争对手之一

C. 曾经的告密者，以前至少说过你的坏话，但是在胜负分出来之后，已经在向你示好了

D. 老实人，能力一般，话很少

E. 我不动任何人，至少现在不动，我要看他们的表现

正确答案：E。

从同事变成下属会特别不适应，不仅他们要有适应的过程，而且你也要有。一切关系都需要重新调整和考虑，应该给他们机会。如果有一个换人名额，就要有把剑悬在所有人头上，而不是立刻用掉。

领导抢我的功劳，该怎么办

不止一个人向我说起过："我的领导在抢我的功劳。"

这种看法是错误的。

两只狮子看见一只羚羊，大打出手，身份、地位相似，这叫"争抢"。

一只鸬鹚下水捕鱼，然后渔人捏着它的脖子让它吐出来。这不叫"争功"，这叫"收获"。

你的领导就在收获你的功劳，他不需要跟你争抢。

如果一个人给你分配工作、安排任务、定你的等级或者薪酬，评估你的工作表现，这个人就是你的领导。你的功劳和别的员工的功劳合起来，就是他的。

当他把你的成果汇报给大领导的时候，你要明白，这是你们共同创造的。他对大领导提及团队，或者专门提及你个人，那是慈悲，是抬举，是加分项。

他全部归功于自己领导有方，这也没有什么奇怪的。

为什么你会觉得领导在跟你抢？我们要好好剖析一下"领导"这个群体了。

你的领导是什么样的人

大多数行业，中层在 35 ~50 岁。也就是说，他们是中年人。

前一段时间，有人为新闻里"1988 年出生的中年女子"这个表述表示不平。

发展心理学里有个词叫"成年中期"，描述的是 40 ~ 65 岁的人。不过，从中国的退休年龄和传统习俗来看，这个称谓可能以 35～60 岁为范围更为合理。

有的行业成形早，比如商业化程度高的媒体、互联网公司，可能 30～35 岁就能当主编、28～30 岁就能做 CTO（这种行业往往老化和磨损也会比较严重）。

大多数更传统的行业里，中层（主任、小机关的科长、大机关的处长、总监）都要在 40 岁以上。

成年中期的人很特殊，尽管心理学家对“中年危机”是否存在有怀疑，但中年人确实面临着衰老和死亡的威胁。

大多数人会第一次真正意识到时间的流逝，老花眼和白发会找上门来。肌肉男和美少女会迅速意识到自己开始老了。过去对外表要求不高的人，倒是心态会好很多。

但是，中年人的工作相对稳定。确实有人仍然在部门负责人的岗位上勇猛精进，但更多的情况是，步入中年的人处在一种相对稳定的状态，开始发展各种兴趣爱好：钓鱼、玩手串、揉核桃……

青年寻求的是钱、房子和美丽的配偶，中年人的生活则越来越多样化：孩子的听话懂事、身体的健康、兴趣爱好的发展……他们关心自己的生活和健康、孩子的教育可能要比工作多得多。

你的领导对当老师没有兴趣

我认识的一位年轻朋友，她在很短的时间内换了几份工作。她跟我抱怨说，她想学东西，她的总监有能力做好，但是不想教她和带她。

我说：“对，你发现了一个真相。”

在高级官员或者成功的企业家身边工作，本身就能学到做事和思考的方式。过去的西洋骑士和日本武士，都会把孩子送到别的武士身边去做扈从或者侍童——当徒弟是学得最快的。

有些在著名企业家身边工作的年轻员工，有时候会被高薪拉去一些小公司，创业小公司负责人很喜欢听他们的意见：

“托尼，如果换了小 P 老师，他会怎么剪这个头？”过去的手艺人、工匠也收徒弟，但那是一种明码标价的交换。三年学成之后，还要“两年效力”——徒弟给师傅白干两年活儿。这种劳动力换学费的设置很清楚。但是，在现代企业里，大多数有能力教人的人，其实对教徒弟兴趣不大。

所以，做徒弟要有眼力见儿。在不影响工作的前提下，如果帮领导解决掉诸多琐事，他就会腾出时间和精力来指点你。这种事你不主动，谁主动？

领导要教人，得心存感激

我曾经工作过的媒体圈，大家有互相称呼老师的习惯，到最后“老师”泛滥，出现了“实习生老师”“前男友老师”这样的称呼。媒体圈，因为有写作这个必须传、帮、带的手艺，确实要有非常传统的师徒关系，但在大多数行业里，你不能期待领导做你的老师。

有的公司会培养一些有才干的年轻人，或者因为付给一个年轻人的薪水低而选择雇用他，然后让“中干”（也就是你的领导）搭进去时间和精力去培养和训练他。

公司雇用他节省下来的费用，并不会加在中层身上，最多会象征性地涨一点儿工资。但是，金钱激励对中年人（许多富有的中年人）来说是不算什么的。买到或者分到几套房，出售或者出租的钱才是收入的大头。

在这种公司，大多数师徒关系，是要徒弟更主动才能形成的。

中年人是特别怕麻烦、对工作可能已经倦怠的人。要向他们请教，就必须看上去什么都不懂。中年领导如果对年轻员工特别热心，上赶着要教，那要么是精力过剩，要么是别有用心，或者既精力过剩又别有用心。

所以，要主动请教，展示你是一个成就需要很高的人，显示出自己是一个潜质极好的人。告诉领导自己是一个很强大、以后他“开山立柜”可用的人；让他明白，你是一个很长情、他老了还能帮他办点儿事的人。

资质好、有雄心，这个人就可以教。这样形成的师徒关系，不要归于工作关系，要把它当作私人情谊来感激，离开了公司也要经常联系。

如果相反地，认定对方有教自己的义务，甚至把领导当园丁、蜡烛、春蚕，那你就一定会失望。你当了高考状元，你有奖学金，老师有奖金，大家都会获得利益。

但是，在公司不同。领导可能要分配给你奖金，你希望他无欲无求、一心奉献，这是不现实的。现实中，徒弟长本事长得太快，有干掉领导、取代领导的可能，大家就会反目成仇了。

同样地，如果你是领导，也不要对师徒关系期待太高，更不要把徒弟的离职看作对自己的背叛，要大方地送出祝福。

我强调过好多次这句话："做人留一线，日后好相见。"

大领导眼中的你

我以前曾经说过一句相当残忍的话："手下的手下，就跟路人差不多。"一般只有规模极小的公司，大领导才可能照顾底层员工的感受。

大领导比你的领导还要忙，可能处在成年中期的偏后期。这个年龄段的许多人，已经对养花、书法、钓鱼有兴趣了。他和公司的利益可能联系很紧密，他对小麻烦可能会更没有耐心。

有人对我说："明天，我要跟领导一起向大领导汇报，我应该做哪些准备呢？熊老师，你要教我，我紧张死了。"我说："你可以好好准备，但是别有什么期待。"

大多数的大领导，对年轻人都对不上号。军队里，团长以上可以称为首长，一个团至少 1000 人。团长认识所有的营连级干部没问题，认识所有小兵根本没可能，你在他眼里只是兵力的一部分。

恺撒说自己认识三万名士兵（都能对上脸），有吹牛的嫌疑，但领导记忆力好确实很重要。记得下属的名字容易收获人心。

《鹿鼎记》里，韦小宝说要给十几个侍卫报功，把他们名字都用记忆力记下来（他不会写字），果然大家都对他赞不绝口。

对大领导来说，管好几个下属，下属去管理基层员工就够了。每个人都想越级找大领导，想露个脸、提意见，那大领导很快就会累坏了。

两人翻墙，你蹲下，他踩你上去，然后他伸手，来拉你。你可别被踩一脚就大呼小叫：“天哪，我被践踏了！我的领导侮辱了我的人格！”如果你的领导不懂得照顾你的利益，请尽快离开他，愚忠会死得很惨。多对自己说几遍：“俺这一腔血，只卖与识货的。”

习题

如果你是一位部门领导，下半年你可能需要增加一个部门副职。现在，你手下有四个人，哪个是最合适的人选：

A. 女，性格暴躁、执行力强，能力第一，有时候说话比较气人

B. 男，性格随和、有点蔫儿，能力第二，资格最老

C. 女，性格随和、长得赏心悦目，能力很一般

D. 男，机灵乖巧、嘴甜会来事，能力比 C 好一点儿

正确答案：C。

C 是一个大家都能接受的选择。你可以考虑给 A 或者 D 有意无意地透露这种可能，告诉他们这次没有选择他们的原因，让他们拿出更多的力量来为提升自己寻找机会，而不是为一个晋级机会来比拼。应该结合效率和团结，同时让所用的人对自己忠诚。

老师盘剥我，该怎么办

为了纠正主观偏差，你应该更好地对待他人，比你预期他人对待你的还要好上 20%。

——莱纳斯·鲍林

大多数人认为的“我被公平对待”，指的是对方的所得 / 对方的投入 = 自己的所得 / 自己的投入。然而我们知道，在劳资关系、师徒关系上，这种等式完全不可能成立。

这篇文章不仅对在读研究生适用，对处理劳资关系和职场上师徒的关系也有帮助。

莱纳斯·鲍林不是心理学家，他是诺贝尔奖获得者，他研究的领域是化学。这意味着他从年轻的时候开始，就在导师的实验室里当助手了。

他要为实验、各种课程而忙碌，也许还要谈恋爱。随着年纪渐长，可能也有长辈的健康压力，就像今天许多读硕士和博士的年轻人一样。

我不止一次看到有人留言，提到了在读研究生接受导师“盘剥”的情况。

等等，为什么是盘剥呢？最近，正好又收到一个人的留言，我们一起来帮她分析一下。问题如下：

熊老师，我想请教你一个问题。我的研究生导师是院长，总是强迫我们帮她做很烦琐的整理文档的工作，而且无法拒绝。每个星期的固定时间，她会召集她的三个学生上交作业。而且，会用逼迫式“为我们好”为诱点（我们都不是小孩子了，什么是好的，什么是骗人的，我们怎么可能不知道呢）。这种情况下，我该怎么办呢？

我们还是用我们惯常的关系分析法，分析一下敌、我、友。我方：你是个研究生，你的目标是拿到学位和奖学金、评优、争取交换去国外的机会、保送博士、找一份好工作……友军：两个同门同学的目标，也是拿到学位和奖学金、评优、争取交换去国外的机会……你们有竞争关系，但尽量不要把他们当敌人，因为未来大家是要互相扶持的。不过，也不要觉得他们是真正的友军。

敌军：注意了，导师是你的敌军吗？根本不是。导师是决定在你和同学之间如何分配机会和利益的人。你和导师虽然有矛盾，但是最重要的一点是，你们是合作关系。你的敌人，是那些复杂的文档整理工作。从这个任务的角度来看，院长（你的导师）和你们三个人，是一个团队。觉得谁给你压工作量，谁就是欺负人，这种想法太孩子气了。

用谁的时间更划算

这些文档的整理工作应该是你导师自己完成的，但是根据你的描述，三个同学都觉得繁重的工作，如果是让你导师去做，她做起来该多累？

诸葛亮是过劳去世的，凡是打二十板子以上的处罚，他都要亲自做决断，结果只活了 50 多岁。诸葛亮只有两个徒弟——马谡和姜维，马谡还被他砍了。

你的老师应该也是 50 多岁吧，她有三个学生。她知道把工作分给三个学生，所以她就能愉快地科研、教学、当院长了。无论是从她的角度来看，还是从你们三个的角度来看，她把这些繁重的简单劳动分给你们，腾出时间来争取国家课题、发论文，把学院管理得更好，让自己更红，都是对的。

你觉得不公平，是因为你想要的公平得这么算：

对方的所得 / 对方的投入 = 自己的所得 / 自己的投入。

你觉得自己的所得为 0（账面上），就认为老师沾了光。其实，你的所得不是 0。

现在的学者、教授，可能手上没什么现钱，但是过得不错。作为一个院长，更是会有不少的资源。如果老师给你们发一点儿劳务费，公事公办的，那就说明把你们当临时工用，这样的老师一般不会谈交情。反而这种要你帮忙的，以后你遇到什么事，她也可能帮忙。

一个院长一般是五年左右的任期，这也就是说，这是你导师的黄金时代，挣钱、出名，都靠这几年。你们看上去好像没有得到什么，但她越红、越牛、越有能量，你们出去交换、交流、申请外校或去国外读博士，或者找工作，好处就越多。

你选她的时候，也是因为她是教授、是院长、是学科带头人，对吧？那些年轻、没有知名度、没有项目、没有魅力的导师，你没有选。你打败了很多想做她学生的同学。你选了一辆轰鸣着往前狂奔的过山车，然后抱怨说："她怎么开得这么快？！"

"骗你"？那是对你客气

你的第二个抱怨，是导师开会给你们洗脑，说干活是"为你们好"。

老师是个读书人啊，所以对白用你们的劳动力这件事会不好意思，才会说这样的话。如果在职场上，你有这样的抱怨，当时你就会被打入"另册"，有的是人愿意给单位"一把手"干活儿。

老师用话来抚慰、忽悠你，说到底是希望能够维护和你的师生关系。

这就像一个男生说："我喜欢你。"他的目的是约你出去。你非要说："你到底喜欢哪一点，写 800 字，文体不限，诗歌除外……"那就是不讲理了。

老师比你强大，你的命运可谓掌握在她手里，她说一些客套话，就算是屈尊来维护和你们的关系了。即使不高明，你也不必有太大的意见。你们那两位同学心里应该也明白，但不会叫破。

说一句“是！我们会更努力的”就好。研究生没有做一辈子的，有的两年，有的三年，无论如何都可以咬咬牙熬过去，还要嫌导师骗你骗得太假，那就有点儿太挑剔了。

高明的骗子是有的呀，比如老板在病床前哭诉自己工作太累，你们会表忠心，帮他分担吗？那是高明的骗术，然而如果老师混到那个份儿上，未免就太纠结了，成不了事的。

老师喜欢什么样的学生

前文提到了一个概念——利益接合部。利益接合部是一个和他所属的机构、组织，利益不同的地方，比如导师和国家之间的利益接合部就很大。

我们试着看看几个机构和个人的 KPI 吧，你会发现他们追求的是不同的目标：

> 公立大学的老师，按说应该为国家培养人才。国家的需求就是“培养人才”，但什么样的人是人才，如何培养，是学院说了算。学生是不是符合标准，是导师说了算。

注意，我没有写导师招“优秀又愿意干活的人”，因为不是每个老师都喜欢招爱干活的人。有的老师自己的工作不积极，他喜欢的就是没有麻烦的学生。如果导师招来学生，只是为他分担一些文档整理的工作，要我说，这在现代研究生培养的“合理使用”范围之内。

跟普通导师翻脸还可以协调换导师，导师就是院长，你跟导师闹别扭，就不好收场了。

孙悟空学长生不老和七十二变之前，在菩提大师那里扫地、砍柴，做了整整七年，正好是一个本科加上一个研究生的岁月。猴哥的脾气比我们暴躁，耐性也差，居然待了这么久，就是因为他明白老师那里有他要的东西。

当然，你可以跟导师说，你不愿意干杂活儿。导师不会因为这个开除你，但是，之后你很有可能会遇到一些奇奇怪怪的事。就算老师有胸怀和气量让你毕业，以后你也用不上师门的任何资源。

找人分担压力

前文讲了你应该怎样认识老师布置的任务，接下来我要告诉你如何解决它。

有一种人有大把的时间，那就是已经被保研和被录取为研究生的大四同学。研究生的录取人已选定了，老师选的下一届的师弟、师妹已经真实存在了。

跟老师打个招呼，让老师允许你来组织、协调这几个人加入帮忙，以老带新。如果六个人一起动手，这件事就好办了。

如果老师不善于安抚学生的情绪，你觉得老师说的话连小孩子都不信服，你应该怎么办?

对，你就帮她“哄”。

既然所有的学生都要为老师效力，那大家都开开心心的，早点儿认清形势，比有人跟老师决裂要强。要像我跟你解释这件事一样跟下面的师弟、师妹解释：老师的时间宝贵，我们要帮她分担，这样对大家都有好处。

这比老师自己说“对你们好”更有说服力。

你要先说服自己：帮老师进步，大家都有好处；把老师累坏了，大家都会受损失。

当然，做这个工头、大姐头的角色，必须要发自内心地信服、敬爱老师。不然的话，会被师弟、师妹看成是谄媚之人。如果做不到，也不必勉强。

读研的同学，如果觉得自己被折磨得很惨，可以看看医学院研究生的劳累程度。

医学院研究生要担任住院医生，晚上待在病房值班，随时处理情况。有的医学院的研究生，他的导师以后就是单位领导。明明你有执业医师执照，病人家属却始终都觉得你是实习生。高收入、有地位、风光，都是要做到专家之后的事。这些研究生虽然在读书，但是已经进入压力最大的职场，他们中的很多人根本不会觉得受到了“盘剥”。

两个选择，在大城市的三甲医院受盘剥，或者是回到老家乡卫生院当人才，二选一。友情地提示一句，如果你选择回去，可能要面临更复杂的人际关系。不读研的人，也要多想想类似的情况。给你加任务的人，是不是你的敌人？他手里有没有你想要的东西？他有没有强大的实力？他给你的任务有没有可能进行下一步时需要与别人分担来解决？

向一个有强大实力而且乐意回报别人的人靠拢，是初入职场者进步的方便法门。明智的人把额外的任务看作机会。没有想明白的人，即使是一个机会，也会觉得是一种盘剥。

习题

和导师的关系与和职场上的领导的关系有何不同（多选）：

A. 你的“江湖地位”受到老师名气的影响

B. 跟领导庆祝劳动节，跟导师庆祝教师节

C. 如果和领导同出一个师门，就与他又多了一份亲近感

D. 跟老师可以谈论师生情，没人敢说你谄媚

E. 在学校不能随时辞职，也没有那么容易被开除

正确答案：ABCDE。

A 是自古以来的规则。

B 如果你的领导同时也是你的老师或者师傅，记得教师节问候一下，凸显你和他交情的不同。

C 黄埔系毕业的军官可以管蒋中正叫“校长”，蒋其他的下属只能叫“委座”，这就是区别。

D 这句千万记在心里。

E 重点是前半句，大多数人如果得罪了导师，都很难忍受那种煎熬。同时，切记不要太任性而用到后半句！

如何谈加薪

为了财务、人力等部门办事方便，许多公司都会给新员工第二年签一个从年头到年尾的合同。这样的好处是做预算的时候，人力成本会特别清楚。

对员工来说也有好处。如果你在北方，发现住处来了暖气，就应该筹划跟老板要加薪了。有的公司、有的岗位，可能是项目制，收入跟项目收益有关。在完成一个大项目之后跟老板提加薪，确实是一个不错的时机。

不过，这样的公司收入一般都不是定薪，底薪也仅仅占很少的一部分。跟老板要加底薪可能也不会加多少，你倒不如去跟老板要更多的授权：更高一点儿的分成比例，谋求更高的职位或者跟他要一个新的市场区域，都比加薪要划算。

那么，贵公司的薪水能谈吗？

有些公司不需要谈加薪，比如大多数的机关和事业单位，员工的收入只跟资历和岗位有关。

在一些上市的大公司里，收入和层级相关。

层级与职位不同，但又与职位相关，有点儿像军队的军衔、古代的爵位。相同层级的人，收入可能会相差很多，但是同一个职位的人又有可能属于不同的层级。

这些层级在该员工跳槽的时候非常重要。如果你在大公司工作过，去创业公司应聘，创业公司的人力总监一定会问清楚你的职位和层级。问清楚以后，他就会对你的收入水平基本有数了。

有明确层级的公司，加薪都有一个详细、妥善的方案，跟个人表现和部门成绩有关，大多数时候不需要单谈，倒是你老板对员工的考核制度你需要好好关注一下。

私营企业，尤其是规模小或者成立不久的企业，加薪就必须要谈，这需要谈判技巧。

别把加上去的钱都给了税务局

给自己画一条线，比如期待加薪 15%，但是最终公司决定加薪 8%，也可以接受。把这两个数字记在心里，老板开价的时候，你能做出判断就好。记住，不要忘记期待值和最低容忍值。

如果一个人的主要收入都是薪水，而不是股份分红或者业务提成，那可能他的工作还在一个比较基层，或者技术性的阶段。这时，应该算一下自己的收入。不要去查银行卡的“流水”，一个人的收入除了到手的工资之外，还要加上公积金的收益。

对公司来说，额外支付的部分除了你的公积金之外，还有社保。

一个人如果扣税之后挣 8000 元，那他的公司一般要付出 12000 元左右的成本来雇用他。如果希望公司给你加薪 10%，记得公司增加的成本可能不是 800 元，而是 1200 元。而你的薪水则会因为提高之后被收取累加进去的个税，到手也没有自己想象的多。

由于税的原因，加薪可能是一种非常笨拙的解决方案，一些聪明的人会选择和公司共同进步。比如，请求公司提供一些培训，参加公司组织的旅游、度假，或者附加的本人和家人的健康保险……这些比拿了现金再去购买这类服务要划算得多。

同样地，大城市的工作居住证、无息或者低息购房贷款、免费宿舍也是很好的福利。

一次只谈论加薪一件事

有些初入职场的人对老板有畏惧情绪或者不习惯谈钱，喜欢说上一大堆事后提一嘴“还有，我要加薪”。一定要克服这一点，不要把加薪的请求“已加入全家桶”。

顺便提到自己想加薪，那是对自己的不尊重，也是不自信的表现。老板看见你这个样子，还会认真考虑吗？

注意形象

不要穿得随随便便！

如果你谈论加薪，同时还伴有职位提升，那就穿着与职位相符的衣服比较好。同样地，你对加薪这件事有多认真，就应该穿多正式的衣服。

不要饿着，也别吃韭菜！

一般来说，向老板谈加薪这件事不会用太长时间，但还是不能饿着肚子。不建议在减肥、辟谷、斋戒之类的时期（清心寡欲的人就别提钱了）谈论加薪，低血糖会让你暴躁、易怒。

中午别吃有气味的食物，也别吃火锅。

同时，那个下午，也不要让自己太过疲倦。

不要提别人的薪水

如果你的实力强，老板的钱也足，他自然会给你加薪。跟老板谈加薪时说了别人的薪水，这件事早晚会传到对方的耳朵里。

大部分公司里，薪水都是背靠背的，不能问，不能说。即使你知道了同事的薪水，也不要去跟老板说这件事。

不要哭穷

永远不要以家里压力大或者有困难去请求加薪或者离职，因为不能养家而辞职是借口。离职会失去不高的收入，有困难确实能让你努力去挣更多的钱，但老板给你加薪的理由只有一个：你的价值值这么多。

可以和领导务务虚。

到秋冬的时候，就可以找领导务虚一下。一个年轻人找直属领导谈谈心，再正常不过了，听听公司的设想、部门的计划。我们说务虚，就是要找一个非正式的场合，茶水间的小吧台就很合适，说说自己人生的迷茫。

工作后的第一年有动摇，第二年有彷徨，第三年有见异思迁，第七年有七年之痒。

我们之前说过，提加薪的时候不要哭穷（开玩笑地哭也不行），那非常低级，而且你会被看作一个悲观的人。但是务虚，谈自己的彷徨时，是可以提及自己的困境的，年轻人基本上就是一个困境——穷。

大多数领导这时都会分享一下自己年轻时的努力史，给你打气。你可以趁机多了解一点儿他的经历。

聪明的领导会考虑把你加入调整薪资的计划里，然后上报。如果你的领导本身就是老板，事情可能还会更简单一点儿。

把这句话念三遍，并且坚信它是对的：

我穷是因为我还年轻。

不要在周一、周五和大清早去谈加薪

如果老板让你来选时间，那你就要尽量把握以下原则：

周一是开会的时段，大家一般都比较忙碌，选择周一去跟老板谈薪水，不太合适。

周五是一个人们比较放松的时段，这一天去谈加薪，老板可能要周一才能做出决定，这对你和他都是一种折磨。

最好的办法是周三或者周四，老板可能在本周内处理你的加薪请求。

一日之计在于晨，早上是处理邮件、准备会议、做 PPT 的最佳时间。你这个时候去跟老板谈自己的薪水，这是很遭人恨的。

大多数公司一般都是老板比员工到岗晚，老板可能是睡眠不佳，可能在早高峰的主路上受尽了折磨，可能还没吃早饭，而你准备了一夜。他看你满面红光，一准儿来气。

这时，你去跟他谈论薪水，不是一个好主意。

大多数老板都会对下班前的那一小段时间的低效睁一只眼闭一只眼，用这段时间去见见老板，谈论一下薪水，并不算失礼。

不要对老板突然袭击

不要进了老板的办公室，突然跟他说“我要加薪”，那会让老板措手不及。突然袭击对你的老板是一种冒犯。

大多数老板手底下一般管五到七个人，基层的小领导可能会带十几个人的团队（再多就没法管理，要再设层级了），他不见得记得每个人的薪水是多少。如果你突然袭击跟他谈加薪，你会惊讶地发现他可能根本不记得你挣多少。那时候，你的心里很容易怨恨他。

事先预约，老板有时间做一些准备，比如调取你的工资单，以及拿你的业绩和其他同事的成绩做比较。

不要拿别的机会来威胁老板

恐吓老板完全没有必要。如果你真的只是希望谈加薪，那用你有别的就业机会去恐吓老板，会让他对你非常怨恨。如果你已经决定辞职，那就更不要去告诉老板“爷有去处了”，没必要结这个仇。

如果别的公司向你发出邀请了，也不要拿此来跟老板谈价格。如果对方开价很高的话，可以上调自己加薪的预期价格。

跟老板提起邀请的公司名字，这样做问题会很大。有些老板会打给对方老板，搅黄你未来的工作。所有离职的理由都应该是个人原因，离职前也不要提意见。

前面我们提到了，加薪时不要做什么，这部分很重要的一点，就是防止大家犯低级错误。那我们要做什么呢？

加薪的准备工作不是谈加薪前一天做的，要提前做。提前到什么时候？提前到你进这家公司的时候。当然，如果你已经是一家公司的“老人”，现在开始做也不晚。

前台攻略

有一次，我去罗辑思维串门，前台姑娘对我说：“您是来面试的吗？”真会说话啊，这不是夸我长得年轻嘛。

前台的姑娘，一般本地人居多，一般都很聪明。

去公司应聘，一般最先见到的就是前台。

前台是一个很重要的岗位，到一个公司，趁早跟前台混熟。你在布局你的安全网时，前台很重要，不是一颗闲棋冷子。

历史上最著名的闲棋冷子——潜伏者熊向晖是清华大学的学生，周恩来曾经和这个青年长谈了一夜，熊向晖对周非常佩服。后来，熊向晖参军，成为胡宗南身边的秘书。胡宗南重要的命令，熊向晖都会汇报给周，胡长官从此就没打赢过。你在别人身份越低的时候示好，他把你当自己人的可能性就越大。

前台能看到的关于公司的事，比你多得多。

前台的提升路径一般是从前台升职为行政部门文员，以后还可能成为主管、副总监。早点儿获得她的友谊是个好主意，你可能不经意地问出公司最近的情况。

“又是面试的，是吗？”面试的多寡能够侧面体现出你所在公司的经营情况。“看着这些候选人都好年轻啊。”是补岗流失人员还是扩张业务，通过年龄、资历等大概情况可以看出来。

“我们公司年会是什么时候，在哪儿开啊？”（行政部门的人一准儿知道。）

可以问问老员工往年的年会在哪儿开，比较一下两个场地的地理位置和租金、房间的奢华程度、餐饮价格。此外，所有的货运和快递都经前台之手。前台能猜出来大多数人最近买了什么。所以，太私人的东西不要往公司发。如果你同样是一名年轻员工，可以约上前台和几个同事一起出去玩。

如果你已经是管理人员了，这么做就不好了。不如送前台一些随手小礼物，发个小红包，以及及时称赞对方的发型和衣着。不过，不要跟前台姑娘谈恋爱。大多数公司都不支持办公室恋情，和你收获的那些信息相比，办公室恋情可能会让你暴露得更多。

从前台那里，你收获的是关于公司经营状况的辅助性信息，此外可能有一点儿小八卦。在决定去跟老板谈论加薪的时候，可以再问问前台，知己知彼："熊总最近很忙吗？约他老约不上。"前台可能透露一个惊天的秘密："据说他特别忙，我只好订他'得到'的专栏，要找他都是在文章后面留言，他回得特别快！"

人力攻略

入职的时候一般会见人力总监，也会有一个人力的同事带着你办完所有的手续。

入职的时候要问清楚："公司的加薪机制，是统一评测，还是到什么时候来谈？"

问清楚公司的内推机制，比如推荐人才有没有奖励（有的公司的伯乐奖很高）。这能显示出你关心公司，也是一个对朋友热心肠的人。

在招聘网站、公司的官方公众号和官网上关注公司的信息，如果公司有信息发布，可以考虑把你身边想换工作的人看似不经意地推荐给人力的同事。

当你的熟人（不推荐把太近的朋友拉进来，负担太重）面试完后，可能会愿意找你聊一聊、吃个饭。他一般会说出人力部门的同事提出的薪酬和待遇，问你的意见。

先把数字记住。薪酬是公司的“高压线”，不能随便打听，但是你的熟人请你帮忙参谋的时候，他还不是公司的员工。

我听说过一家公司，给推荐者相当于被推荐者的一个月薪水（这是猎头公司的路数，收几个月的薪水做中介费）。那个公司的人很快发现，不用去打听别人的薪水，只要问推荐人发了多少奖金就可以了。

你如果想知道哪位大佬是你的校友、同乡或者曾经共同服务于另外一家公司，有的人力部门的同事可能会不经意提到，你只要提自己的经历，他可能就会随口提到，“啊，你和 × 总是校友啊”。这些东西不是秘密，但亲口去问对方，未必合适。

谈加薪之前记得问问人力部门的同事，看有没有加人的计划，你这个岗位的人好找不好找。要记住，你的薪水高低不是老板恩典，也不是你的口才好，最终是市场上和你同行业、同阶层的候选人竞争决定的。

你越是难以替代，老板就越愿意付出更多。

前同事攻略

遇见已经转行的前同事，记得把他抱得紧一点儿。你能同时听到他描绘新行业和吐槽老东家。

可以去找他聊聊，听听他的建议和意见，说不定会有一份新工作在等着你。跳槽一般可以让自己的薪水增长 30% 左右，而谈加薪一般不会超过 20%。

注意，无论是前台、人力部门的同事、领导，还是前同事，我们都要以诚相待。不能害他们，谁说了什么，都要在自己的资料库里，这些东西帮助你做判断，不是你攻击别人的工具。

弓拉满了瞄准了人，别轻易射出去。

我们要获取这些消息，不是为了去搞阴谋或者算计谁，而是为了自己的职场安全，这些都是跟公司有关的情报。

还有一个特别有用的公司情报，就是公司的负面报道。听到负面报道后，要好好研究一下，再问问一些比较有见识的人怎么看待此事。老板可能会对负面报道暴跳如雷，你也可以跟着他恶评一下这个负面报道。但是，你要花时间去读懂这报道背后真正的意思。

同样地，如果你的公司是上市公司，财报也是你的一个参考资料。

知道越多的信息，越有助于我们进步和自保。要在公司强盛的时候接触其他机会，要在它崩溃之前及时离开，尽量避免变成一个“留守”的人。

好了，时机成熟后，约一下老板的时间吧。

心内排练

心内排练，是一种面临大场面之前的脱敏疗法，适用于各种难堪、复杂的局面，比如公开讲演、发言等。

具体来说，就是脑补老板的各种应对方式，然后挑出现实中可能最具羞辱性的一个局面来全面想象每个细节。刚开始练习时，可能会把自己紧张得满身大汗。不过，反复幻想这个场面后，紧张感会逐渐缓解。

难提钱的事？训练之后就终于可以说出来了。

有些老板是非常强势的人，气场上可以碾轧一切谈判桌上的对手。对付这样的人，日本维新时期的政治家坂本龙马（这是一个忽悠人心、影响人的大师）有一个窍门：

“遇见畏惧之人，可以想象其人与妻亲狎之态。”这个方法确实好用，对方确实就有了一种萌萌的感觉，但这个做法的副作用是：

> 你不能笑场；
> 不要有任何生理变化。

好了，在座位上凉一点儿热水，去找你的老板谈吧。谈判本身用不了太久，等你回来的时候，热水正好变温水，适合入口。

哪怕进了一个很小的公司，哪怕从事一个很普通的职业，想要年底获得加薪，都要把这份攻略上所说的步骤走一遍。

习题

以下几条哪个是不对的：

A. 不要忽视前台、行政、保洁这样的支援性工作，对他们友善可能有意外之喜

B. 前同事是新工作的重要来源之一

C. 帮熟人介绍自己现在所在公司的工作是为了让他变成你的替死鬼

D. 不要显得你少年老成，要多请教领导，哪怕他所说的其实你早就都掌握了

正确答案：C。

要在公司情况还好的时候就去接触其他机会，这样你即使决定离职了，这家公司也仍然还是一家好公司。

和拉熟人进来工作相比，把熟人推荐给人力部门的同事这件事本身可能更重要。这是一个信息获取的过程，老板总说员工要有主人翁意识，其实并没有错。多管闲事一小下，你对公司的理解就会更多。这有助于你做判断，会让你在职场上更加安全。

要想离开公司，谋求更好的发展，首先你得走得了，然后再决定怎么谈。注意！弄清楚你公司的所有制形态，这非常重要！

如何谈辞职

遇到说自己想辞职却没法辞掉的人，我总是会给他们一个建议：问问自己，你到底想成为什么样的人。只写三条。

我自己也回答过这个问题，结果是这三条：

想成为一个内心特别强悍的人。这个人遇到各种诱惑或者威胁都不动摇，一直盯着自己的目标。

想成为一个努力的人。这个人日常偶尔偷懒也会每次努力精进，让自己和需要自己照顾的人过得更好。

想成为一个关系达人。对人诚恳、对事精明，能够轻易“拆解”各种明枪暗箭，解决掉最危险的局面。有很多朋友。

具体到辞职这件事来说，一个内心强悍的人如果决定了要辞职，那就一定能辞得掉。一个努力的人会努力做辞职前的各种准备，一个关系达人则会尽量维护好和即将分手的“东家”之间的关系。态度坚决、准备充分以及言语和气，这就是辞职这件事要把握的三个原则。

第一次辞职确实很难，第一次见同事辞职都会觉得心里不是滋味。不过，慢慢就好了。

我的第一份工作是在大学教书，由于各种原因从大学离开，做一份新闻杂志工作。

第二年，美术总监要去别的杂志社工作了。送别席上气氛很和谐，领导和同事都送上了祝福。我却感到很难过，因为我觉得她是个做事干脆、说话利落的姐姐，还很有趣，曾经买过一个蚂蚁王国的玩具来做研究。我喜欢这种强大而聪明的女生。我还记得喝了酒之后，我给了她一个朋友的拥抱，说："别走啦。"她回抱了我一下，什么也没说。

后来，知道她的下家用了近乎翻番的薪水来挖她，我觉得自己特别傻。

成人世界欢迎你，少年。几年后，我去考了心理咨询师执照，开始一点点探索自己的内心。琢磨到这个场景的时候，我明白了自己的心境：我担心这本杂志的未来，也想着能够有职位更高或者收入更多的工作机会，但是 20 多岁的我被理想、责任感和对领导的忠诚束缚着，所以只是希望所有人都在这里，时间停滞在这一刻。

我们同情别人，最终其实都是怜悯自己。

后来，我经历了许多新同事的迎来送往，逐渐摆脱了自己的困扰。自己也曾经有几次辞职，也接受过不少人的辞职，发觉这件事其实没有那么难。

得把自己磨钝一点儿。

观察别人的时候，越敏感越好。而做决定的时候，不能敏感、细腻，而要在商言商、有钱谈钱。

辞职路上的障碍

有这么几种原因会成为离职路上的障碍：

1. 羞怯

不好意思其实就是羞怯，和别人沟通有困难，陌生人尤其是异性说一句话，马上就是一个大红脸。这个可以通过训练来改善，特别严重的最好是找咨询师训练一下。

这样的人辞职最好是发邮件先跟领导说一下，然后再面谈。不过，这种情况比较少，因为羞怯的人找新工作都是很困难的，他们更倾向于待在现在的岗位上。

有的人可能有更严重的问题，比如回避型人格障碍。这类人格障碍的患者恐惧所有的人际冲突和交涉，这需要治疗。

在中国，许多心理障碍者被称作“老实人”，回避型人格障碍患者基本上就是这样的“老实人”。许多老实人婚姻生活中有问题，在工作上也有很严重的问题。

2. 不良的企业文化

如果你在一个喜欢谈论企业文化、充满集体意识的公司里，你可能会有压力。

有的公司要集体做早操，有的公司唱《感恩的心》，有的公司要求员工读《弟子规》，有的公司提倡孝道。这种公司一般来说喜欢用集体和情感来打动人。

这种公司里，领导或者老板对离职员工的态度经常是指责和侮辱性质的。

“你是个傻子，你失去了最好的机会！你要去的 ×× 公司都快要完蛋了。”而且，还会把离职者的去向当一个笑话告诉仍然在职的同事。

这种公司的另一个奇葩之处是会有员工跑来指责离职者，指责的话类似于陈佩斯的一句台词：“你朱时茂这样浓眉大眼的也叛变了？！”

这种公司趁早离开。

3. 领导教了我好多东西

惭愧一般指感觉辜负了领导对自己的恩情，有些从小特别乖、读书特别好的年轻人很容易被这种感觉缠绕，觉得自己没有达到领导的期待。

我自从承担了一部分管理工作之后，也有同事向我申请离职。有的特别纠结，尤其是那些我手把手教出来的年轻人，他们担心我表示出对他们的失望。

事实上，我从来没那么做过。我最多是偶尔觉得惋惜，比如，“××是个写人物稿的奇才，可惜不愿意做这行了”。对我来说，我希望我的下属离职是开开心心的，攀上了高枝、抱了粗腿、开始打江山了。也许现在我的资源和人望不足以让他们继续为我工作，但如果有那么一天我开山立柜、鸟枪换炮，我仍然可能把大家召回来。

4. 害怕领导为难

这是一种没有必要的妄念。确实有些互联网公司，老东家报警把前员工送进看守所的，那是因为前员工有侵害前公司利益的情况发生，比如，受贿、盗窃公司商业秘密等从来没有一个前员工是只因为离职而被抓走了的。

在辞职之前，仔细检查一下手上的工作，以及你的新工作有没有可能违背你现在所在公司的竞业协议。有的人根本没看过自己的竞业协议，这是不对的。这些规定可能会规定在几个月内，你不能去你公司的竞争对手那里工作。如果你去了，那就有可能被起诉要求赔款，甚至遭到更严重的惩罚。

有人说担心新公司做背景调查的时候会打电话给自己的现任老板。一般来说不太可能，你可以告诉新公司的 HR，你对谁汇报，你还没有跟你的老板提出离职。HR 的同事听你这么说，基本上都知道这事应该怎么办了。

老板的挽留措施

老式的庸俗爱情片里有一句台词："你只是得到了我的人，不可能得到我的心。"对，老板会察言观色。如果你有要离开公司的倾向，确实会被他抓住，他会对你进行说服。你对自己说三遍"老板留我是爱才"，千万别因为这事被激怒。只要他发现你去意已决，一般就会做一个顺水人情了。

一般来说，如果你的老板不是公司的"一把手"，他阻拦你的概率要小得多，但是他更可能希望你能留任一段时间，给他一个招人的缓冲期。

所以，找工作的时候就要和新单位约好，要留够至少 30 天的缓冲期。千万不要因为喜欢新工作，就跟对方说下个星期就来上班。

为什么要说至少 30 天？因为这是《劳动法》规定的自动离职期限。

大多数公司也会在合同上标注，提前解除合同要提前一个月说明。

如何开口

我由于个人原因要离职，觉得工作太忙、路太远、顾不上家里、想转行、想留学、想换城市。个人原因是最好的，有这些情况你可以公布自己的下家：下家比现在的公司强大很多，不在同一个行业，要去另一个城市，或者与本公司没有直接的竞争关系。“我很感激公司，很感激领导您。×× 公司和 ×× 公司表现出过意向，我还没有决定。希望您能批准我的辞呈。如果公司需要的话，我可以帮助推荐人选，我会交接好自己的工作。需要的话，我可以在这里继续顶一个月。”注意！这个时候不谈钱，不要说加薪的事。加薪应该是一个月或者几个月前没谈拢，现在才要离职的。

如果领导说：“你再考虑考虑。”你要说：“我已经考虑清楚了，我还是希望离开。希望以后能有机会再和公司合作吧。”要提醒领导，你会维护公司的利益，但如果不批你的辞呈，恐怕领导就得落埋怨了。不要谈太多跟他的私人感情，今天是个人对公司的对话。

看到你无法挽留，领导会给你挖最后一个坑：“你对公司的管理、文化，有什么意见吗？”对他来说必须要问，对你来说不要说。“没有，我很喜欢公司的文化，不过我真的是因为自己的缘故而……”对，不要提意见了，相信你该说的早就说过了。不要发泄，更不要借机报复，没必要。

你的领导会因为你变成了前员工而出卖你，把你批评其他同事的话说给他们听，你就此在老单位名声就不好了。

离职最好在下半月，因为这个时候本月的社保已经缴了。新公司就算有点儿什么问题（录用函不是合同，仍然可能有变数），也不至于中断社保，有腾挪的可能。

辞职饭

可以请领导私下吃个饭，尤其是那种老师角色的领导。

那种自己请客带着全部门欢送你的领导，非常会做人，要珍惜。

我最喜欢的是下属因为去留学或者读研究生而离职，大家吃饭都开心。

如果你去的是竞争关系的公司，或者没有明确自己的去向，那就悄无声息地叫几个关系好的同事小聚一下好了。

开工之后，偶尔回来看看，老同事、老领导是特别重要的资源。

关于仲裁

我经历过劳动仲裁，非常麻烦，也不愉快。

不愉快的离职可能要用劳动仲裁甚至上法庭来解决（有的单位，比如机关和事业单位，要走人事仲裁）。如果真的要走到这一步，可能要注意这几点：

1. 留证据

你最早提出离职申请的证据。比如：工作邮箱的辞职邮件，经过公证之后是有效的；仲裁庭和法庭承认 EMS（商业快递不行）发送的辞职申请，记得在快递单上写上“辞职申请”几个字。

理论上，这两样东西发出之后的 30 天，你就是自由身了。这期间，你最好还是照常完成各项工作。

2. 和解优先

别赌气，老东家真的想拖你，你要仲裁就仲裁，但是一旦对方发出离职证明，开了工资放你走，你就要立刻撤。仲裁是为了帮你解决问题，不是让你跟公司争勇斗狠的。

3. 新东家的谅解

很多公司恐惧敢打官司的人，所以提仲裁的时候要告诉新公司一下，取得谅解。“他们长期扣着我不办手续，我只好这样做来脱身。”大家都能理解。

提出辞职的 30 天以后可以先帮新东家工作，很多公司是可以用各种变通的办法先让你工作的。

《劳动法》和《劳动合同法》对劳动者来说非常利好。不过，真的遇到了流氓公司，法律看上去也很脆弱。有的人可能会劝你，自己离职也要要求公司支付赔偿金。我个人建议不要这样，这会让你老东家的人力部门的同事非常为难，容易受到责难。

公司是个机构，没有情感，不会报复你，但是具体办事的人会对你有看法，以后你还有可能跟这个人打交道。

老板和人力总监一般都不会以报复你为乐，你当然也不要为了多要点儿补偿金（尤其是你不是被裁员）而让他们难过。

做人留一线，日后好相见。

关于下属辞职

遇到下属辞职，无论他说的原因再怎么荒诞不经，都不要过多追究，这是许多人愿意犯的无聊错误。要快速回忆对方在一个月之内有没有和你有关于待遇的沟通，以及关于业务方向的建议。

有人会因为自己的意见不被采纳、团队能力不足、得不到成长而辞职，但大多数下属辞职都和待遇有关。

一般跳槽会向新公司多要至少 30% 的薪水，但他的头几个月会增加花销，还会面临更大的压力和不确定性。所以，想要挽留他，开出和对方相同的条件是可能的。如果对方特别重要，你可以给他争取更好的条件。

翻倍的加薪是难以挽留的，这会导致公司的薪水结构发生巨大的变化，小公司可能被大公司拖垮，还可能造成内部的分裂。一旦公司或者部门形成了谁威胁老板谁就能加薪的风气，那就危险了。

习题

如果你处于提交了辞职报告之后的第 25 天，约定 30 天离职。这时候，你的老板应该是：

A. 现在公司的领导

B. 未来公司的领导

C. 我提交了辞职报告，现在是自己的老板了

D. 两个都是我的老板，我自己委屈一点儿都好，把两边的活儿都干了

正确答案：A。

在这个短暂的交接期，你必须要把手上的工作处理好，不留隐患。你现在的老板仍然是这家公司的老板，要保有对他的忠诚。

B 是不对的，新公司既然愿意接收你，一定能忍受你 30 天后到岗的现实。你要事先告诉对方自己要解决好所有现有的工作，尤其不应该伤害你的老公司。其实，大多数公司都会赞许自己即将到来的员工处理好前东家的工作。这代表职业精神，处理完了还能让你个人少很多麻烦，也避免牵连到新公司。

C 这种狂欢会导致你迟到、早退，一副自由散漫的架势，成为新东家的害群之马，也会让老同事觉得你毫无担当。

D 会让你变得特别辛苦，尤其不要对新公司保证两边都能对付，因为你对新公司的劳动强度一点儿也不理解。过度劳累会让你不断地犯错误，最终可能会有很大的麻烦。

安全、平稳就已经够了。

刚换新工作不要攒钱

我们知道，有些人升职或者被公开奖励后，会在部门里请客，有的人不愿意请客，还会被同事起哄请客。

这是一定要请的，而且最好别等着别人起哄，自己主动来，不要落埋怨。跳槽之后会升职和加薪，请客是不用了，但是这些钱，是不是就可以放心地买件心仪已久的羊绒大衣或者游戏主机了？

有人说当然不能，应该储蓄或者做理财投资，不要吃光、喝净。我的建议是，换新工作的前三个月，不要试图攒钱，除了日常用度，都花掉。正确的做法是，准备辞职的时候，开始节省开支，做好换工作的时候手风不顺度荒年的准备。等到新工作入职了，就拿出钱来花掉，用在自我支援、旧关系的维护和新关系的开拓上。

自我支援

大家都不是为工作而生的，很多人的能力可能都和新工作还有差距，比如有的人一直在国企，现在要去外企，那他可能面临的典型问题就是外语关难过。参加培训，是提高外语能力很好的途径。

也可以用钱来购买装备。设计师的大屏幕显示器，作家称手的机械键盘，可能都是陪伴自己很长时间的装备，当然要让自己的家伙称手一点儿了。

推荐一本日本作家司马辽太郎的短篇小说集《新选组血风录》，司马辽太郎在日本的地位相当于中国的金庸先生。

这本书讲的是日本明治维新之前，德川将军为了镇压革命者，召集了许多民间武术家担任编外警察，新选组就是其中的一个组织。新选组的局长叫近藤勇，是一个小剑派的掌门人。在得知自己被幕府聘用，拿到二十两金子的安家费时，他做的第一件事就是拿着钱去刀剑店，要买名刀“虎彻”（后来，他买了一把假刀，有兴趣的同学可以看看这本书，这是分析人际关系很好的一本练习册）。

二十两金子拿去给家里，不如买一把称手的家伙。刀剑好使，就会有下一个二十两，下一个一百两。如果拿去花天酒地或者给家里做存款，家伙不称手很快就会死掉了。

花天酒地或是衣锦还乡，都应该在自己更强大之后。刚拿到的钱，就应该让自己变得更强。

现在，还有一种新的自我支援，就是整容。好多人喜欢谈论女明星整容没有。有的女生们喜欢说“××× 的鼻子是假的”，说的时候想的是这人的鼻子和咱们的鼻子的对比。

在我看来，“××× 的鼻子是假的”，这说明有麻醉、手术、缝合和血淋呼啦，一个人花钱忍痛，只为让我们看着更舒服一点儿，这件事没有做错。能把辛苦卖艺挣来的钱投入优化自己的容貌上，这个人不简单。

旧关系的维护

跳槽前后是盘点一下已有人脉的好机会，对于自己的新动向，在朋友圈或者微博上发声明的方式是很好的。不过你要知道，这两种方式都不是强推送，有的人可能根本看不见。

跳槽后，对一些重要的客户和老朋友，可以去面访一下，喝个咖啡或者吃顿饭，有的二三线城市可能还要请人泡澡。

这些都是需要费用的。有的人的新岗位可能会得到这类预算，但是大多数普通人可能还是要自己花钱的。这个钱该花，也要花。好多人说不知道怎么维护和朋友的关系，其实牛群有个相声的名字已经回答了，那就是

“巧立名目”。

换工作是一件大事，完全可以以此为名招募同学和朋友小聚一下，顺便盘点一下大家的资源。好多大生意不是正襟危坐谈的，而是在大家都放松、开心的状态下，随口一提就合上拍了。

新关系的开拓

是谁推荐你来这个公司的？这个公司里第一个向你释放善意的人是谁？第一个带着你到公司附近吃饭的人是谁？新公司的其他部门里，有没有你的前同事或者老朋友？附近五百米到一千米的写字楼里，有没有自己的老朋友？

公司里谁爱打麻将？谁爱打德州扑克？谁爱斗地主？谁爱打双升？有没有登山和骑行的社团？加入这些社团要什么门槛？有没有人邀请你参加各种体育活动？有没有打某种游戏的群？

有些重要的角色，要重点关注一下。

有没有谁快结婚了，或者快生了？她会不会下帖子请大家一起去看她？份子钱不是一笔小钱。

有同事身体不佳或者有直系亲属身患重病（或者身故），可能需要捐款或者接受奠仪的情况吗？

记住一点：喜事要请，丧事要赶。对方的喜事不邀请你，不要不请自来，去那里没位子就尴尬了。但是，遇到丧事，知道了无论如何都得去。中外这一点是一致的：人死了，送的人越多越好。

极端情形未必都会发生，但你一定要备出预算。有些人是“月光族”，这就特别要执行我那个提议：你决定辞职的时候就开始攒钱，两三个月之后换了工作，再拿头三个月的余钱来经营自己的关系，一定有好处。

为什么是三个月？一般来说，大多数公司约定的试用期是1～3个月。

换工作后（如果要转行业，还会更辛苦）的各种不适应，可能会让你的实力难以发挥。那个时候用心经营一下关系，盘点资源，是个好主意。

三个月之后，工作会逐渐走上正轨，你也转正了。这时，你可以通过实力来让许多人信服你了。

要耐得住寂寞、耐得住诱惑，别忙着坐金殿、当皇帝。何况，你不过是多挣了几千元钱。我让你多花钱，不是让你无欲无求，而是让你延迟满足。如果能做到这一点，你的格局会大得不得了。

心理学上有一个著名的“棉花糖实验”。把一块糖放在孩子手里，告诉孩子如果忍半小时不吃它，就能多得一块。受不了诱惑的小朋友，大多会成为普通人，能忍受诱惑的孩子更聪明，前途更远大。这种抵御诱惑获得更大利益的能力就是延迟满足。能等到第二块糖的小朋友，不仅能忍得住诱惑，还想象得出未来。

在职场上，很多人根本想象不出自己的未来。

新工作的头几个月多花一点儿钱，是为了工作效率更高，是为了让自己多挣钱，收获更多人的善意。延迟满足不是放弃利益，而是获得更大的收益。更有野心和想象力的人，才更容易成功。

如果一个人当众表现出延迟满足的能力，他的行为很可能会充满美感。这时候，他可能会因为自己的魅力而收获一些人的善意，甚至是友谊。

在《射雕英雄传》里，教郭靖射箭的师父哲别就是一个这样的聪明人。哲别曾经是铁木真的敌人，但是他跳槽到铁木真帐下之后，成吉思汗给了他一块金子。我们知道金子很值钱，但是哲别当场就要给郭靖，因为他掩护自己还不肯招出自己的下落，被打了。钱可以私下给，但哲别是当场问大汗，能不能给郭靖。

哲别道：“大汗，我转送给这孩子，可以吗？”铁木真笑道：“是我的金子，我爱给谁就给谁。是你的金子，你爱给谁就给谁！”铁木真的梦想是征服天下，哲别跟着他就是为了征服天下。换句话说，哲别追求的，很重要的是牛羊和金银。

哲别拿金子送给郭靖，郭靖摇头不要，说道：“妈妈说的，须得帮助客人，不可要客人的东西。”铁木真先前见郭靖力抗术赤不屈，早就喜爱这孩子的风骨了，听了这几句话，更是高兴，对哲别道：“回头你带这孩子到我这里。”哲别是聪明人，他表现了自己有延迟满足的能力。郭靖是真实在，他妈妈教育他要有延迟满足的行为，与收获礼物和金钱相比，收获客人的友谊是更大的回报。因为高贵的行为，哲别和郭靖都成为铁木真喜欢的人。

郭靖后来能成为金刀驸马、蒙古大将，都是从这次硬气的表现开始的。其实，即使江南七怪没有找到郭靖，他只要跟着哲别，一样有实力找段天德替父亲报仇。

习题

你到了一家新公司，一位比你资深、级别高的同事在和你接触几次之后，决定向你借钱，大概是你一个月的薪水。你会考虑：

A. 借给他，熊老师说了，要把头三个月的收入都花掉，不要攒钱

B. 询问为什么借钱，听他解释之后再做决定，希望对方写下借条

C. 不借，我觉得这就是一个每次逮住新人就坑一次的家伙

D. 借给他半个月的薪水

正确答案：C。

A 熊老师说的是有些钱要花出去，但是借钱不在我们的清单上。B 是一个对熟悉朋友的做法，但是很可能会收不回来。D 是一种针对无可奈何的亲友的做法，为的是减少损失。C 是对的，不要觉得自己很抠门。一个人借钱的顺序一定是从熟到生，从有实力到没实力。同事刚认识你，又比你层级高。这个人应该实力比你强，找你借钱有两种可能：第一是他已经没法从其他更熟悉的人或者更有实力的人那里借到钱了；第二是他已经把那些人的钱借来了，还差钱，就开始找你借了。第一种情况意味着他可能有赌博、酗酒甚至吸毒等恶习。第二种情况只在理论上可能。如果他真的遇到了很大的难处，需要一大笔钱，而信用又特别好，老板一般会伸手帮他，同事们也会组织捐款。一个信用不良者的友谊用处不大，他遇到事随时可能甩锅给你。

你还可能被同事们当成傻子，甚至因为此人的恶行而被迁怒，他们可能认为你们是一路货色。所以，不要借钱！不要借钱！不要借钱！

住得离公司近好还是远好

有位年轻人问过我一个这样的问题：

“住得离公司近一点儿好，还是远一点儿好？”

他在北京，上班单程要一个半小时。

北京交通不便利，东三环有时车辆完全走不动路，但是那里有好的工作机会。

这类问题，被称为“职住分离”——就职地区和住处距离太远。世界各大城市几乎都有这个问题，我不想从规划角度谈，我要跟大家说的是，住得离公司太远，对你的人际关系有什么损失。

住远住近不仅仅是经济账

有一篇 2009 年的论文，叫《中国大城市职住分离现象及其特征》，作者是刘志林等三人。有这样一段描述：

> 从调查样本的总体特征看，居住地和就业地之间的平均距离为 6.4km：25% 的居民职住距离在 1.1km 内，50% 的居民职住距离在 3.9km 内，75% 的居民职住距离在 9.5km 内。
>
> 平均通勤时间 35 分钟：25% 的居民通勤时间在 10 分钟内，50% 的居民通勤时间在 30 分钟内，75% 的居民通勤时间在 50 分钟内。

他们发现 25% 的人住在工作单位附近。这可能包括一些在附近做体力活的人，但一定也包括职场上最聪明的一批人。

在今天住多远往往被当作一笔经济账来算，比如：

房租贵不贵

路费，以及路上耗费的时间有多长

路程造成的疲劳

兼顾夫妻或情侣的工作

子女教育

发展比较好的公司一般都会选择交通便利的地段（方便客户来访、配套设施完善）。这也意味着，住在公司附近，房租会比较贵。很多人在算经济账的时候都会追求：公司附近房租≤远处的房租＋路费。他们觉得如果能达到这个平衡，这个买卖就划算。

这样算你一定会住在远郊。如果公司附近的房租真的这么便宜，附近写字楼的人就会都住在公司附近，这样会导致附近的房租上涨。

所以，正确的算式是：公司附近房租－远处的房租－路费＝你路上消耗时间的价值。

假设：附近房租 4200 元－远处房租 1800 元－路费 200 元 =2200 元。

这 2200 元就是你每天路上耗费 2 小时的价值。如果你觉得每天 100 元对你来说划算，那就住在远郊；如果不划算，那就住到公司附近去。

当然，有些人会说，我路上可以学习或者看书，可以听“得到”的音频，都是学习，所以时间没有浪费。

不过，我还是建议不把时间浪费在路上，越长的通勤路程会越不安全，变数越多，尤其是缺乏秩序的大型公交站，很容易发生危险。

单身的年轻人，靠近“权力中心”会更好。等到你结婚、生子、买房之后，住所的选择就要考虑经济账后面两条对自己的影响了。

住在公司附近的好处

1. 更多的加班机会。单独跟领导在一块儿的时候，可以提及自己住在附近。要解释说“这样公司有事，我赶过来也方便些”之类的话。此后，你就是领导可以随时调用的人。

2. 偶尔可以帮同事的忙，关掉同事没关的电脑，收好同事遗忘的钱包。

3. 不用纠结在公司附近办健身卡还是在家附近办了。

4. 你熟悉附近的菜市场、银行和邮局，新、老同事对附近不熟悉的时候，你都能帮得上忙。

成长快、提升快的职业，基本上都是职业生涯的头几年住在单位附近，比如军队的军人和医生。

好的医生一般终身都选择交通便利的住处，很多人功成名就也仍然住在医院附近，医生很少住在 30 千米外的远郊区。

住在公司附近容易有更多工作的机会

电影《煎饼侠》的主演大鹏过去是搜狐音乐频道的临时编辑。

他一直都在公司附近：“三分钟步行就可以到的地方。不管公司搬到哪里，我都跟着走，为的就是比别人多一个机会。当主编需要人的时候，他打电话我第一个到公司。”所以，大鹏后来有了成为音乐频道代理主持人的机会，又有了做《大鹏得啵得》的机会。

后来，又有了《煎饼侠》和《缝纫机乐队》。大鹏真正成就了自己。

住在公司附近能避免很多麻烦

1. 你可以卡着点儿到

有些人住在远郊区，为了保证早上不迟到，要很早出门，晚上也总是愿意加一会儿班再走（为了躲开晚高峰），别人可能会觉得你是个威胁。

你住公司附近，卡点儿上下班，你在同事眼中就不会是那种特立独行的人，是个让对方有“安全感”的好同事。

2. 你可以随时回来

领导叫人，你就来了。远郊区的人只会有点儿幸灾乐祸：“看，加班了吧！”这其实对你是有好处的。

和领导一起加班，那就有很多能聊深入话题的机会，“我去买点儿零食。头儿，你吃什么？”

3. 厨艺达人

如果你是一个爱好下厨的人，还可以煲一桶汤拿过来，或者烧一锅猪脚分给大家。吃货的标签有时候可以遮盖你的进取心，不让你有那么多的嫉恨。

4. 恶劣天气拯救者

暴雨或者大雪的天气，你家的沙发可以收留无法回家的同事。一时不方便带回家的东西，可以暂存在你家。

5. 不用担心末班车

同事聚会，你可以喝一点儿酒，住在远郊区的同事可能就会担心还有没有末班车，会着急想早走。而我们知道，很多聚会是喝到最后才能听到某些真话的。

你能找到更多的同类

远郊区公交车上，早上是一对对惺忪的睡眼，晚上是一张张暗淡无光的脸。你有心搭讪，对方都未必乐意理你。下班后，在附近的健身房、桌游俱乐部遇见的一定是更有活力的面庞。

我们知道寻找朋友，其实是孤独的灵魂在寻找同类。

你住在公司附近，你年轻，对事业有期待，雄心勃勃，不太在意仨瓜俩枣的得失，珍惜自己的时间。你在这附近遇到的人，也会是类似的人。要和对自己期待更高、生命力更强的人在一起。你的时间很宝贵，你的生命也很宝贵。把便宜而遥远的住所让给那些对自己期待不高的人吧。有人说，两点一线已经很苦了，现在我要变成两点重合，人生还有什么乐趣？太可怜了，了解和开发一个城市居然要靠换乘站和途经各站来实现。

你可以主动去探索：北京的 10 号线地铁北段，是元朝的大都城，沿途你能看到很多古老的地名；那个时候，朱元璋的大将徐达刚刚接管北京，守不住城墙，就拆掉旧城墙，改修在今天的北二环，现在的元大都遗址公园是个春天看花的好地方。还有，人民日报社附近金台夕照，燕京八景之一，是看日落的好去处……喜欢哪个地方，抬脚就去，不要靠坐公交车去。正如喜欢什么人赶紧开口说，不要幻想着自己有了什么大成就再去表达。

习题

试着分析一下，住在公司附近的缺点不包括哪些：

A. 生活空间可能会比较窄

B. 上下班面临的环境差不多，看到的景色容易千篇一律

C. 吃的馆子、去的电影院都会差不多

D. 同事在附近偷偷密谋什么事容易被我遇到

正确答案：D。

遇见 D 未必是坏事。可以不说和保守秘密，完全不知道就容易判断失误。

03 部分

亲密关系

【亲密关系加分项】

如何正确表白

心理学家罗伯特·斯滕伯格提出了爱有三个部分：

激情，亲密，承诺。

我们可以自行给一段恋情或者爱情电影里的恋情的这三部分打个分，这三个分数就是爱情的成色。三个部分分数的高低，让世界上呈现出了形形色色的爱情。

这是心理学家罗伯特·斯特伯格提出的一个经典理论——“爱情的三元理论”。

激情：被闪电击中

激情指的是吸引力，许多人的吸引环节都无须言语，而是通过视觉（好看的脸）、听觉（怎么有这么好听的声音）、触觉以及嗅觉（从脑的发育看，嗅觉部分比负责视听的部分都要古老）来实现的。

这一刻，我们很像原始人，我们的动物本能在驱使着我们有所表现。

不要鄙视激情，这是大多数爱开始的驱动力。大多数爱的消退，也是从激情的消退开始的。

激情会让你在相亲的时候筛选掉不喜欢的人，留下喜欢的继续发展。人的精力是有限的，每遇见一个异性就发展一下，那工作、学习都没办法进行了。只有在一些方面有吸引力的异性，我们才会继续发展，这是人节约时间、保护自己的方式。

激情并不下流，它本身充满了美感，比如《牡丹亭》就是一个充满激情的故事。柳梦梅见到杜丽娘站在树下，就喜欢了。

如果你喜欢一个姑娘，对方问你说是不是只喜欢她的相貌（这时候，她已经对你有好感了），你就可以用爱情三元理论来回答她："爱情女神是三姐妹，激情脚快，她总是先到。"一个男人承认激情的作用会显得直率而且诚实。千万不要对吸引你的姑娘说："我觉得你人好。"《教父》里的小儿子迈克尔来到西西里老家，遇到一个姑娘，觉得自己"被闪电击中了"。这就是激情，一辈子遇见一次这样浓烈的情感，就非常幸运了，没有的也不必奢求。

只有智商高的人才能看懂下面这段话：

注意！《教父》是研究人际关系的重要作品，小说和电影都是经典。小说里意大利西西里人对家族的看法，和中国人非常接近。办事、做人的人生经验特别有指导意义。

亲密：撩人心弦的策略

亲密指的是双方能彼此分享感情和信心，这意味着亲密是爱情里一个细水长流的部分。我们经常说谈恋爱谈恋爱，指的其实就是增加亲密的过程。

我们所说的追求，就发生在一方准备尽快增加亲密值的时候。这个环节特别惊心动魄，我把它称为"男女之间的惊险一跃"。

注意，追求不是表白。这里提醒一下，千万不要冷表白，会显得特别傻。表白一定是关系十拿九稳，用来求婚的，不是用来求确立关系的。不懂这个道理，不仅可能被羞辱，还可能成为所有观众的笑话。

追求的时候，就各种攻、守、探，这一刻是爱情最吸引人也最折磨人的地方。追求要主动、大胆，有人总是担心如果对方拒绝了，会不会连朋友都做不成。其实，这件事的真相如下：

如果对方拒绝你，而且从此不想见你，说明他本来就不想做你的朋友。

如果他重视和你的交情，只是不想谈恋爱，他会非常注意你的感受。

表白过的朋友能不能退回来做朋友？能。而且，交情会比以前更深，如果你们两个都有着成年人的情感模式的话。

成年人是由于实力和利益互相欣赏的，他们会挑选有才干的朋友和性格好的恋人。遇到某甲不能和自己相恋，他们会迅速转向某乙。

小孩子的情感方式则是，如果自己的玩具恐龙丢了，再买一个都不行。他可能坚持认为，必须得找到原来那个才行。

所以恋爱这件事，如果对方的情感模式还没发育成熟，比自己差几个量级，那就不要犹豫，直接忽略掉好了，除非你是一个热衷于付出母爱（父爱）的人。

追求的时候要注意几点：

直率不是粗鲁，要有诗意。

“今夜的月色很好”“今天的风儿甚是喧嚣”就比“小老妹儿搞对象不”要强。

跟对方分享心事。

有时候，心理咨询师在咨询者寻求心理咨询时，会聊几句自己的经历：“我也曾经……后来……”这叫作自我暴露，目的是让对方敞开心扉说自己的心里话。

多说说自己的事。

“上一次见到这么大的月亮，是我跟着我爸爸去登山的时候。他告诉我，沐浴在月光下，男人会很快长大。我们对着太阳流汗、劳作，而对着月亮祈福、默默地说自己的心事。”这跟平台开发差不多，说话要给对方留接口，比如可以谈论月亮、谈论父亲，也可以谈论奇怪的习俗和信仰

（当然奇怪，我随口说的），更可以谈论“什么心事”。

我希望长大了，能遇到一个像月亮一样________的好姑娘。

A. 光彩照人

B. 大圆盘脸

承诺：持久的感情

激情和亲密二者兼有的，叫作浪漫的爱情。不过，这种爱情在承诺方面的表现非常低效。过去，主流观点认为这种爱情是不道德的，现在很多人却希望人生中能至少有一段这样的爱情。因为兼备激情和亲密的，实在是太少了。

完整的爱是激情、亲密和承诺的三合一，西方人管这个也叫“至高无上的爱”，近乎宗教的感情。别被这个词误导了，这个词的本土表达，叫作“别人家的爱情”。

有的爱情是以承诺为主的。比如，我奶奶比我爷爷大了五六岁，她丧偶后带着两个孩子改嫁，嫁给我爷爷，他们又有了四个孩子。两个人之间的感情似乎是以承诺为主，因为她是个妇女干部，救过我爷爷的命。

祖辈和父辈里，有不少这种承诺居多的爱情。我们只能说时代不同，上一代人的情感比我们要内敛得多。

现在，可能大多数人都会认为只有承诺的婚姻是不道德的。不过，以承诺为主的感情，是可以通过培养亲密来实现和谐的。根据社会学家的研究，大多数包办婚姻随着结婚年份的增加，幸福感会上升（也因为开始的时候幸福感实在是太低了）。

习题

以下几种表达中，哪种是不对的：

A. 因为源于亲密，有些从友谊发展来的爱情其实会有不错的结果

B. 单恋是从激情来的，是一种不稳定的状态，风险很高

C. 激情和承诺为主的爱也不错，比如奉子成婚

D. 亲密是可以培养的，激情大多数情况下不能

正确答案是：C。

A 是被很多现实案例证明了的，也是很多父母追求的目标。B 是对的，单恋最大的问题是几乎没有真正意义上的承诺，甚至连亲密也没有。单恋即使可以修成正果，往往也容易产生问题。

C 的前半段是对的，但是奉子成婚不属于这个范畴，奉子成婚容易给夫妻关系带来困扰，因为很多人没有做好迎接新生命的准备。事实上，结婚、怀孕、生育、支出增加、搬家都是比较严重的生活改变，改变是压力的来源。

学会浪漫

在电视剧《军师联盟》中有一个剧情，曹操的儿子、五官中郎将曹丕喜欢流落江湖的女剑客郭照。曹丕已经被包办了一个妻子叫甄宓。甄宓是个俘虏，改嫁给他，长得非常好看。

曹丕想娶郭照来替代甄，但是就在想要赶走她的时候，甄宓突然告诉曹丕："臣妾已经有了您的骨肉。"这部电视剧其实是一部套着古装的时尚职场情感剧，甄宓和曹丕的关系，现实中并不罕见，那就是：

明明都不爱对方，却忍不住在一起。

浪漫的真相

一段爱情或者激情中，最浪漫的时刻是什么？

有的同学会说暧昧期，有的同学会说刚表白成功那一刻。

心理学家 Aron 等人做了一个关于坠入爱河的研究，他们认为"发现自己被一个有魅力的人喜欢，你会感到浪漫"。我从这里总结出"熊太行浪漫定律"，如果以下两个条件符合，你就会感受到浓烈的浪漫气息：

> 对方是个条件很好的人。
>
> 对方说喜欢你，你对他做什么都可以。

有这两条，你喜欢不喜欢他，他是不是真的喜欢你，都不重要了。

事实上，被人单方面喜欢的感觉非常爽，"寻找备胎"的行为也非常多。

对大多数女性来说，被“及格线”以上的男性喜欢是非常愉悦的感受。除非对方的条件特别差，才会令她们感受到侮辱和愤怒。

有时候，围观者也能感受到这种浪漫。比如，唐僧和女儿国国王的爱情故事，大家至今仍对这个故事津津乐道。唐僧其实不喜欢女儿国国王，但我们都觉得国王和御弟哥哥（唐僧）是浪漫的。

黄袍怪有个手下是黑狐精，只在《西游记》的电视剧里出现过。她也曾经调戏过唐僧，想带走唐僧。黑狐精是一个身份很低的妖怪，长得并不难看，但我们不会觉得她和唐僧是浪漫的。事实上，唐僧觉得非常恐惧。现实中，许多“男神”在遇到条件比较差的女性的追求时，也是这种状态。

在发生亲密关系这方面，我们人类比自己想象的势利。看男性优先看阶层、财富（如果是学生就挑学历和学校），看女人则优先看相貌。

这就是为什么曹丕喜欢郭照，却免不了和自己非常抗拒的甄宓发生关系：甄宓很美，也是官宦人家的女儿。

甄宓喜欢曹植，但愿意接纳曹丕，毕竟这个人一表人才、文武双全，虽然地位不稳，却也是曹操的儿子。

当甄宓（条件很好的人）和曹丕发生关系的时候（接纳对方表达自己的情感），曹丕脑子里就算有对郭照的感情也没什么用，除非他出去住，时间和空间上都脱离这种诱惑。

最重要的是，他俩的亲密行为没人能指责——他们是合法夫妻。

如何运用浪漫定律

浪漫的真相是，最浪漫的行为建立在最势利的判断上。有人可能会觉得很绝望，我要告诉大家，不许绝望。

如果浪漫是天生的，那才应该绝望；如果一个人可以变得浪漫，那这件事就值得去改进、去努力。

如果你想让你和伴侣的关系变得更浪漫，有两种解决方案：

为对方提高自己的魅力（富有、美丽、知识渊博）；向对方表达自己的情感（建议、体贴、分担家务、感情陪护）。

你会发现，我们以往所有关于感情的攻略，都符合浪漫原则派生出来的这两招。

我会告诉各位，要描绘自己的感受，不要侮辱和批评自己的妻子；

我会告诉各位，要把工资卡还给丈夫；

我会告诉各位，给产后的妻子请月嫂和保姆；

我会告诉各位，如果有可能，要和婆婆分开住。

如果希望有和睦的家庭或者亲密关系，经济基础是必不可少的。财富会让人变得更浪漫，可不仅仅是买包包而已，人的意识、眼光都会因为财富的增加而发生改变。

适度原则

浪漫是由金钱、势力、财富、美貌和一方主动表达构成的，而不是“今晚的月色很美”“想跟你一起醒来”“翩若惊鸿”，它们属于一些小情趣，要学也并不是很难。

我们发现了这个定律之后，仍然要注意的是这个原则：“思想上可以特立独行，生活方式上最好随大流。”不要去跟你的伴侣说，浪漫是权、钱和一张整容脸，外加主动表达，这是极大的冒犯，人类文明中有些事不能说破。像电影《罗马假日》中派克扮演的男主角那样在罗马街头遇到了赫本扮演的高贵的公主，大家一起玩耍几日就此分别，这叫浪漫。

像有些老男人那样喜欢在饭桌、酒局上吹嘘自己当年怎样被身份很高贵的姑娘看上，那就庸俗不堪了。

我说不要给人介绍对象，其中一个重要的原因就是，被介绍对象的人根本就不会直接提出需求，他们对自己准备和什么样的异性生活在一起并不是很清楚。一般来说，表现为相亲了很多次都觉得不合适，却又说不出要什么样的。

这时，就应该给他介绍更好看的，介绍更有钱的。这样就能迅速见效。

一个浪漫清单，供你查阅：

1. 浪漫不是客观存在，需要人类的想象力；

2. 有假的浪漫，男人容易上美女的当；

3. 女人容易上有钱有势的男人的当；

4. 要变得浪漫，就要替对方分担心事和重担，或者让自己变得更强，最好同时进行；

5. 我们拆解了浪漫的本质，但你不要挂在嘴边，浪漫是一个黑箱的时候效果最好；

6. 如果你的实力足够强或者容貌足够美，向别人表白就不会激怒对方；

7. 不成功的表白也会成为浪漫关系，比如某种亚亲密关系；

8. 条件变了的时候，亚亲密关系可能会转成亲密关系；

9. 浪漫和幸福的晕眩从来不是唯一的，也永远不可能是一生一次；

10. 要躲避浪漫对已有亲密关系的困扰，只能在时间和空间上避开对方，不要去挑战自己的自制力。

另外，别指望第 8 条，那是小概率事件，不如寻找更合适的人表达自己的好感，谁不是在茫茫人海中终生寻找呢？

称赞伴侣的黄金原则

浪漫这种感觉产生的机制是：

如果你遇到一个条件很好的人。
对方说喜欢你，你对他做什么都可以。

你就感受到了浪漫这种感觉。

同样地，如果你想让对方感受到浪漫，就要：

展示自己的优秀，表达对对方的喜爱。

自己要变得优秀，是一个非常漫长的过程，而表达对对方爱意的办法有很多。比如，有的人选择代还信用卡、交电话费，带着爱人打网游，但最为重要和常用的，就是称赞。

亲密关系中的称赞，就是点对点的、私密的。大多数时候，这种称赞有点儿霸道，不太讲理。

比如，你根本不需要考虑对方的缺点，因为是一对一相处，也不需要考虑别人的感受。你只要全力而为就好了。

我把一段亲密关系拆分为七个阶段，不同的阶段，称赞策略略有不同：

接触期的称赞

刚结识或者通过相亲认识的时候，双方的重点在于交换信息和开始自我暴露。

这个时候的称赞要克制：尽量就对方的品质、性格和爱好展开称赞。

我说要克制，是因为如果对方确实没有闪光点，也不要太为难自己，不喜欢的人赶紧结束话题或者饭局，不聊最好。接触期的特点就是可以随时退出。

此时，如果硬聊暧昧话题，就成了所谓的“尬撩”——尴尬地“撩”，一定会失败。称赞要时不时回到自己身上来。“你很优秀，我也是，我们两个聪明人聊得来。”这就是很好的姿态。

不要担心没有称赞的题材，这个时期的主题就是：“你真有趣，我爱听你说。”

暧昧期的称赞

暧昧期是很多人又兴奋又不自然的尴尬时期，一方可能对对方喜欢自己显露的蛛丝马迹而欣喜若狂，有的年轻人可能把这种状态保持数月之久。不过，很多成年人的这段时期可能极短，感情经历丰富的人倾向于用直接的方式。

暧昧期可以增加一些对魅力方面的称赞。

这个时期的称赞主题就是：“你真美丽（英俊），我爱看。”

表白是核武器级的称赞

之前我们说到过，一个条件不错的青年对喜欢的人表达爱意，这就产生了浪漫。

所以，顶级的称赞是表白。

表白是一种行为，但是在一段感情中，又是一个时间点，而不是一个时期和阶段。这一刻，虽然短暂，但往往是一个人时隔多年之后还会回忆起来的时刻之一。

表白要干净、利索，一个认真对自己的关系进行管理的成年人不应该沉浸在暧昧期里，也不应该渴望表白之后退回到暧昧期。表白就是一个督促对方做决断的过程，表白失败不要心灰意冷。

这一时刻的每一句话都应该是称赞，主题是：“你的人生太美，我想一起看。”

晕轮期的称赞

在刚刚开始一段亲密关系的时候，双方往往处于热恋中。这段时间，对方在自己眼里，怎样都是美的。看着喜欢的人觉得哪里都对、哪里都好，这在心理学上叫“晕轮效应”，这个全是优点的时期叫作“晕轮期”。这时候，他们喜欢“秀恩爱”“撒狗粮”，是情侣比较招人讨厌的一个时期。

晕轮期不见得在表白之后，这一点要注意，有的人的晕轮期可能是在刚见面的时候，就是所谓的“一见钟情”，之后可能因为各种缘故拖延了很久才在一起，晕轮期其实已经过了。

所以，有的时候我劝大家，如果觉得自己爱得受不了就要赶紧说。不然的话，可能会错过很多好机会。

晕轮期称赞的特点就是特别、特别、特别肉麻，特别、特别、特别地花哨。最好是能把一些话形成自己的个人 IP。时隔多年之后，如果双方起了冲突，某句话可以作为原谅的暗号，或者是修复关系的工具。称赞要尽量指向对方的个人品质、外貌或者内心。

这个时期的称赞特别富有创意，主题是：“每句称赞都如此与众不同，因为你是独一无二的。”

稳定期的称赞

关系进入一个稳定期之后，要注意开源节流。

一来是开发出对方新的优点，二来是以往的旧优点，每次提及也要认真对待。稳定期的双方可能把更多时间放在自己的工作、生活、学习或者抚养孩子上。

稳定期不缺的就是时间，这是大多数人亲密关系中最长的一个阶段。这个时期的称赞要从之前的称赞对方独一无二的属性，转为称赞对方处理事务的能力。换句话说，热恋夸人，过日子夸事。

“你最近进步好大。”

“这件事处理得好。”

“这个熊师傅的专栏，订得对。”

这个时期的称赞要做到有深度，主题是：“前进的路上，我们携手相搀。”尽管我们给每个阶段都加了建议的主题，但是每个阶段都可以向上兼容。比如你在稳定期，仍然可以进行暧昧期、晕轮期的称赞，以及对对方容貌、性格的称赞，随时随地都是可以的。

危机时期的称赞

一段关系进入危机之后，不要指望靠甜言蜜语来挽回。

称赞对方，对方也不会原谅你。危机出现的原因有很多种，最关键的是要把形成两人利益冲突的问题解决掉。

不过，在两人关系陷入危机的时候，双方可以多通过回忆晕轮期的某些专属于两人自己的表达，回到那种独特的称赞中去，帮助改善已经出了问题的关系。

这个时期的称赞要专属，主题是：“把过往一切美好都展示出来。”

关系结束后的称赞

关系结束后，就不要称赞了，要尽快开始新生活，即使对方可能指控你负心。关系结束后应该尽快做的就是遗忘，念念不忘已经结束关系的某人，只会给你的新生活带来困扰。

不要担心你被其他人控诉或者被社会舆论批评，你是成年人，没有哪个健康的社会舆论会要求你在一段关系结束之后选择守活寡。

这种苛刻的指控并不罕见，大家注意金庸先生在《神雕侠侣》里描写了杨过和郭襄的感情。这其实根本不是什么兄妹情，而是浪漫之情。

杨过知道条件很好的郭二小姐喜欢自己。郭襄知道条件很好的杨过也喜欢自己。但是，杨过的情感模式非常自我折磨，他对郭襄说："我的结发妻子在大海对岸……不能相见。"这是许多中年男性常见的错误。如果关系是以离异为结束，大多数男人都能够做到不去称赞前任，但是如果关系是以丧偶为结束，许多人可能美化自己的前任妻子，甚至认为活人不应该吃死人的醋，这样的家庭关系隐患很大。

我们以上提及的称赞，限定在一对一的情景中。如果要当众夸自己的伴侣，这件事就要从长计议。我们经常看见有的人（女性居多）在好友圈里夸耀自己的伴侣，这件事要特别谨慎，因为这属于多边关系，处理不当会影响你在群体内的地位。

你在称赞自己的伴侣时，可以增进自己的内心自洽（称赞的话也对你有影响），可以发展自己的人际和谐（你和配偶之间的关系加深）。称赞也是你应对危机能力的一部分。

但是，在群体中称赞自己的情侣，这是一门很复杂的学问。

在你掌握这种高阶技能之前，最好的办法就是："只夸一句最紧要的，其他的不说。"大多数的克制，都是从克制规模开始的。

【亲密关系的减法】

亲密关系中如何做减法

我们很容易理解职场上的减法：一个同事或者一个任务拖累了我，我就要想办法让它不再成为困扰。但是，在亲密关系中要做减法，把握起来就有点儿难度了。

传统的对亲密关系的看法，是感情会随着时间的推移而逐步加深。

“一日夫妻百日恩，百日夫妻似海深。”传统民间流传的俗话，有的确实是对的，有的则有些不符合这个时代。像这句话，就是一个非常霸道的结论，是一个“黑箱子”。为什么会“深”，没人知道。

其实，细细分析你就明白了，这句话是工业革命之前的模式。人们结婚很早，就算是包办婚姻，十八九的姑娘、小伙子初识男女之情，三个月左右正是感情好的时候，而且还没孩子，负担也没有那么重。

很多感情会在六个月到一年的时候开始变复杂，一些不安全感十足的人，会在这个阶段谋求分手，结束关系。

有没有让感情更稳固的办法？

有。那就是：做减法。

需要强调的凡人原则

大家还记得《渔夫和金鱼的故事》吗？渔夫的老伴向金鱼提了几个要求：

一个新木盆

一个木房子

当世袭的贵妇人

当女皇

这些都被金鱼满足了。最后，老太太的要求是：

“我要当海上的女霸王，让金鱼随时伺候我！”

提最后一个要求的时候，金鱼拒绝了。这件事告诉我们，即使是各路神仙，也很难满足一个人的全部要求。

更何况，我们是必死的凡人。

“凡人原则”，就是不要相信一个一直统治你的人会明白“适度”二字的意义。这就要求我们要克制欲望，要做减法。只有在两个独立的人之间，才有“适度”。

如果你的伴侣在各方面得寸进尺，不要觉得你尽力满足就可以了。你会很快被对方拖垮。如果你陷入爱情中晕头转向，记住至少把握以下两条：

1. 看好自己的钱；

2. 不随便牺牲自己的事业。

爱情如果要仰仗另一个人的慈悲，是随时可能被对方收回的事物，那它就是身外之物。

能力、本事在自己身上，怎么也拿不走，这些才应该是好好锤炼和珍惜的。

顺便说一句，《渔夫和金鱼的故事》里的老爷爷是个典型的“妻管严”，由着他老伴肆意妄为。其实，他只要跟金鱼说一句就可以了：“我要我老伴此后每句话都听我的！”有神仙撑腰，还不及时做减法，真是注定穷苦一生。

永远有效的夫妻公平原则

2007年，美国的皮尤研究中心曾经对几百对夫妻做过一个满意度调查，他们发现排在前三位的品德是忠诚、和谐的性关系和分担家务。

大多数人会把注意力集中在“家务”上，然后得出的结论是，家务是非常重要的。这有道理，但是我希望大家注意“分担”二字。

我们仔细看一下这三个品质，忠诚、和谐的性关系和分担家务都是两个人相互的事。

三件事都遵循的，就是保持婚姻幸福的超白金原则“公平原则”。这个原则是1978年哈特菲尔德等人发现的，他们的总结是：

“你和你的伴侣从感情中所得到的应该和你们双方各自投入的成正比。”

所得相同，贡献也就应该相同，否则一方就会觉得不公平。婚姻中常见的“挣得多的人说话更有力”，其实就是公平原则的一个表现，这不是什么势利眼。

如果伴侣之间有一方觉得这段关系已经不公平了，这段关系就会很快变得紧张。紧张的关系会加剧不公平的感觉，最后就只能分手了。

如果你已经感受到了不公平，那就尝试着把伴侣要你做的事情列一个清单，来做减法：

> 让我经济上损失太多的；
> 让我精力上劳累过度的。

这两条的任务逐步减掉，从那种对方觉得可有可无的任务开始。

腾挪出自己的时间，让自己的精力慢慢变得充沛，你的不公平感就会变得淡一些。你可以用一些不同的抚慰法去弥补对方的损失，要记得前文提到的替代和补偿两个原则。

重要的事要开会讨论

家庭间的沟通有两个重要工具：

谈谈好吗？

我们要开个家庭会议。

我小时候看美剧《成长的烦恼》，剧中的爸爸是个精神科医生。他经常会希望跟他的家人，尤其是儿女谈谈。那时候，我觉得非常新奇，因为各家的孩子都是接受命令和任务的，后来我才明白这是高明的沟通方式。现在，大多数夫妻都可以接受“谈话”了。

大家对家庭会议的接受要更难一点儿。我第一次参加的家庭会议是我舅舅主持的，谈论的是我姥爷去世之后的财产分割问题。我那时候上小学六年级，也列席了这个会议。

开会是一个比较正式的沟通方式，你们可以设定一个会议的专属区域，每次有正式的讨论就到那个位置去，增加一点儿仪式感。

做减法可能会损害对方的利益，所以在做之前，最好是正式和对方讨论一下。

“我的老板让我未来六个月驻外工作，这个机会对我很重要。我希望能去，但是我也很舍不得和你分开这么久，我希望和你讨论一下我们的应对措施。”涉及重大的开销、分离和关键决策的时候，要坐下来开会讨论。

我们每天各家公司里都要开会，但是大多数人还没有在家庭中用会议解决问题的习惯，开会的效率也偏低。

小家庭会议和大家族会议不同，大家族会议最好是采用中国式会议方式：先会下一对一商量，摸清楚每个人的态度再上会讨论会更好。这叫“摸底上会”，许多机关、事业单位和大公司都会用这样的办法。

躲开烂桃花

我们说过，不要试图在职场上收获友谊和爱情，尽量不要在公司谈恋爱。婚外的感情可能会满足人的一些需要，但大多数都只会让人身心俱疲，所以千万不要去碰它。

如果真的深陷其中，也请牢记一件事：千万不要再开始第二段婚外情，这是很多祸患的根源。

感情中的减法，目的是变强。时间腾挪出来，放一点儿在成长和事业进步上，收益拿来回报伴侣，伴侣会更加支持你。什么是强大？就是很多很多的人相信你能把事做成。

如果你前景甚好，总在赢，你在伴侣那里就能够获得更多的支持。如果你目前的局势不佳，不要逞强，最好听听伴侣给你的建议。

你腾挪出来的时间一定要放在变强这个正途上。如果挥霍在无所事事上，不如多分时间给伴侣和家庭。

陪伴所爱之人，从来不会丢人。

不知道自己追求的是什么，没头苍蝇一般瞎撞，才是真正的脆弱。

为什么不能收走老公的工资卡

夫妻俩最好各管各的钱。有人会问我："为什么啊？"

细细想想以下三个问题：

> 主要收入来源是谁（用百分比表示）；
> 由谁来保管财产；
> 投资决策谁来做。

结婚之前，最好就这三个问题达成一致。

最差的一种方式就是，女人把男人的钱拿走，只留一点儿零花钱。我管这类家庭叫"妻子所有制家庭"。更要命的是，有些愚笨的人，总是认为这是自己实力的表现，在朋友圈里还炫耀此事。

有一些明白人，不会当面说，会评价说："男人的怨气会压着。"其实，情绪真的只是一方面，关键是一个男人、一个家庭的黄金十年都可能这么被毁掉。拿走他的全部工资（可能只有8000元），让他不思进取，十年后挣8000元划算，还是请他上交3000元，挣得多了都归他，让他积极参加培训班、接私活儿挣钱，两年后月入20000元，交给你10000元划算？

没收老公工资卡的严重后果

如果老公是个领导干部，不花钱，也不知道自己挣多少钱，那工资卡上交是可以的。如果老公是个工薪族，那一定不要这么做，不然后果会很严重。

觉得不公的男人会厌倦工作，根本没有挣钱的动力。

人需要激励，努力工作之后，一杯啤酒、一台最新款的游戏机，都可能成为犒赏自己很好的礼物。

把一个人的收益全部剥夺，给一点儿早餐、午餐的钱，这是奴隶社会的做法。自由人比奴隶的效率要高得多。考古学家过去看金字塔，总觉得应该是多少奴隶用血泪换来的，后来挖出一个工人房的遗址，发现工人们的“宿舍”很宽敞，还有娱乐设备，吃得也不错。努力工作这件事只能利诱，不能威逼。

缺钱会让男人无法完成必要的社交。

一些同事出去吃饭的场合，不请客没有任何问题，如果 AA，你还显得为难，下次大家自然就不叫你了。如果是家庭有困难，大家一般都能理解。如果是媳妇的“家教”太严，大多数人都会觉得你是一个沟通能力很差的人。

怕老婆的同事更容易受欺负，不过也有例外。一个公司里，领导要把一个人派到高原上去工作。这个人的老婆大闹了一场，闹得领导胆战心惊，只好换了别人去。

缺钱会让男人养成一些不适合自己年龄特点的爱好。

有些爱好是挺花钱的，比如玩手游、打牌、喝酒。有的爱好就挺省钱，比如下棋，下象棋不花钱，现在修车摊少了，过去那儿就是棋友会。不过，现在在 QQ 上下棋，几乎没有花费。

还有的爱好多少能赚点儿，比如钓鱼。我也喜欢钓鱼，但一直是小杂鱼杀手，看许多高手在河边钓鱼，带着俩糖饼坐一天拎回去的鱼四斤高高的，还能省菜钱。然而，这种爱好是 45 岁甚至 50 岁，事业上稳定了，没啥大变化了的爱好。对年轻男性来说，如果对这两种爱好入迷，基本就算是职业报废了。

没钱他怎么给你送礼物。

我曾经遇到一个妻子的求助，问我说为什么她和丈夫的关系没过去谈恋爱的时候好了。我说："表现在哪里呢？""过去节日他都送我礼物，现在都不送了。""他的钱谁管着？""我管着。""那他哪里来钱？去抢吗？"我有一次遇见一个某 APP 的司机，兼职开车，说工资是媳妇管着，晚上出来开车挣零花钱，不想早回去，回去就心烦。

这里要多说一句，夫妻之间的很多问题，是可以靠钱解决的。钱在他手里，你可以定规矩。我知道有的企业，工资很高，但是犯错了要扣绩效，要求又苛刻，所以很多人都拿不到全份工资。

控制欲出战争，钱能买和平。

对男人来说，我鼓励你们一定要把钱拿在自己手里，有的人不善理财，或者畏惧自己的老婆，其实钱的妙处很多。

比如，婆媳矛盾无法根治，除非丧母、丧妻或者离婚，钱却是缓解婆媳关系的好东西。我经常说，婆婆和媳妇有矛盾，要让一方得面子，一方得实惠。

你月入两万元，把工资卡交给媳妇，然后对她说："不许你这么冲我妈吼。"她会听你的吗？如果你手上有钱，你对她说："今天受委屈，辛苦了。上次你看上的那件九千多元的大衣，明儿咱们过去买下来。"人能改变吗？当然能了。觉得难？谁告诉你说服只能用嘴的？用钱更好嘛！

"女人要攥住钱"的错误思想从哪里来

回想一下自己的初恋，是在小学高年级还是初中？

校园里的恋爱，大多数情侣都会自己花自己的钱，有的时候会通过礼物这种方式产生经济联系。小时候不追求对金钱控制的女性，为什么长大了会决定控制男人的金钱呢？

错误思想不是从天上掉下来的，她一定是受了一些影响。

1. 父母

父母的管钱方式会影响子女，所以，如果你的女朋友建议结婚后把工资卡交给她，那么恭喜你，你可能会迎来一个强势的丈母娘。

大多数女性都已经知道抵制“妈宝男”了，但“妈宝女”的危害大多数人还无法理解。有的男生喜欢这种“妈宝女”，尊称为“乖乖女”，认为这样的女性会比较保守。其实，“妈宝”不分男女，因为背后站着的都是同样苛刻的妈妈。

大多数主张女儿管理工资卡的丈母娘都算着这笔账：

“管钱能减少婚姻崩溃的概率。”“就算崩溃了，女儿手上还有一笔钱。”

2. 朋友

同龄人之间往往也会互相攀比，看谁对老公的管理能力强。有些女性会把这种闲谈太当真。要知道，有些人是会吹牛的。如果真用某些管理经验去对付自己的老公，婚姻的质量会迅速下降，最终走向崩溃。

无论是父母还是朋友，提出这个提议的女性大多数都是“容易被忽悠的人”。这种人有些是社会经验不足，但大多数是性格有缺陷。

如果有好的家庭背景或者工作平台，“容易被忽悠的人”也能有比较高的经济地位或者社会地位，不过大多数人都处在社会的底层，受教育程度不高，收入也不高。

换句话说，非要你的钱，说明她见识上比较短浅，受教育程度高，家庭背景也好的女人很少会追求控制丈夫的收入。

其实，可以参考的是中年人和老年人的再婚或者续弦。我经常对大家说，要做人际关系上的成年人。再婚者中的大多数都是各挣各的，各花各的，老年人再婚尤其如此。拿到结婚证或者披上婚纱不会让一个人变成成年人，理解婚姻中的尊重、公平和平等，这才是真正的成年。

习题

看完这篇文章，一位丈夫决定要回自己的工资卡。这时，他应该做的事情不应该包括：

A. 盘账，清点电子账单或者去银行打账单

B. 赎买，许诺更高的回报，申请把工资卡拿回来

C. 挂失，直接办新的卡，从此不给女人了

D. 说服，跟妻子沟通，告诉她这件事的利弊

正确答案：C。

挂失这件事太直接和粗鲁了，我确实说拿着男人的工资卡弊端很多，但我也说过，能用钱解决的问题不要争吵。

用分成模式的方式说服妻子，是一个很好的主意。有个别情况，夫妻一方可能是要接手对方的财产的。比如，酒精依赖、吸毒、精神疾病等。

躁狂是双相情感障碍的一种表现，躁狂期的病人可能会大把花钱、拼命举债。这种情况下，配偶可能要负担起管控财产的任务。

婆媳有了矛盾，为什么要向着媳妇

有人跟我谈到婆媳关系时说："我们要和父母同住，我当然要向着我妈了。"为什么向着你妈，是一件"当然"的事呢？人不是应该讲道理吗？因为自己的基因来自这个人，就无条件地向着她，无论对错，这样真的没问题吗？

这是不少儿子容易陷入的误区。你经常会听到一些小饭馆里酒兴正酣的男人硬着舌头逞强："我——就跟你嫂子说，你跟我说什么可以，你要惹我妈！就！就不成！"气焰十分嚣张。"挟老妈以抗老婆"，背后站着千百年来的封建思想。不说婆媳关系没法治愈，夫妻关系很快就会磨损并走到尽头。

在妈妈眼中，什么样的儿子才是孝顺的儿子？

1. 照顾好妈妈的生活，不让她物质上有匮乏；

2. 照顾好妈妈的精神生活，不让她精神上空虚；

3. 兄弟姐妹（如果有）和睦，不让老太太担心。

注意！在一个孝子的 KPI 中，不包括"让妈妈来管家"！

当然了，大事上妈妈的决定权还是很重要的。

不要让妈妈当你们的家

我告诉各位男士：不要让妻子拿着你的银行卡。同时，我还要告诉大家：不要让妈妈把握家里的行政权。

母爱非常伟大，也相当自私。懂事的女朋友或者妻子根本就不会问"我和你妈掉水里……"这么愚蠢的问题。但是，即使受教育程度很高的母亲，也会问出这个问题："儿子，等你长大娶了媳妇，会不会忘了妈？"真是对男性的诅咒。

你那会儿可能是三四岁吧？你把拖着的鼻涕擦一擦，暗想："媳妇是什么？好吃吗？"没概念！于是，你义无反顾地保证："我肯定向着妈妈！"

时过境迁，三十年后，你结婚了。妻子成为你生活中最重要的合伙人。你要放心地让妈妈变得像一个退休老领导，敬爱她，听她的一些建议，但绝对不能把她看得比妻子重要。

一个男人认为"肯定向着妈妈"，那是心智上仍然像个孩子的表现。

婆媳同住家庭的权力结构

婆媳之间有矛盾，一定要站在自己媳妇的一边。从古至今的愚忠、愚孝，都是做给别人看的。一味顺从自己妈妈的儿子，婚姻破裂了，最发愁的还是老太太。我认识一位老太太，跟媳妇争吵导致儿子离婚之后得了抑郁症，整天话都不能说了。其实，击倒人的不是做错事，而是事情做砸了之后袭来的无处可逃的自责。

大多数不同住的婆媳恩怨都是可以忍耐的，真正发生问题的，是婆媳同住的家庭。这种家庭里，媳妇本身就是一个外人，如果儿子不给她支持和支撑，那格局很快就会变为：一家三口和一个媳妇。

如果你向着自己的妈，媳妇会感受到自己的无力和被剥夺感，自己的丈夫不支持自己的话，这个家庭是没人支持自己的。

婆婆是恩怨当事人，总不可能老公公和儿媳妇打成一片吧。但是，如果儿子和媳妇联手，这个家庭是两个分公司组成的——老两口和小两口。有一个搭档，两个人一起双打，感受上就好多了。可以应付各种困难，这才是正确的相处方式。

婆婆的幸福感从哪里来

小夫妻最好不要和公婆一起住，中国最多的住房是两居室，不是没有理由的。家庭生活就应该是夫妻俩或者三口人。

《我爱我家》的编剧和导演从根本上回避了婆媳关系——这个家庭的老太太去世了。因为如果描写婆媳关系，怎么样都会被群众批评。一个喜剧里不应该有婆媳关系，婆媳一起住，已经是半个悲剧，剧情就奔向《中国式离婚》或者《双面胶》了。由于一些原因，有的婆媳还要生活在一起，比如：

小夫妻没房，暂时也买不起，为了节省房租就和父母同住，付出的成本可能会很高。

不如换个钱多的工作或者争取加薪，然后搬出去住。可以和父母住得很近，但是不应该在同一套房子里。如果住父母家，男人要明白，你和妻子都是父母的房客，你不是这家的大少爷。

最好夫妻两个人不要都挣很低的固定工资，应该有一个人的工作能挣计件、绩效、提成，至少有一个人可以多劳多得。和父母短暂合住可以，不要让这件事长年累月地持续下去！

婆婆丧偶或者离异。心理学家们研究了许多老年人的情况，发现子女在不在身边，跟幸福不幸福根本没什么关系。

子女根本就不能给老年人带来快乐，反倒是有老伴儿的人会比较快乐，健康的人比较快乐，有朋友的人会比较快乐。所以，要鼓励婆婆参加广场舞这样的集体活动。许多老年朋友在一起，大家的生活质量都能提高不少。此外，许多失去配偶的老年人面临的一个问题是经济困难，两个人的退休金比一个人的多，尤其是男性退休金一般来说比较高。当失去了老爷子的退休金之后，老太太的经济问题需要儿子来考虑。你要给老太太筹划她的养老问题，不让她被骗子坑骗。

有固定和稳定的收入来源、有一群同龄朋友，老太太的生活质量就会很高。

相反地，如果单纯地依附于儿子，甚至可能需要儿媳妇补贴，那婆婆和儿媳的心态就会发生变化，大多数的冲突都是从钱上不公平开始的。

如果婆婆在小两口购置婚房的时候出了“大头”，那这种跟着儿子一起住的要求很难被拒绝。这时候，儿子应该尽量改善他们的居住条件，比如换租更大的房子，或者用租同一小区里另一套房等方式来解决可能的纠纷。

老破小、脏乱差的出租屋，会让所有人更容易增长负能量，还容易情绪激动。

婆婆要帮忙带孩子，就尽量把专业的事情交给专业人士去干，比如照顾产妇，尽量用月嫂。

月嫂一般一两个月后就会走，月嫂走了，马上请保姆。

如果非要老人来照顾产妇，那最好把这个任务交给丈母娘。生产后的女性由于雌性激素等原因，心理上容易出现问题，容易抑郁和暴躁，跟身边的人起冲突。丈母娘受点儿委屈，可以原谅女儿，婆婆基本就要埋怨儿媳妇一辈子了。

别相信婆媳之间的友谊和真情，在那个特殊时期，过去的欣赏都会很快完蛋的。不要挑战规律，冒那种风险。

孩子上幼儿园之后，夫妻双方都可以松一口气，幼儿园阶段是父母全力忙事业的好机会。

大多数家庭在小学阶段还需要老人帮忙，许多城市里搞素质教育，低年级的孩子一星期有两天上半天课，平时下午两三点放学，家里有老人接孩子会放心许多。

是不是已经决定请婆婆出山了？等等，老爷子怎么办？就这么放在老家了吗？

这是许多漂泊在北上广深的青年容易犯的错误。如果妈妈带孩子的战斗力是 10，那爸爸的战斗力可能只有 2，把爸爸扔在家里跟叔叔、姑姑搭伙儿似乎效率很高，带到小家庭这边似乎还碍手碍脚。

这样想是不对的。如果爸爸在生活上基本都依赖妈妈，那就让妈妈在老家陪他，不要分开老两口。

你付不起保姆费就拆散别人夫妻？哪有这样做事的。

不要因为那是你爸妈就觉得没关系，不要觉得他们老了，无所谓了。他们是两口子，一样会彼此想念，不在彼此的身边，他们会不习惯。

现在的人营养好了，衰老速度减慢了，65 岁之后仍然有性生活的夫妻很多，分居会带来各种不确定的风险——这不是开玩笑。当然，老年人也会有外遇、离婚的问题。

因为带孩子，老太太感受到疲倦或者压力，是不会怨恨儿子和孙子（孙女）的。这屋里就一个外姓人，她只会怨恨儿媳妇。

婆婆带孩子是非常昂贵和奢侈的，你必须考虑这些隐性成本。如果没有实力处理好老夫妻的生活安排，最好还是老老实实地雇人好了，后患要少得多。

钱是好东西

我们拆分了几种婆媳同住的模式，最终发现了一个真相：钱能解决大多数的婆媳纠纷。所以，男人的担子特别重，要把钱拿在自己手里，全给媳妇固然是不行的，但全给亲妈，是万万不行的。婆婆和儿媳妇有了冲突，可以让儿媳妇给婆婆面子，同时给儿媳妇送礼。一边有面子，趾高气扬；一边拿到了礼物，“闷声发大财”。

我说男人要站在妻子一边，就是这个道理。妻子和孩子是真正的家人，父母虽然和配偶、儿女一样也是遗产的第一顺位继承人，但重要的话说三遍：

父母是两口子。

父母是两口子。

父母是两口子。

两口子应该比与成年后的儿女、比自己与父母的关系要更近。

套用一句人们爱用的大俗话就是：“你老了瘫在床上，谁管你啊？”这个问题的答案，就是你最需要在乎的那个人。对父母来说，老伴儿是在校生，儿女是毕业生，当然应该是在校生更需要关心。对成年的儿子来说，父母是老领导，妻子是现任领导，当然是现任的领导更重要。为什么我对老实人的评价比较低，就是因为老实人对“套路”显出一种漠不关心甚至是清高的厌弃，他们很少愿意去琢磨这种家庭内的平衡。在出了问题的时候，老实人往往又会突然想起童年时期妈妈的召唤，认为娶了媳妇忘了娘是特别罪恶的行为。让自己的妻子受气、吃苦，却不知道如何去安抚和补偿。

做老实人的妻子，最终的解决方案就是把老实人的钱攥在手里，跟婆婆硬碰硬。这是最恶劣的一种家庭关系了。

如果你是一个对人际关系疏于研究的人，最好现在就开始。

矛盾缓解了，就是双赢

之前讲不要拿走老公银行卡，提到了一句：“婆媳矛盾无法根治，除非丧母、丧偶或者离婚。”有人跟我说：“熊老师，你这么说让我太绝望了，不能根治的话，还结婚干什么？”

有好多病都不能根治，比如，糖尿病、冠心病、艾滋病……但是，有些不能根治却可以控制。控制好了，病人的生活质量可以很高。婆媳关系也是如此，大家会有恩怨，但是可以互相容忍。对女性来说，婆媳关系的影响可能会在成年后持续终生：现在的一线城市里，女性的平均寿命接近 80 岁。一位女性 30 岁结婚，到 50 多岁的时候，婆婆也许才不在了。而这个时候，你的孩子也将有了媳妇，或者去做别人家的媳妇。一个新的轮回开始，只是我们扮演的角色不同。

奇妙吗？地球上生活过上百亿人。他们之间可能有上万亿段关系。有的妥善地处理了，有的引发冲突甚至造成了战争。我们生活在和平年代，可以平心静气地研究婆媳、母子和家庭关系，实在幸运。

习题

婆婆在你们生活的城市帮助你们照顾孩子，但最近觉得想家和水土不服。这时，正确的方法不包括：

A. 请婆婆下馆子，想吃点儿什么就吃点儿什么

B. 出钱送婆婆去旅游，问问她的老姐妹有没有正好也想出游的，可以一起去

C. 看看能不能夫妻俩请年假看几天孩子，让婆婆回老家，或者接公公过来团聚一段时间

D. 辞职回家，跟婆婆一起带孩子

正确答案：D。

A 和 B 都是常规方案，贿赂婆婆是很好的办法。B 比 A 更好，当然也会花不少钱，朋友之间一起玩会更好。C 的做法很有意义。

辞职做全职妈妈确实是一个解决家庭问题的方案，但与此同时要让婆婆交出孩子，两个人带孩子一定会出问题。孩子同样也面临着困惑："我的 KPI 是什么，我应该向谁汇报呢？"大多数时候，提出这个提议都会被当作叫板和冒犯。婆婆会怀疑这是不是一种恐吓和威胁。如果不是深思熟虑的话，不要做这件事。如果决定做这件事，让老公出面去跟婆婆谈。

娶女强人，会引发婚姻危机吗

美国学者索斯（South）等人在 2001 年发现了一个听起来有点儿古怪的规律：职业女性的工作环境中有比较有趣的男同事，其离婚的风险要比家庭妇女高得多。

也许有人会觉得，有趣的男同事可能是女同事家庭的不稳定因素，然而工作本身，确实可能带来更高的离婚可能性。真正会和魅力四射的男同事发生办公室恋情的人并不多。

这个简单的现象背后隐藏的，是职场压力和婚姻危机这个大话题。

女性大规模进入职场之后，离婚率确实显著上升了。中国近 30 年如此，美国（20 世纪六七十年代）也是如此。

中国女性大规模进入城市和职场，也就是最近三四十年的事。到了今天，其实我们仍然没有真正接受“职业女性”这个角色。为什么女性进入职场之后，离婚率会上升呢？

工作的压力太大了

工作压力大会造成很严重的后果：

1. 工作压力会加剧夫妻冲突

美国婚姻质量从 20 世纪 70 年代开始下降，这也是女性大规模参加工作的时候。到现在，大部分美国女性在家庭之外都有固定工作。

美剧《辛普森一家》，讲的是一个爸爸养活一家人。在开播的时候，他们家还是典型的美国家庭，但现在已经被看作一个老派的美国家庭了。

2007 年的一项研究表明，妻子每星期工作的时间越长，她的婚姻质量就越低。

双职工家庭，做家务和照看孩子都会变得困难重重。同时，工作压力也会给夫妻关系带来影响。值得注意的是，这个研究还有一种可能，就是婚姻关系质量很低的情况下，妻子往往会倾向于出去工作挣钱。

2. 经济独立会增加离婚的可能

很多女性接受了高等教育，这让她们比传统的职业女性，比如秘书、打字员赚取的金钱更多，富有的女性将来更有可能离婚。

不过，这并不意味着娶一个收入很低的妻子就会让婚姻稳固。最容易离婚的家庭，是收入非常低的家庭，夫妻长期感受到经济压力，很容易离异。

经济独立不会怂恿女人离异，只是让那些过去离开男性就会生活艰难的女性有了更多的选择。

3. 男女共处的工作环境增加了潜在对象

在写字楼里的女性有更多接触男性的机会，她们更容易找到潜在的伴侣，这使得她们选择离异的概率要比家庭主妇或者在纯女性环境里工作的女性要高。

我们给彼此的压力太大了

女性普遍走出家庭，参加工作是历史潮流，无法阻挡。女性工作会给家庭带来更多的收入，给家庭必要的资金支持，尤其是在一对青年夫妇刚结婚的时候，这笔收入特别珍贵。

女性工作能够让她们接触到更多的人群，减少对丈夫的过多人际期待。

朋友、同事能够部分满足她的一些社交需求，而在家庭中，把所有的人际交往需求都寄托在一个加班回来身心疲惫的男人身上，显然是相当危险的，容易出问题。

这里要特别防备的是配偶的“社交过劳”。

出生在 20 世纪七八十年代的许多人都是在熟人社会中长大的，无论村庄还是厂区家属院，附近都是熟悉的人，这些左邻右舍和熟人往往让他们有比较高的社交需求。

但是，他们成年之后却要逐渐适应环境的变化——适应一个陌生人社会的挑战。我们不再认识社区中的大部分人，甚至不认识邻居。我们不再和父辈、和大家庭住在一起，我们很少在家里请客、做饭。我们的朋友圈更小、更封闭，这种社交需求可能都会转移到我们的伴侣身上，直接导致对方同时是：

孩子他爸、爱人、职场导师、司机、主要收入来源、修电脑的、心理治疗师。

或者，孩子他妈、爱人、课外辅导教师、保姆、厨子、重要收入来源……

这么高的期待，这么复杂的角色，从来没有一所学校教会我们如何扮演这样的角色。

最致命的一击还不是角色期待：人们渴望的婚姻除了幸福、温暖和有价值的伴侣之外，还要提供爱情。

“找一个最爱的深爱的相爱的亲爱的人，来告别单身。”——《单身情歌》中连着提了四次爱，我们太乐观了吧。要提醒一句：

父母一代的经验在这个时候并不适用。

其实，父辈也正在这个陌生人社会中学习。就像父母无法指导我们的工作一样，他们也完全不知道现代职业女性应该怎样处理家庭和生活的关系。

相反，我们会看见夫妻双方的父母把自己的一些观念强加给自己的子女。无论是公婆还是岳父母，过度的控制都会让他们成为夫妻关系的破坏者。

外界给我们的压力变小了

在熟人社会变成陌生人社会的同时，婚姻破裂的压力在变小。

在 20 世纪 80 年代的头几年，一个离婚者会成为左邻右舍的话题，他的孩子们也会被其他的孩子评头论足。但是现在，这种情况已经被看得越来越淡，人口流动性也很大，没有什么人会对离婚大惊小怪了，除非你是个人设为完美先生（女士）的明星。

此外，过去离婚被看作一种德行有亏的事情。也就是说，两个人的婚姻宣告结束，一定有至少一个家伙有毛病，或者俩人都有问题。但现在，大多数人倾向于认为“他们都是好人，只是在错误的时间在一起了而已”。

越来越多的人不愿意介入别人家的内部事务，这是社会的进步。看上去好像过去的旧方式能够避免许多婚姻破裂，但它造就了许多质量极低、彼此厌恶的婚姻，任何一方都没有幸福感可言。事实上，有些数据非常乐观，基本上支持一个振奋人心的判断：越强的女性，生活越容易幸福。

1. 收入高的家庭，离婚率并不高

美国 2003 年的一项调查显示，年收入超过 5 万美元家庭的离婚率仅仅是年收入低于 2.5 万美元家庭的离婚率的一半。

我们会发现，那些早婚、接受家庭相亲、执行“大彩礼策略”、比较贫穷的家庭，婚姻相当不稳定。

2. “高知”女性的离婚率不高

和那种女强人被丈夫嫌弃的电视剧情完全不同，现实生活中，反倒是受教育程度很低的女性更容易离婚。受过高等教育的女性，应对压力的能力（至少应对过高考的压力）更强，跟伴侣沟通、讲道理的能力也更强，跟内心丰富的人会有说不完的话。

如果对方和你同时在成长，那大家很难彼此厌恶。彼此嫌弃往往是一方成长了，另一方却在原地踏步，造成了实力的不均衡。

我们终生学习，努力获得更多的知识，正是为了让自己知识渊博和丰

富，加上对关系管理的重视，我们就能够有更好的关系。

至于有些人认为女强人会婚姻崩溃，其实是一些人先入为主的一种偏见。每次他们听说了这种案例，就会立即搜集更多这种案例来支撑这个观点，他们根本想不到那些幸福的例子。

如何认识离婚

美国有着全世界最完善的婚姻调解员制度。中国的调解员（以及一些干涉离婚事件的亲朋好友）一般会致力于“挽救婚姻”，但是美国的社会学、心理学或者法学背景的调解员则是致力于“减少损害”。

事实上，他们用婚姻教育的方式，来让夫妻双方接受婚姻破裂的现实，希望他们能够理性地对待子女抚养和探视的问题。

著名的绘本《我的爸爸叫焦尼》，描绘的是一个离异家庭的儿子在爸爸探视的时候，怎么开心地享受那一天。这是一个催人泪下的故事。

一般来说，如果夫妻双方一直平静而恩爱，突然离婚会让孩子受到比较大的打击。但是，如果夫妻长期争吵，不离婚对孩子的伤害反而会更大。所以，如果长期发生冲突、暴力、冷暴力，就不如赶紧离婚。

有的时候，彼此放手，才是慈悲。

爱他，就不要任他“宰割”

爱的真相

我把夫妻（或情侣）类型分为三类：

1. 摔跤型

摔跤型夫妻的关键词是控制。电影《摔跤吧！爸爸》里，摔跤比赛中，平分的时候会进行“搂抱”：一个人进攻，一个人防守。进攻的人要控制住对手，防守的人会趴在地板上拼命反抗。这就是很多夫妻（或者情侣）面临的局面。

如果你让施爱者来说，他的表达是这样的：“我要深深进入你的生活，我管这种耳鬓厮磨、同生共死叫爱。”但是，如果让受爱者来评价，他的表达是这样的：“他确实很爱我，但他的爱太沉重了。”“她确实很爱我。但她太缺乏安全感了。”大多数人把这看作“用情太深”“爱得太重”，因为我们不愿意承认，这其实不是爱，而是控制。

权力就是我能让你做事情，无论你愿意不愿意。控制就是争夺和施展权力的行为，这根本就不是爱。

男方的控制和奴役往往是实施家暴。

控制者一般都不是坏人。如果你的配偶是控制者，很可能和他的过往成长经历有关系，但我们还是强调：分析“原生家庭”能让我们更好地认识自己，但单纯怪罪于“原生家庭”，并没有任何用处。

2. 共舞型

共舞型夫妻的感情可能更接近于爱。

爱应该是一种彼此舒服的相处模式，像交际舞，有进有退。大家有一种默契，谁也不会踩到谁。一个好消息是，现在这样的家庭在增多。

我的父母那一代人谈及这种分寸感极好的家庭的时候，会觉得非常新奇。这种相处之道，往往存在于一些受过高等教育的夫妻间。

其实仔细分析会发现，高自尊的夫妻间才可能有比较好的分寸感。高等教育的推广和家庭规模变小，让越来越多的夫妻可能采用这种模式。

3. 冰壶型

这种夫妻的情况很糟糕，就像冰壶比赛。这项比赛多的是内心戏，一个冰壶推出去，俩人紧锣密鼓地在前面擦冰面，我的冰壶就是要砸开你的。

冰壶型的夫妻也是如此，彼此轻蔑，互相保持冷嘲热讽，无法亲近。这种夫妻表达上存在问题，也很难相爱。冰壶型夫妻容易嫉妒彼此，而且不是性嫉妒，而是典型的成就嫉妒。见不得对方的好，一起穷着反而没事，有一个人进步，另一个人就一定要出手干涉。

婚姻会把他们变得格局小，关注的事物也会特别琐碎。爱不是受对方随意摆布，也不是互相竞争和拆台，爱最接近和对方共舞。

亲密关系共舞是怎样练成的

共舞离爱可能是最近的，但是共舞这种状态的达成并不容易。共舞有什么特点呢？

1. 有固定的剧本

如果你想要和伴侣起舞，就要给他一个非常好的剧本。舞蹈里可能是约定进步、退步、起跳、转身，在生活中，就是彼此的条条框框：

钱怎么用？

春节去谁家？

不要在亲戚家留宿。

不翻彼此的手机。

……

写出剧本才不会在跳舞时踩对方的脚。我们想想什么运动没有剧本，上来就随机应变的吧：拳击、柔道、摔跤……夫妻生活就应该是有剧本的，大家都要演好自己的角色。想要绝对自由、只重视自己的感受，是否走进婚姻一定要慎重考虑。

2. 反复的练习

舞者的舞姿非常优美，但是练习是枯燥的，可能要被踩脚，可能会有争吵。不要害怕这种争吵、冲突。在一段亲密关系开始的时候，一定要有冲突，没有冲突是不对的。

所有共舞，无论是拉丁、探戈，还是双人滑，都是从紧张的冲突和失误中诞生的。这个练习的过程可能是一两年，可能是三五年，也可能是几十年，还可能根本就是失败的。

我们要提醒大家：共舞型夫妻不是不会离婚，只是大家分手的时候会相对比较平和。就像运动并不会让人不老、不死，但是经常运动的人，一般都会老得慢一点儿。

3. 不回避的心态

有的人脚型比较特殊，很难挑到合适的鞋子。我有个朋友就这样，得去店里定做，很麻烦。

如果鞋子不合脚，想要合脚有一种办法：对脚狠一点儿。

前几天，穿上这双新鞋，感觉到不适，忍着再穿几天，这双鞋子就被“磨出来了”。如果穿半天就不穿了，下个月再穿半天，那就永远是一双不合脚的鞋子。

所以，夫妻间的冲突不能回避。一方如果试图控制，另一方就要尽可能地摆脱。配合独立和减法两组攻略，尽可能地去和对方磨合。

人是怎么被“宠”坏的

如果一个人可能被宠坏，那一定是“宠”人的人认识上有极大的误区。

如果你让伴侣“随便做什么都可以”，对方一定会很快就拥有了家里的最高权力，凌驾于你之上不说，出去也容易和别人起冲突。

所以，正确宠爱一个人的方式是这样的：

我不会让你为所欲为，我会把我希望你做的改变提出来。

但是，我会努力给你更多：我会给你更多的钱或者礼物，我会给你更多的情感支持，我会更重视你家人的感受，我会更和声细语地跟你沟通，我会对你更加温柔。

我会让你跟我在一起，比你可能找到的其他大多数对象要幸福。

对了，我要提醒大家的一点是，道理学会了后，不要和人性作对。

如果你遇到了一个人，就好像被雷击了一样对他沉迷，你觉得幸福无比，希望任他“宰割”的话，那就忘了独立、减法等攻略，尽情去享受你的爱情。

不过，试着在三个月后回到我们的攻略里，好好想一想：如果要和对方长久地在一起，就必须改变无条件“投降”的局面，不要任人“宰割”，尤其是谈婚论嫁的关系，要重启一个“驯化”对方的过程。

不顾一切的爱，一辈子最好就一次，这就是我们本书的主张：吃亏、上当只此一次。这种浓烈的爱就像出疹子，越早越好。

我见过很多精明而富有智慧的人，在中年甚至老年时陷入这种浓烈的情爱，让各方都尴尬，他们自己付出的代价也很高。

这就是钱锺书说的那句：“老年人陷入爱情，就像是老房子着火，根本没法救。”

正确而聪明的做法可能是像《乱世佳人》里的白瑞德那样，他对事非常精明、富有智慧，却忍不住为了南方这块土地而上了战场。

同样地，他对斯嘉丽冷嘲热讽，却深深地爱着她，这就是宠爱。这种爱有个巨大的问题，就是他回避对抗、回避磨合的过程。他不愿意起冲突，这让斯嘉丽变成“随便我做什么都可以”的性格，最终导致白瑞德耗尽心力，两个人的关系也走向了崩溃。

不过，白瑞德毕竟是个明白人，他发现了这一点后，决定离开。

这就是我们说的，一辈子可以傻一次。最好一辈子只为一个人傻成这样，别两次掉进同一个坑里。此事后（此情后，此人后），我不再有任性的资格，我会追求共舞爱，找到真正合适我的爱人。

异地恋如何不陷入绝境

异地恋是一种非常折磨人的恋情。异地恋的两个人结婚之后，还要面临特别现实的问题：两地分居的夫妻，一方（往往是女方）要独立抚养孩子。一个民族的早期神话往往是非常有深意的，尤其是英雄神话。中国重要的古代英雄就是大禹，大禹天天在治水，三过家门而不入。他的妻子涂山氏（女娇）自己在家带孩子，这个孩子就是“启”——传说中夏朝的第一个君主。

西方人的故事，聚焦在我。东方人的故事，聚焦在国和家。在中国的神话里，人们对牺牲了小家庭的人非常偏爱，甚至愿意把国家交给他们。

还有一种传说在历史教科书里没有提到，有一种说法是：禹变成了一头熊，在工地上搬石头，涂山氏跑了几百里地去看他，没看见丈夫，却看见了怪兽，心里害怕。禹在后面追，妻子就变成了一块石头。巨熊拍打着石头，怒吼：“把儿子给我！”（你们看男人心里想的是什么。）石头裂开了，孩子好好地在里面。禹抱孩子，看着石化了的妻子，不知道是喜是悲。

这个神话特别无奈，但可能比上面那个“三过家门而不入”的故事更加真实：

> 一定有一方认为自己的工作比对方更加重要，一定有另一方会为这段关系做出牺牲。工作的一方会给这段关系施加压力（巨熊拍石头），另一方则最终会付出惨重的代价，沦为生育和抚养的机器。这种关系里，双方都没有赢。

故事里付出的一方一般只要求给予，不要求同等的回报，或者他们感到从自己的给予中得到了回报。异地恋里，最终大家会做出一个评估，判断两人中的哪一方工作更为重要，不能放弃。在中国，大多数最终被判断为“更重要”的，都是男方的工作。

付出方现在只有两个办法：

调整自己的工作，尽快结束异地状态。

接受异地状态，像涂山氏那样自己养育孩子。

如果不能迅速使用第一种方法解决问题，那也应该尽可能地缩短第二种方法的时间。

如果你遭遇异地恋带来的压力，详细看看以下这个小清单，或许对你会有帮助。

跟你的配偶寻求解决方案

很多异地恋或者两地分居的朋友会问我：“熊老师，我该怎么办？”我总是跟他们说：“这件事最重要的是和你的伴侣一起回到谈判桌上。”如果你们是刚刚开始相处，最好尽快确定在哪一方的城市发展，然后另一方寻求在那座城市的发展机会。不要等孩子 3 岁（入托）甚至 6 岁（上学）的时候才开始做这件事，难度会增加。

如果女方要换工作，在那个时候会特别难——用人单位往往会考虑女性生育和养育孩子的问题。所以，如果确定一个人要换工作，就要趁早。

关于体制内工作

大多数不愉快的异地恋都涉及一个体制内，两个人的工作都有编制，走跨地区的调动几乎不可能。这样一耽搁，就会耽搁好些年。

这种局面没有更好的解决方式，双方应当尽快评估出哪一方更不应该放弃工作，另一方要做一些让步，尽快团聚会让你们的生活质量好一些。

对等牺牲原则

大多数异地恋最终变成女方牺牲的局面。

雷贾德·戴蒙德是一位人类学家，他有一本非常好的书叫《枪炮、细菌与钢铁》，另一本小册子也很有名——《性趣探秘——人类性的进化》。这本书里讲到他研究了为什么大多数动物都是雌性养育子女——因为怀孕和抚养对雌性来说成本太高。换句话说，你已经在怀孕和抚养上牺牲了太多，这是割舍不下、放不下的。

这可以解释为什么大多数家庭里妈妈养育孩子都会付出很多精力。当然，有一些家庭里，男主人会分担家务，但是更多的时候，妻子会让丈夫去挣更多的钱回来，改善家庭生活，或者取悦女性自己（买包包），这是另一种对等的牺牲方式。

异地恋家庭也是如此。如果给予一方付出很多，那最好另一方在别的方面付出多些，给一些弥补，这个异地恋的模式就可以延续下去。但是，我还是建议，尽快想办法团聚，不然各种问题就会随之而来。

只倾诉，不抱怨

异地恋的故事里，给予者有的时候喜欢抱怨给别人听。不了解这种模式的朋友，往往会上来劝说：“那就赶紧想办法把工作调回来（调过去）吧。”也有的人会更决绝：“不行就赶紧换一个（伴侣）吧。”这都是得罪人的建议。

一个跟你抱怨的异地恋（两地分居）的朋友，根本不是想寻求你的意见，那些意见他在开始这段关系的时候就明白，他只是倾诉一下，让心里好受一点儿。你这种意见他即使听了一百遍，在你说出来的时候滋味也会不同，他可能会感觉受到了冒犯——原来你也不理解我呀。

他的生活就是牺牲故事，他从付出中收获的感觉特别好。有人说这是受虐狂吗？不是的，这更接近于“殉道者情结”。

强迫演下去的牺牲故事

大多数异地恋都是一种阶段性状态，这也是为什么我会建议最好早做筹划。随着子女养育问题的出现，大多数异地状态都会得到缓解或者解决。但是，必须要有时间表，这是诚意的表现。

如果付出一方已经对异地状态和自己的付出厌恶透顶，另一方虽然感受到对方的不满却不准备做出改变、回避冲突的话，即使是一个很好的牺牲故事，最后也会走向崩溃。

钱

这件事一直都很重要，不过对异地恋的人来说，可能更重要。异地恋从经济账来说根本不划算，置办两套房子（无论是租还是买）、两套家具，成本很高。大多数异地恋想做出改变都是因为经济上有问题：A. 我到对方的那座城市去生活，会找不到工作（零收入）；B. 我到对方的城市去生活，会找不到现在这么好的工作（收入减少）。

这时候，应该趁分居状态有很多的时间，赶紧参加一些培训，增加自己在职业方面的竞争力，然后一鼓作气实现团聚。

遗憾的是异地恋的双方，可能对关系的稳定感到不安。我知道有的年轻人，下班回到自己的住处就要打开视频，一举一动都要和自己远方的女朋友共享，每天用 4～6 小时哄远方的女朋友。这样的话，什么时候用来学习和充电呢？

实　力

如果两个人做的都是体制外的工作，而且能力够强，异地恋根本就不是什么问题。到底多远算异地恋？如果双方分别在县城和省会，可能就是永远无法跨越的沟。

县城和省会是异地恋，北京和上海不是异地恋。

县城和省会之间有编制和工作藩篱，即使只有两小时的车程，也是异地恋。任何一个人的工作调动都会特别痛苦。

北京和上海不是异地恋，一个人如果有实力，在北京的某个行业中成为出色的人，那么他转去上海类似的公司并没有太大的难度。

一线城市中都是类似的情况，人才流动是一件平常事。

还有一些工作，其实取决于手艺。有时候挺令人羡慕的，一个小包背着，人就可以四处流浪。

十几年前吧，我出门面试，去早了在路边长凳上休息。有个小伙子和他的女朋友一起找工作，男生看了看那个美发店的装修、档次，跟女朋友说："我的技术肯定没问题。"他走了进去，30 多分钟之后，他走出店门，女朋友欢快地跑过去抱住他，问他怎么样。"剪了一个，他们很满意，跟我说底薪……提成……"有时候，陷入异地分居这样的窘境，我们缺的可能就是"我的技术肯定没问题"的底气，以及一种说走就走的勇气吧。

与伴侣的标准吵架指南

在婚恋关系中，和谐比冲突要难。因为双方都努力追求和谐，才可能会有和谐，而只要一方试图发生冲突，就一定会有冲突。

托尔斯泰说得好：“幸福的家庭都是相似的，而不幸的家庭各有各的不幸。”

即使是最好、最模范的家庭中，冲突也是不可避免的：人和人的习惯和偏好是不同的。在处理一件事的度上，大家永远都会有偏差，在两个维度之间陷入矛盾。

引发冲突的四类基本矛盾

1. 情侣衫冲突：自主和追随的矛盾

所有情侣衫都非常傻，只有热恋的人才会觉得这东西有创意。一方希望在情感上多一些羁绊，另一方则会尽量保留自己的自主性，而情侣衫会让双方丧失自己的自主性。如果女方比男方年轻和幼稚得多，这种冲突就会非常常见。

2. 密码本冲突：开放和封闭的矛盾

有的情侣，手机解锁密码乃至于 QQ 密码都是共享的。这样不好。我说过，这是低自尊的人的相处之道，会伤害两个人的人际和谐。

高自尊人群会希望在心里保留一块地，不被侵入。

3. 找刺激冲突：稳定和新奇的矛盾

大多数女性谈恋爱喜欢找浪漫的，结婚却想找成熟、稳重的。这两者本是矛盾的，但女性往往希望自己的伴侣两者兼之，冲突就出现了。

4. 坏朋友冲突：聚合和分离的矛盾

是跟朋友聚会，还是回家陪自己的女朋友，这是一个容易造成冲突的问题。

根据心理学家的统计，夫妻之间所有的争吵和打斗里有三分之一都是这四类冲突。

冲突的频率如何

带着孩子上幼儿园之前，夫妻最容易发生冲突，其中一个原因是孩子本身容易和他的照顾者发生争执。一般 4 岁的孩子一顿饭会跟妈妈冲突三次以上（美国数字），考虑到中国孩子的菜式可能更多，这个数字只多不少。

夫妻每个月会发生一两次冲突，恋人每星期可能会有两三次冲突。

冲突跟人格特质、依恋类型、人生阶段、相似性、酒精和药物都有关系。暴躁而强势的鹰派比随和的鸽派更容易发生婚恋上的冲突，而对对方过于依赖的人害怕被抛弃，也容易跟人发生冲突。

成年早期求学和就业充满变数，人们容易和情侣、配偶发生冲突的年龄是 19 ~ 25 岁，恰好是上大学到毕业后工作三年的阶段——最动荡、最穷的一段时光。

性格不相似的情侣或者配偶更容易发生冲突，要知道婚恋这件事上没有什么互补效应，性格相差越大，就越容易发生冲突。

借酒浇愁会让冲突加剧。如果染上酗酒的恶习，麻烦就大了。

什么会激发伴侣之间的冲突

1. 批评或者贬损

正常的批评也可能激发冲突，主要是看被批评者如何理解。这种批评，他一旦把批评看作找碴儿和吹毛求疵，就会引发冲突。

2. 不公正的要求

不公正的要求有很多，例如这样说："我这个星期五天都要加班，你来负责做饭和洗碗，我负责吃。"心理学家哈特菲尔德提出了一条"吸引的公平原则"：你和你的伴侣从感情中所得到的应该和你们双方各自投入的成正比。也就是说，夫妻双方从两人的关系中获得的越多，相应就需要付出越多。

占了便宜的一方未必会觉得内疚，但被占便宜的一方多半会感到愤怒。

根据心理学家的调查结果，感觉不公平的人大多是因为自己的配偶在烹饪、家务、照顾孩子等工作中贡献过少。这一点在哺乳期尤其明显：很多妻子都会觉得自己很辛苦，而丈夫付出得太少了，而这一阶段的整体婚姻满意度会很低。

3. 期待和拒绝

如果一方对另一方有期待，但另一方却没有满足这种期待，就可能激发冲突。比如，"我希望七夕那天能有一个价值 3000 元以上的礼物"。对方可能根本就不认可七夕是一个应该送礼物的节日。

谁会是更易怒的一方

发起冲突的一方，一般对事情的归因存在问题。他们更容易把无心之失看成对方对自己的轻蔑、故意的挑衅，也就更加易怒。

男性一般是使用身体攻击伤害他人。而女性会发起间接攻击行为，例如，排斥和忽略对方、散布流言等。同时，她们更愿意向亲朋好友求助，用倾诉来排解自身的压力。

不过在挑衅情景下，一些伤害性较小的攻击形式，比如，扇耳光、摔东西或者言语攻击等，女性的攻击行为并不比男性少。

独一无二的斗争

和普通的泛泛之交的争斗不同，伴侣之间的冲突更加恶毒：直接批评和指责；要求对方服从自己的命令（甚至下跪）；提出对抗性的问题；粗暴，嘲讽，呵斥。

还有一些有敌意的行为更加隐蔽：

装高冷；

“我什么都听你的”（回避描绘自己的感受，用假装的谦恭和虚伪的客气激怒对方）；

沮丧、唉声叹气或者哀号痛哭（这种杀伤力很强）；

先发制人地转变话题；

不承认冲突。

和职场上的冲突不同，夫妻（伴侣）生活在同一个屋檐下，冲突状态对人的生活会有很严重的伤害，经历冲突的人更容易患上感冒和冠心病。但首先，一晚上都吵架，第二天的工作状态肯定完了。

如何让激烈冲突快速降温

争吵中，双方的脑子都在快速地运转，每一方都争取用最快的语速倾泻恶毒的词语。这就是所谓的“话赶话”。

遗憾的是，这种加速叫作“负面情感的相互作用模式”：来言去语，基本都是恶毒的人身攻击。大家会越来越强硬，很快就酿成了不可控的冲突。

社会心理学家查尔斯·奥古斯德提出过一个缓解冲突的 GRIT 方案，含义为：

逐步（graduate）

互惠（reciprocate）

主动地（initiative）

减少紧张（tension reduction）

首字母即“GRIT”。在面对非常激烈的冲突时，可以使用 GRIT 方案避免冲突升级。

在具体操作时，宣布希望和解的意愿之后，要做出一些小的、旨在降低冲突的行为。发起和解的一方，在实行每一个降低冲突的步骤之前都声明自己的意图，并邀请对手进行回报。接下来，如果和解发起者做出一些和解行为，对方就会很容易感受到他的信任与真诚。

冲突的积累结局

冲突最终都会结束的，因为争吵过程是一个令人疲惫的过程，人的心率、血压都会上升，导致面红耳赤，极不舒服。

一些人会选择回避冲突，这是问题很大的伴侣关系。比较积极的态度是这样的：

1. 直接讨论引发冲突的问题，加以解决；

2. 没解决问题，但承认自己对某个问题负有责任，愿意一起去面对；

3. 用自己的话复述对方的观点。

让对方觉得“感谢对方辩友赞同我方观点，看来我们的态度没有不同”。

4. 表现自己的赞许和关爱。

在剑拔弩张、瞪着对方的时候，突然忍不住称赞对方的眼睛很美（记得吗，我们说过称赞对方时，如果说的是自己相信的话，就不是谄媚），这个表示如果有效，可以立刻有拥抱等更亲密的动作。

5. 不冒犯的幽默和自嘲。

“信不信我把你扔出去。”

“两百斤，你能扔得动吗？”

几类不要独立解决的恶性冲突

1. 精神障碍：如果配偶酗酒、病态的赌博，或有各种奇怪的观点，声称自己看到、听到不存在的东西，觉得所有人都想害他，你应该带他去见精神科医生。

2. 家暴：如果遭遇家暴，请尽快报警，到医院验伤，请律师或者可信赖的娘家人帮忙。

3. 对方大规模恶意举债：要迅速控制银行账户、收好房产证，并找律师提出离婚，这个时候不要谈感情！先止损。

不要厌恶冲突

离婚本身不会让孩子受到伤害，争吵和暴力才会。这是有调查数据支持的。在一个充满暴力和冷暴力的家庭中长大，孩子受到的伤害比单亲家庭多得多。很多时候，父母声称“委曲求全都为了孩子”，是在为自己的软弱找借口。

在美满的婚姻中，积极互动（微笑、触摸、赞美、欢笑）与消极互动（讥讽、反对、羞辱）的数量之比至少为 5：1——前者的数量是后者的 5 倍。

同时，对新婚夫妇的追踪研究也表明：痛苦和争吵并不能预测离婚，冷漠、希望破灭和无助才是预测婚姻危机的因素——连冲突都懒得发生，这段关系就真的到头了。

不要介入别人的冲突

不要随便介入别人的婚变或者家庭冲突。“疏不间亲”的原则在这里非常有用。

很多夫妻关系破裂，背后都有一个“好闺密”或者“好哥们儿”在出力。

不要帮忙去“打小三”，动用“私刑”会让你变成一个野蛮人。解决婚姻冲突唯一可靠的办法就是法律。如果打坏了人，你可能会被拘留，丢掉自己的工作。事实上，大量维护别人家庭和睦的“义勇者”，自己的家庭生活都过得并非很好。

即使“劝和”也不对，很多饱受折磨的人其实需要的不是继续保持婚姻。“离婚”一直都仅仅是个中性词，与道德无关。他们要的是解脱。

如何挽救婚姻

有的婚姻还是可以挽救的。事实上，如果婚姻的存续对自己一方有利，就应该努力争取；如果婚姻的存续对双方有利，就应该全力以赴。

挽救行动越早越好

《扁鹊见蔡桓公》这个故事讲的是，医生发现了病人的问题，病人拒绝承认，等到病入膏肓了，才去找医生。

在生活中，大多数人都在尽量掩饰和回避双方的分歧和冲突，试图用最低成本来解决婚姻冲突，这反而加剧了婚姻危机。

在《乱世佳人》的结尾，斯嘉丽看见白瑞德拎着行李箱要走的时候，才开始真正试图挽回婚姻，这个时候已经太晚了。

大多数友谊半年不来往问题不大，需要对方的时候可以“激活”。但是，婚姻是需要不断经营的，半个月连续忽略对方就有可能出大问题。

对方想离婚会有征兆

一个人如果不是格斗大师，他想打你，他的眼神会盯着他要攻击的地方。他的肩膀一定会动，这就是征兆。

除了少数特别果断、坚决的人以外，大多数“被离婚者”谈及离婚时，发现离婚之前，对方都会在很长一段时间有“奇怪”的表现。

想离婚的人经常会先使用间接策略，例如：疏远和冷漠，有的人还会故意挑衅和找碴儿；逐渐给关系降温，或者挑起冲突；让自己的离婚请求看上去是因为“过不下去了”，而且“甩锅”给对方，说“都怪你性格不好”。这是为了维护自己的内心自洽，也是为了给自己在夫妻的共同朋友圈中寻找理由。

这时候，要用叫破法：“你是觉得我们的关系有什么问题，还是你想跟我分开？”除非是那种从在一起的时候就天天争吵、互虐的伴侣，大多数以前关系还不错的夫妻，都会有一个漫长的心理建设期，这种找碴儿就是为了给自己下决定积累能量（能够说要离就离、内心自洽极好的人很少）。

这个阶段突然叫破对手，会让对方措手不及，甚至充满羞愧感，这可能会让他改变自己的决策。

很多人都会忽视配偶的挑剔、找碴儿，不承认对方可能正在厌倦自己，给对方找诸如“疲劳”“忙”等借口。有时候，身边的朋友都能看出问题来，自己却因为不愿意相信或者回避冲突而浑然不知。

如果你每天观察你的配偶十分钟或者十五分钟，只是观察他的外表和语言，就能让你第一时间察觉到对方的异常。如果对方非常正常的话，他会觉得你痴痴地看着他，根本看不够。别觉得靠着对方的身体玩手机就是亲密了！你要看他、称赞他！

两种崩溃模式和弥补方法

婚姻有两种崩溃模式，这两种类型的夫妻要各自想办法弥补关系的不足：

1. 持续冲突型夫妻

一种是在婚前就意识到了伴侣的严重缺点，相处时也暴露了很多问题，但由于种种原因最终还是选择了结婚。

这正是婚姻危机高发的一种情况：伴侣在婚前就对彼此的关系很不满意，一旦把缺点、矛盾和失败带到了婚后，会让婚姻关系比一般家庭更脆弱，更容易出现危机。

2. 幻灭型夫妻

心理学家胡斯顿的研究表明，很多结婚时间较长却最终离异的夫妻，在蜜月期特别深情款款和浪漫、温馨。平均来看，甚至比其他夫妻更相爱。但是，随着时间的推移，当伴侣不再有热情去扮演一个完美丈夫（妻子）时，过于乐观的人会体验到浪漫水平的急剧下降。婚姻结束的那一刻，这些夫妻彼此间的感情并不比其他人少，但巨大的落差导致他们的关系崩溃。

如果你还没有结婚，最好是挑选更理智、更能讲道理的人结婚。如果你已经结婚了，那可以复盘一下你的夫妻关系，最好是改善婚前就在争执的那些问题。如果是浪漫型组合，就打起十二万分的耐心，做一个完美的浪漫爱人，一直到老。

婚前进行一次深谈，或者求助于心理咨询师解决两个人的问题，可能是更好的一个方案。

“没有了你，我们也能过得很好。”想离婚的人是这样摇摆的：一边计算自己的得失，一边对可能的替代对象（不一定有）进行评估。

如果一个人选择离婚，在下决心的那一刻，心中一定坚信没有伴侣之后，自己会过得更好。

防止关系破裂的一个有效方法是：努力提高爱人离开你的机会成本。

我管这个策略叫作“温暖小屋”策略。

“你看，这是一间温暖的小屋，你进来，更好，不来，我和孩子过得也不错。你出门是进了广阔天地，但很可能会有暴风雪，你怎么选呢？”另外，强大的男人和女人不容易被配偶提离婚。

如果你能在生活和事业上给爱人很多支持和帮助，如果你的收入能提高家人的生活质量，如果你在财产分割上处于绝对优势，如果你们都和孩子非常亲密，对于你的伴侣来说，结束这段关系不划算，而且可能错过一个好人、一段好的关系，对方很难做出离婚的选择。美国一项对结婚超过12年的夫妻的调查研究表明，阻止人们离婚主要有以下几个原因：

对配偶的依赖

对经济困境的恐惧

担心孩子受苦

失去孩子的威胁

宗教信仰

……

关于宗教信仰，如果双方信仰宗教，一般来说，婚姻会比都不信教的夫妇稳定，但是一方信教，一方不信教，婚姻反而更容易破裂。如果你有信佛的女性朋友，就会发现她们中如果有人的丈夫不信佛，基本上婚姻都不够幸福。

应对出轨：坦诚和宽容

一项针对美国大学生的调查发现，有三分之二的男生和一半女生都表示他们曾亲吻和爱抚过恋人之外的人，有一半的男生和三分之一的女生都表示他们曾与其他人有过性行为。

心理学家巴克斯特还曾经要求大学生们写下自己对伴侣的标准，结果排序如下：

自主（37% 的大学生认为伴侣不应有太强的占有欲）

相似（共同的兴趣爱好）

支持（称赞伴侣、提升自尊、不要忽视对方感受）

开放（不要闭口不言）

忠贞（17% 的大学生提到）

共处（保证必要的相处时间）

注意，忠贞仅仅是排在第五位，而自主则排在第一位，接近四成。

一些可靠的研究证明，男女双方对出轨的看法确实存在区别。男性更在乎女方身体上的不贞，而女性对男性在感情上的不贞反应更强烈。

夫妻关系和大学生们的评价略有不同，因为忠贞可能意味着财产安全。没有人会对伴侣的背叛无动于衷，除非这段关系真的已经彻底结束了。

如果你出轨了，但你仍然看重自己的婚姻，那么头一件事情就是停止婚外亲密关系。“家中红旗不倒，外面彩旗飘飘”基本是没有可能的。

1. 如果确定配偶已经获悉了你的背叛行为，破坏性最小的方式就是：在没有被问及的情况下主动承认你的错误行为。

2. 表达方式很重要。如果爱人问你关于出轨的问题，不要完全否认它。如果事情已经败露，谎言会让事情更糟糕。可以试着使用一些策略避重就轻，让自己的错误听起来不那么严重。

如果你发现自己的另一半出轨，但并不希望关系破裂，那么你可能要先宽恕，然后再使用那些挽回的技巧。

有人认为宽恕之后自己就没有必要挽回关系了，应该是过错方来当牛做马。这是不对的。

满足以下条件时，宽恕比较容易达成：

1. 出轨的人谦卑、真诚地道歉。

2. 受害者一方的共情作用：那些能够站在伴侣的角度思考的人，更有可能宽恕伴侣。

在遭遇伴侣的背叛时，女性更希望修复好现有的亲密关系，而男性会更多地考虑离开，通过征服新的恋人来医治受伤的自尊。

女性不要试图拉进备胎制造嫉妒来激起对方的关注和忠诚。这一招只会加速对方离开，或者制造出“各玩各的”的婚姻关系。这听起来不错，其实是双方放弃的一种恶劣关系。

改善夫妻关系的技巧

1. 鼓励支持：支持他去学习技能，赞同他的勤奋、上进和提升自己的追求，双方的亲密关系和个人幸福感都会提升。

2. 表达感激：主动关注伴侣的付出，表达欣赏和感激，会让亲密关系越来越好。

3. 参与互动：和伴侣一起参加一些有难度的、需要共同配合的游戏活动。活动结束后，亲密感会提升。孩子的运动会，羽毛球双打都不错。

4. 公平和承诺：回顾以往的家务分工。如果你的伴侣承担了较多任务的话，积极地提出修订规则，做出保证、分担任务并坚持到底。

5. 小家独立：与老人同住是很多婚姻危机的根源。

改善自我沟通技巧

1. 耐心地听：尽量不要打断。

2. 给予积极回应：听的时候看着对方的眼睛，保持微笑和专注（除非对方正控诉你的出轨），可以经常点头回应。这些积极的反应能让对方说得更多、更流畅。

3. 知觉检验：可以时不时地要求对方解释自己说过的话、澄清某些说辞，从而确认自己的推断，同时也表达了自己的专注和兴趣，并鼓励对方对你更加开放自己的内心。例如："刚才提到妹妹的时候，我觉得你有点儿不开心。是有什么不愉快吗？"

4. 控制负面情绪：不要自行揣测伴侣的意图，更不要用挑剔和恶意的方式去解读对方说的话。

5. 精确表述：轮到自己说时，每次只谈当前最关注的事情。同时，谈几个问题容易导致主题偏离，关键问题得不到解决。

6. 少用"但是"：你在寻求和解，伴侣的抱怨正是改善关系的最好线索。

7. 描述而不论断：多用第一人称"我"来明确说明自己的感受，同时把描述内容聚焦在某一行为上，避免下一些绝对的判断。例如，可以说："上次我送给你的礼物被你不小心弄丢了，我很难过。"避免说出"你就是从来不把我放在心上”这种判断。

沟通的时候避免对方使用指称陷阱，当一个人说“夫妻之间”“两个人”的时候，他是在对你提要求。你要误认为这是一句“鸡汤”，那就会有麻烦。比如，对方说“夫妻之间要有基本的信任”的时候，他其实是在说：“你要信任我。”千万不要忽略这种埋伏在道理里的要求！当然，有些关系确实无法挽回。但是，大多数婚姻在破裂之前，都没有真正被正式地挽回过，他们只是经历了抱怨和争吵，就结束了。试试看，大多数时候都有机会。

如何摆脱不幸的婚姻

我的一位朋友曾经来拜访我，开始有点儿犹豫，后来跟我说了他的合作伙伴的困境。

他的这位合作伙伴是位男艺人，男艺人的妻子也是一位很知名的女士，女方比男方能挣钱。

由于某些原因，女方主动提出离婚，希望男方净身出户，但男方婚后这几年为了给女方让路，牺牲了不少工作机会，损失不小。男方希望财产分割方面公平，婚后挣来的钱，应该是共有财产。

“女方的朋友很多，男方担心走诉讼无法得到公正的待遇。”我的朋友对我说。

如何快速厘清离婚这件事

我这人不给人免费的建议，但是老朋友请吃饭讨主意，真心请教，其实就几句话的事：

“女方的主张，是男方带着自己的包走。”

“男方的主张，是分割婚后财产的一半。”

“男方所担心女方关系太广，自己得不到公平对待。”

“男方需要找一个公平的环境。”

“美国法律上有一个原则，叫作长臂管辖权。只要被告和立案法院所在地存在某种‘最低联系’（Minimum Contacts），而且原告所提权利要求和这种联系有关，该法院就对被告具有属人管辖权，可以对被告发出传票，哪怕被告在州外甚至国外。

“理论上，中国人可以不收国外地方法院的传票，但女方的工作如果需要她经常出入美国，她会尽量避免诉讼。那时候，两边就可以坐下来谈了。

“两国的法律体系不同，趁早找当地一个擅长打离婚官司的律师，占尽主动。女方团队的律师要跨法系作战，还有语言的隔阂。早动手的一方更有胜算。”

“高见！”

我的这位朋友赶紧去执行了。

这是一个比较简单的婚姻危机，大家的分歧就在钱上。

估计了一下这几年这对夫妇的财产增值，说这个建议价值 5000 万元不算过分。当然，我不是以此居功，因为很多人都可以提出这样的建议。

如何挑选离婚时的求助对象

挑选离婚时的求助对象，还是有不少讲究的：

1. 人平时就需要社会关系的支持，遇事更是。

2. 筹划离婚的时候，可能是你这一生最绝望和无助的时刻。

3. 如果你是离婚的发起者，你的一些朋友可能会尽力说合。

他们也许是因为受了你配偶的请托，或者因为相信这件事会积德。渴望自己多活几年而希望朋友沉浸在绝望的婚姻里，这不是一个好朋友的做法。

4. 你需要的是在做决策的时候鼓励你、支持你的人。

5. 这个人不应该是你的婚外恋人，要是同性。

6. 不应该谁离过婚就去问谁，不幸的家庭各不相同，离一次婚根本成不了专家。

7. 不要把社交需求放在一个人身上，好多人离婚离得一个朋友都没有了。这样的人女性居多，自怨自艾的人会很快成为所有人的负担。无休止地倾诉，也会让别人对你厌倦。

8. 求助专业人士。

如果是心理咨询师能做到的事情，那就去跟心理咨询师说。财产分割和争夺子女的抚养权，当然要求助律师。这两种人都是收费的，但是他们的收费会对你有帮助，要准备好这份支出。如果离婚者的经济条件一般，街道居委会有些人民调解员，妇联也有类似的支持妇女的同志，但他们都不是专业人士，愿意倾听你的诉说就已经不错了。

9. 不是每个专业人士都可以信赖。

律师一般有按案子收一口价的，也有根据争夺的财产数目收取一定比例费用的。

心理咨询师或者婚姻咨询师，一般是按照咨询次数收费的。有些人更希望带领渴望离婚的夫妇多探索一下自己，多提供几次咨询服务。

10. 趁早结交一些熟悉这些领域的朋友。

遇到事情的时候，临时找一个专业领域的人风险较高。趁早结交各种有分析能力，还对你忠诚的朋友，关键时刻，他们牺牲自己的小利益帮你筹划，可能是你更好的选择。

比如文章开头那位请教我离婚问题的朋友，他认为我是一个媒体方面的行家，我给的会是一些舆论方面的建议。

不过，我的所有判断，都是“对方需要什么”，而不是“我擅长什么”。诉诸法律事情处理速度最快，就应该诉诸法律。

工具：离婚策略表

我们模拟填写一下文章开头这对夫妇的离婚策略表：

一方的关键牌比较有力，双方就会逐渐列出自己的要求了。大家的成交范围有重合，就会尽快达成一致。

不只是效率问题：离婚的快与慢

只有双方同意，离婚才能干净利落。这种情况下，离婚可能是高效的。比如：

> 双方都是急着挣钱的生意人；
>
> 双方都是在意公众形象的公众人物；
>
> 双方都是沟通能力比较强的高知人士；
>
> 双方彼此厌恶至极（这在一些闪婚的家庭中比较多见）；
>
> 一方或者第三方支付了一笔难以拒绝的钱。

这五种情况有个关键的共同点：男女双方仅仅把婚姻当作一种关系，是可以结束的。

想让办理离婚的时间拖得比较久，那有一方努力就已经足够了：

1. 一方或者双方无法就财产分配达成一致；

2. 双方争夺子女的抚养权；

3. 一方或者双方的性格幼稚、冲动、依赖对方、无法沟通或者是自尊较低的人士；

4. 极深的怨恨，希望“拖死对方”；

5. 一方有疾病或者精神疾病；

6. 赤贫。

我们发现这些情况中，3～6 的当事人都不仅仅把婚姻看作一种关系，还把它看成生命中的一部分。把对方看作自己生命完整性的一部分，这是不对的。

如果是这几种情况，可能要面临一个冗长的调解期，这就是那种会导致人们花费 3～6 年的时间来离婚的关系。

漫长的离婚期会让双方都非常痛苦，还会导致工作效率下降、社会关系受损等。

有孩子的婚姻会拖得更久。不过，“为了孩子不离婚”，其实是双方一起找了一个可以接受的借口。

在离婚启动之前，还有一个冗长的感情破裂期

在我们所说的高效离婚或者漫长的诉讼流程之前，往往还有一段漫长的感情破裂过程。一般来说包括：

1. 伴侣一方开始失去对亲密关系的兴趣；
2. 失去兴趣的一方开始注意别人；
3. 失去兴趣的一方开始疏远对方；
4. 双方试图解决问题；
5. 无效，相处时间更少；
6. 越发觉得对方无味；
7. 考虑分手；
8. 又一次沟通，可能“达成共识”；
9. 再次试图解决问题；
10. 一方或者双方开始关注别人（所谓“开放关系”，其实就是在这个时候出现的）；
11. 相处的时间更少了；
12. 与潜在的替代伴侣外出；
13. 试图回到过去；
14. 一方或者双方考虑分手；
15. 感情破裂，开始采取行动；
16. 最终分手。

这 16 个步骤来自罗兰·米勒的《亲密关系》。如果是一方更积极地希望离婚，另一方的拖延战术是有效的。

我们发现大多数人都会有这么三四次的摇摆，这是拖延离婚的方式，也是挽救婚姻的方式。

婚姻危机中的人，最重要的是尽快挽救婚姻或者离异。这时候，应该尽量避免受到性的诱惑。

对一些单身者来说，要尽量避免卷入婚姻破裂期的异性的生活。之前

有人对我说，遇到已婚的女同事说自己婚姻不幸福，约他出去，但没有做什么太过分的事情，就是讨论人生。我劝他尽可能地远离这位女士，因为他可能会被卷入一段将要离婚的婚姻而惹出麻烦。

著名科幻作家阿西莫夫曾经有一部长篇小说《基地》，说的是银河帝国灭亡之前，先知谢顿建立了一个基地，收藏知识和人才，因为他算出我们无法避免银河帝国的灭亡，但我们可以尽快地缩短这段黑暗时期。

同样地，在婚姻无法挽救的时候，应该努力做的是减少婚姻的冲突期。

和提出离婚后不可避免的讨价还价相比，不纠结、不冲突，尽快度过决定离婚前的十几个步骤，也许是更好的主意。大多数人根本不是崩溃于离婚带来的损耗，而是死于“到底要不要离婚的纠结”。

最后要提醒一点：如果一开始就做好了净身出户的准备，也不要立刻亮出这个条件去快速离婚，更不要在协议生效之前交出所有的钱。

你这样做，对方一定仍然会走完谈判环节。你可能会比净身出户损失更多，而且还未必能离得了。

04 部分

家 庭 关 系

如何解决最激烈的家庭冲突

首先，我们明确一个问题：你在大家庭中活动，最根本的目标是什么？

是不是没想过？有的人可能还会说，在自己家里，率性而为就好了。

当然不能这样，最年轻的成员是可以率性而为的。如果你已经成年，又对大家庭内的关系有所期待，就要给自己设定一个目标，比如在家庭中地位的提升，以及更多人的尊敬、信任。

冲突对大家庭不是坏事

《我爱我家》中的这个家庭，是一个带有美式气息的家庭，里面的人会发生高频率、低烈度的冲突，到最后呈现的形态就是各种开玩笑和吐槽。这是一种家庭和睦的理想态。

中国的传统观念讲究的是“家和万事兴”。这是一个美好的愿望——想用“家和”来实现“万事兴”，遗憾的是，“家和”的实现非常难。电视剧《情深深雨濛濛》中的军阀陆振华，娶了九位太太，即使最得宠的雪姨也没有告诉他，迷恋自己的初恋情人，寻找她的影子的行为是不对的。这种和谐是用掩盖冲突来实现的，所以并不稳固。就像是大禹治水的时候，拼命加高堤坝，反倒不如他使用的疏导策略来治水。

没有冲突的家庭是死气沉沉的，冲突体现了参与、承诺和关心，冲突能促进人际关系的变化和发展。

常见的家庭冲突种类

1. 争夺利益而产生的冲突

一些家庭的兄弟姐妹的冲突是因为遗产，还有一些家庭则是在老人尚在的时候，就因为分家而起了冲突。双方往往坚信自己有理，很难摆平。

最好的方式是老年人（财产的所有者）能够尽早确立自己的遗嘱并且加以公证。不要在自己活着的时候把财产分了，再依靠子女活着。

黑泽明的《乱》，取材自莎士比亚的《李尔王》。讲的是老头活着的时候分家，后来被儿子驱逐。老年人要确保自己的财产安全，儿子和孙子都有变数。

2. 逃避责任发生的冲突

在这种局面下，老人成为负担，各方都不愿意照料老人的生活。这和遗产之争往往是一个硬币的两面。

这种冲突比争夺利益产生的影响还要坏，我们经常说的“别让街坊邻居看笑话”，就是指的这样的冲突。这种冲突会让各方的社会地位受损。

传统相声《化蜡扦》（可以听刘宝瑞或者郭德纲的版本）中，守寡的老母亲就被分家的儿子当作负担加以虐待。

3. 偏爱产生的冲突

和其他群体不同，大家庭中还有感情成分，比如偏爱和嫉妒。

西方的心理学家研究人们在家庭中的排行，老大哥和小弟弟在家庭中扮演的角色确实是不一样的。在中国，一般排名在中间的女儿会容易受欺负，二女儿是最容易被忽视的人。

一些父母会特别厌恶某些子女，比如孩子的外貌或者性格特别像配偶，而且是像自己不喜欢配偶的那一点。还有的迷信行为也会导致父母对子女的厌恶，比如《左传》里的郑庄公寤生，他是难产儿，他母亲恼他害自己痛苦，就偏疼他的弟弟。

郑庄公这个人先不动声色，暗地布子，最后等弟弟动手造反时，杀掉弟弟，囚禁母亲，然后又搞了一出母子相认的戏码。

4. 嫉妒产生的冲突

嫉妒不仅仅出现在兄弟姐妹争夺父母的爱之时，事实上，成年之后，兄弟姐妹之间单纯争夺父母的爱已经非常罕见了。大多数时候，是争夺父母的财产。

《权力的游戏》里的提利昂，一直希望获得自己爸爸的肯定，但他同时也希望获得家里的城堡。

一些婆婆会嫉妒自己的儿媳妇。这种婆婆一般都是高度自恋的，她对儿子的控制欲很强，会对儿媳妇吸引儿子的注意力感到不满。

《权力的游戏》里的瑟曦和玛格丽，这对婆媳斗了很久，最后以婆婆用炸药炸死儿媳妇而告终。遗憾的是，儿子因为绝望而跳楼了。

姑嫂关系也是容易发生嫉妒的关系。大多数妹妹眼中哥哥的形象都是非常高大的，而嫂子几乎是天然的情感掠夺者。一些小姑子会选择把注意力转移到自己的侄子身上，这种姑嫂关系会相对健康一点儿。如果只是纠结于争夺哥哥的注意力，那么冲突就难以避免。

小姑子的怨念本身看起来没那么严重，但它一般会引来婆媳关系的更严重冲突。

冲突是怎么爆发的？

刚才我们说的争夺利益、逃避损失、偏爱和嫉妒都不会直接导致冲突，但会引发冲突。这些原因都会严重地破坏当事人的内心自洽。内心自洽是我们讲关系管理的时候经常提到的一个观念。由于以上这些利益或者情感的原因，我们会感受到严重的不公正。

郭德纲曾经用三句话来讽刺那种“不谈钱”的人：

> “咱不是说这钱，咱说这事儿！”
>
> “什么事儿啊？”
>
> “钱的事儿呗……”

其实，这个对话并不可笑，这三句话就是典型的冲突因为利益而起，却因为“不公正”的感觉而爆发。

冲突是怎么加剧的？除非刻意培养，人类不是习惯于使用暴力的，无论是拳头殴打对手，还是激烈的争吵。

争吵结束之后，很多人都会陷入一种愤怒、无力的感觉。换句话说，使用肢体或者语言暴力，会让我们自己受到折磨。

好多人跟配偶或者在网上跟人吵架之后，第一感觉就是后悔，因为他不是为打老婆或者骂街而生的。这种愧疚会让他下一次做决定更谨慎，克制自己的冲动。

但是，人类为自己的行为合理化的能力非常强大，冲突双方会迅速重新定义这个事件。比如，把对方定义为苛刻的、不通情理的人，把自己描绘成一个对方越界几十天，仍然苦口婆心，最终忍无可忍的大善人。

有一个专门的词来描绘这种误解，叫作“镜像知觉”，冲突双方都把对方描绘为类似的人。一项调查发现，冷战时期的美国人心中的苏联人，和苏联人心中的美国人的形象基本相似，都是冷酷好战、侵略成性的。这种误解会让冲突继续下去。

如果你已经被卷入了强度很大的冲突中，记得要经常回头看看冲突开始时的分歧，你到底有没有停止冲突，先提出这一点未必会让你陷入不利。如果对方是一个理性的人，大家就可以坐下来谈。

冲突是怎么解决的

1. 密集的沟通

多跟自己的亲人提到自己对某事的看法，是一件好事。中国式的大家庭里，很多人会选择这种可怕的模式：

“我已经对你这么好了。”

“所以，你应该……才对吧，但我不明说。家人嘛，要我说就没劲了。”

“你居然这么不懂事！”

这种打哑谜式的沟通方式，让家庭的冲突一爆发就是高烈度冲突。不如早早像生意人一样对家人提要求。

2. 共同的敌人

清朝的一些村落里，大家的房子都连在一起，有的全村都是同一个祖先，这种同姓的村落很少有冲突。有人说这是血缘和教化的原因，这只是原因之一。

有些村子有围墙，用来保护自己，防备山贼或者捻军的侵扰。还有的村落附近往往会有各种冲突，有共同的敌人，大家就容易团结在一起。

3. 道德模范的作用

这一点必须承认，如果一个大家庭里，有一个见识多、社会地位高，同时又愿意介入大家庭事务的人，大家庭就更容易团结起来。这个人呼吁成员撇开个人利益，多考虑群体利益的时候，非常有效。

你要尝试着去掌控冲突，去做冲突的控制者，而不是让冲突来控制你。

发动冲突和结束冲突，都应该是策略性的，而不是冲动性的。

和不合理的要求斗争，跟不讲道理的人发生冲突，能提高自己在大家庭中的地位，能结束没有益处乃至于损害大家利益的冲突，同样也能获得其他家庭成员的赞许。

即使你是家庭成员中社会地位最高的人，也不要盛气凌人或者给人下命令，大家庭内部还有辈分和血缘的一个架构，谦虚、谨慎最好不过。

当然，也不要让一个不讲理的、没什么见识的人仅仅因为辈分和血缘就对你指手画脚。要尊重、客气，但一定要架空这种愚妄的长辈。

政治的秘籍就是：把自己的人搞得多多的，别人的人搞得少少的。我们说过，对幼弟、子侄要好好维护关系和培养，选择其中有出息的来结盟。只要你一直在成长和强大（注意这个前提），大家庭就是你的情感慰藉和力量之源。

如果你去传统文化里探索，想知道怎么“家和万事兴”，你会发现这些圣贤给了你一条路，就是让你做家族内的道德楷模。

其实，这些圣贤都是过来人，从王阳明到曾国藩，哪个人会仅仅靠道德活着呢？他们都知道权力的游戏是什么规则。

圣贤们往往用儒家道德束缚，而闭口不言一些真正的规则，甚至于回避冲突、不讲冲突。

后世的修习者就会像杨过一样，只学了一堆全真教的口诀，却根本不知道如何用功。

关系世界伪装得一团混沌，我们要做的是，抓起两把大斧，劈开阴阳二气，区分出：这里是光，那里是暗；这里是万善，那里是万恶。

我们谈论的是输赢，但最后你会发现我们拥有了稳定而健康的“三观”。

如何对抗逼婚

过年时，总要面对可爱的七大姑八大姨。

怎么对抗逼婚？对策其实不难，但是今天我不光要给你们一条大鱼，还会给你们一套钓竿。熊老师到底怎么拆解一个关系攻略的话题？其实很简单，就是分清一个关系里有几种角色：敌、我、友。有人会对你逼婚，你也应该考虑一下，谁是朋友，谁是敌人。此外，就是你可以怎样做。

“敌人”究竟是什么

那些煽风点火的亲戚不是你的“敌人”，父母更不是你的“敌人”，他们脑子里的落后思想才是你的“敌人”。

那些上了年纪的亲戚，当年都曾经为自己活着，也是面临着自在和束缚、事业与家庭的冲突。但是，他们一旦年纪大了，卸下了生育的担子，而且感受到自己是老张家、老王家的一员，就会突然转换思路，鼓励未婚的家庭成员尽早完成“人生大事”。父母的焦虑其实是更可怕的敌人，比如这句父母经常说的：

“早点儿结婚，早点儿要孩子，趁着我和你爸身体好，可以帮你们带。再等几年……”

仔细读这几句话，他们焦虑的是自己的身体不好，但解决方案是，你要赶紧结婚。

从心理学上来说，人可能面对各种各样的压力源，身体的健康是其中一个重要的压力源。他们的压力要在其他方面找出口，那你被逼婚一点儿都不冤。

要多关心他们的身体健康。

“我方”有什么问题

我的一位前同事，一个三十出头的男生。那天，他在朋友圈里说：“真不觉得这是一个问题，你自己不找对象，谁会逼着你找吗？”他是个摄影记者，是个有判断力、不容易被人轻易影响的人。他没办法理解那些被亲戚的反复游说折磨的大龄青年，这批人确实有自己的问题。

大多数苦于被逼婚的青年，小时候都是乖孩子。我们知道有些人青春期的时候会叛逆，也有些孩子一直没有叛逆，最离经叛道的事也无非是跑到同学家看电视，八点半才回家。

家长对这些青年的要求是纪律、规矩，要按部就班，该做什么事的时间就做什么事。他们中的很多人，到了 30 岁都没能力跟父母说出一个“不”字。

这就太糟糕了。对父母的尊重和爱都是好的，但是如果是被父母安排、控制的关系，那子女与父母的关系绝对是噩梦一般的关系。不会说“不”、不会拒绝父母的年轻人，在面临逼婚的时候压力会被格外放大。那种大难临头的感觉，旁人是无法理解的。

如果你身边有这种成年后还对父母畏惧如虎的朋友，要好好心疼他，因为这种人小时候根本没什么像样的童年。

在他说到父母逼婚的苦恼，情绪激动的时候，可以紧紧地拥抱他。

我们以前上心理咨询课的时候，老师说：“拥抱是一个很好的大招儿。国外的心理咨询师可以拥抱求助者，国内的话，女咨询师抱女的求助者，求助者一般不会反感。”然后，老师摇摇头看看我们几个男生，“你们就算了。”

朋友之间的拥抱，对这样的朋友非常有效。当然，要克服问题，让他跟父母直面矛盾，还得他自己学习自我成长。

“友军”在哪里

亲戚里见识比较多的或者和你同病相怜的人，就是你的朋友。要早早跟这样的亲戚打招呼，让他们帮你、支持你。

我家有个表妹过了 30 岁，我叫她毛总。她在厦门一家企业当了副总，人很聪明，也很努力。

我以前做杂志社的主编，做了一期《大女过年》的封面报道，专门写女性被逼婚的问题，她就是典型的大女。

大女不是说年龄，而是格局、见识都大。养出这样的女儿，家里就不应该再用婚姻去框她、圈她，她完全可以自己处理好。

每次家里提到她的婚姻这件事，我都会支持她，会这么说：“毛总是个做大事的人，她要仔细挑，就要由着她，你们别急着催。”

你在职场上进步快、薪水高，和家里解说的空间就会大很多。你早早地自己买一套房子，安排好财产的增值，平时再多读点儿《掌控关系》，朋友也都是有头有脸的人，那你父母逼婚的借口就少了。你要闪婚一把，你父母还不乐意呢——他们担心对方喜欢的是你的钱。

相反，如果家里乱糟糟的，你饥一顿饱一顿，灯泡坏了不会换，饭不会做、衣服懒得洗，父母一定担心，希望你找个人互相照顾一下，反正不会更糟了。

丁克家庭或者独身，根本不是什么怪胎。

我们的策略很简单，让自己尽快强大，并且对朋友要拉拢，发展统一战线。

对“敌人”可以麻痹、欺骗、忽悠，对落后思想不要正面对抗。

当亲戚们问“什么时候结婚啊，谈朋友了吗”的时候，记住以下这十个招数：

1. 延迟满足

“谈着呢，争取明年带回来给您看看。”注意，这段不那么简单。亲戚们的关心大多数都是瞎起哄，他们不懂得如何跟你拉家常，所以就用这种方式来聊几句。

你直接汇报的是：我很重视您的意见，回头要拉您掌眼把关。这是给足了对方面子。

2. 娇嗔可爱

“谈着呢，现在还不成熟。我呀，还没有决定要不要嫁给他。”这是女孩子的专属招数。如果发问的亲戚是姑妈、姨妈，从小疼你，还可以跑过去抱着她、搂着她：“那么急着把我嫁出去啊。嫁出去了，春节要到别人家过，想你们怎么办？”

认真回答这个问题的年轻人都不会激怒长辈，比翻脸不认人，或者“我不想跟你讨论这个”不知高到哪里去了。

3. 顺水推舟

“没有啊，您那里有合适的吗？”有很多人怕惹祸上身，其实不用怕。如果他们真的有合适的对象，早就介绍给你了，还用你提醒？你这种问他们有没有合适的对象，其实是“能动手就别说”的意思。

“我要什么样的？一米八以上，帅一点儿，最好是硕士，月入两万元左右吧。”条件可以调高一点儿。如果他们说“条件不要那么高”，你再反戈一击：“舅妈，你真是的，怎么向着外人啊，你外甥女不好吗？”

4. 故作神秘法

“年后见，是我们一个大领导的女儿。大家都先别往外说。”这个好理解。大家一般都心领神会了。

5. 选择犹豫

“两个女孩都很好，都很喜欢我，我实在不知道该选哪一个。”如果你喜欢看小说、编故事，这就是一个很好的开头，“一个女孩的父亲是搞畜牧业的，她哥哥跟我关系不错。她爸爸直接送了我一把刀，想让我娶他女儿。另一个是南方姑娘，父亲做古董收藏的，家里有海岛花园和游艇，就是她爸爸脾气太坏。她跟我一个导师，对，都是洪老师的研究生……她脾气坏了点儿，16 岁就离家出走了。”在家里聊天不要太认真，尤其是这种没法对质的事儿，可以撒开了说。

有些问你近况的亲戚真的就是缺话聊、缺书听，那就给他们“讲书听”。“我觉得得找那个北方的。”“当然是和有游艇的在一起啊！”亲戚们听说可以二选一，果然纷纷发表自己的意见。改头换面猛然一说，没人知道你是在讲《射雕英雄传》。

6. 邻家女孩

如果你真的对某个亲戚家的女孩有好感，这时候可以大方地说出来。

“我觉得表妹就挺好的。”注意了，中国的《婚姻法》，同一个祖父母或外祖父母的堂或表兄弟姐妹不能结婚（三代旁系亲属），但是同一个曾祖辈的表亲（四代旁系亲属）之间可以结婚。没有任何问题。

不过，中国一般来说不喜欢同族之间的婚姻，比如堂兄弟的儿女一般不会结婚。这是习俗问题，其实从血缘上和法律上是可以的。美国总统富兰克林·罗斯福先生就娶了罗斯福小姐——他同族的妹妹，他也因此从老罗斯福总统的远房族亲变成了老罗斯福总统的亲侄女婿。

要把这些热心肠当资源来用，让他们去帮你请托，让他们从参谋长变成先锋官。

在好多公司里也是这样，谁要是提起一个好主意，领导立刻说：“此事甚好，你去办吧。”

家庭和职场很多道理是相通的。

上面六个是应对法，再介绍三个遁法。

7. 相亲遁

在那些亲戚来的中午直接跟同学聚会，或者出去玩。怎么开心怎么来，告诉父母和家里人，有人给你介绍对象，你去见了。

玩到亲戚们快走时再回来，别等走了再回，那就有点儿失礼了。“今天的相亲怎么样？”“其实女孩儿性格不错，就是太胖了，也挺能吃。我已经很胖了，两人都胖，怕影响孩子。”“嗯，大侄子说得有道理。”举一个你们家觉得无法接受的借口，最好是涉及遗传或者前途未卜的。成功地让他们把“你要随便找个人”变成“你千万不要找这样的人”就对了。

如果家里还问，谁给你介绍的。你就说，我们一起读《掌控关系》，在学习小组里认识的，那介绍人就可以算是熊太行（háng）老师。

8. 麻将遁

如果你的家庭有饭后玩麻将的习惯，只要上了麻将桌就不用聊搞对象、结婚了。所以，我经常跟我创业的朋友说，你们打德州扑克固然是好的，好多人跟投资人打德州扑克，顺便谈创业投资。

但是，也不要忽视麻将，麻将代表的就是你的出生家庭。抽出些时间来维护一下这些看上去可能没有那么炫目的关系，染点儿土味不是坏事。

9. 唱遁

被逼婚的你应该也有了一些经济实力，工作好几年了，其实完全可以把全家人拉到一个不适合说话的地方。比如，吃完了饭大家一起去 KTV。点一堆样板戏、革命歌曲，给那个爱唱歌胜过爱聊天的女亲戚；要两打酒水，给那个不爱唱歌、喜欢聊天的男亲戚。

你只要摇晃着铃鼓、沙锤叫好就行了。

收买一个伙伴——表弟、表妹都可以。一旦逼婚亲戚走到你身边，就立刻打暗号，把这位亲戚的歌加塞到最前面。“四叔，你的歌！我们欢迎四叔！”想象力就像是鹰的翅膀。除了捕猎，你还有很多飞行的机会。同样地，想象力也不该只在你的工作 PPT 上。

好了，我们总结一下今天的所得：你的敌人是亲戚们的落后思想。这些思想包括但不限于：人不结婚就不行；人 30 岁不结婚就有问题；人 35 岁不结婚会不育。熊老师完全不会告诉你怎么去驳斥这三条。因为对方是亲戚，所以根本就不要驳斥。一个人活到四五十岁，你想要改变他对世界的看法是很难的，尤其是有些一年才见一面的亲戚，完全不要驳斥。如果他们说："得添丁进口啊，你看这一大家子人……"你就可以马上附和："是啊是啊，我知道啊，你知道我有多努力吗……"想顺势而为、随机应变的人，可以先和家里的亲戚练习。等到你成了"绝世高手"，他们自然也就会服你了。

习题

你是一位已婚有孩子的男士，春节去你同学（男）家里串门，遇到他母亲唠叨说他还没有结婚，你应该：

A. 安慰阿姨，好饭不怕晚，这家伙只是还没有找到那个对的人罢了

B. 跟阿姨吐槽，已婚的同学离婚的很多，还不如像您儿子这样

C. 称赞自己的好友，告诉阿姨，我要是女的肯定跟他，可惜我家里没有妹妹

D. 这事儿包在我身上，回去我给他介绍一个，正好手上有合适的

正确答案：D。

A 是一种正确的态度，但对安慰老太太并没有什么实际效果。关键是，这个话题还要继续聊下去。

B 是一种消极的、破坏性的态度，老太太见过的离婚案肯定比你多，所以这种话也不必多说。

C 是一种“损友”之间的表达，大家聚会上喝酒、聊天的时候说这么一嘴很好，但是跟长辈说这样的话，就显得特别不靠谱了。

D 真正朴实无华的做法，自己包下来，让老太太放心，结束这个话题。

以后跟阿姨推说“没相上”，也不是你的责任。当然，你要告诉你的好友：放心，不会真的给你介绍对象的。

打孩子，你会变成最没本事的父母

2005 年，在新闻写作研究生课堂上，我们的老师高钢教授在分析美国普利策获奖特稿里的家庭暴力题材时，当场做了一个调查。

“在座的各位同学里，有没有谁从小到大从来没有被父母打过的？打一下都算。”我饶有兴趣地看着大家，我一直觉得我的父母算是很讲道理的父母，但他们都打过我。我估计没有人举手。

三十多个人的课堂上，有五六个人举手。老师发自内心地赞叹了一句：“太好了，你们真幸运。”我也是那天才相信中国有完全不打孩子的父母的。

我女儿上一年级了，我得认真地说一句，我打过她。在她三四岁的时候，把她扔到床垫上打过屁股，因为她在姥爷家大吵大闹，无法沟通。

后来，我向她道了歉。当然了，我们为打孩子自辩，就是会强调是他们的错，比如冒犯长辈或者在公开场合喧哗。但是，我仍然劝各位有孩子的家长不要打孩子。

不是因为打孩子不对，而是因为打孩子是效率最低的方式，有很多好得多的办法。

众望所归的暴力

动车车厢、地铁车厢里容易出现这样的情况，一个孩子拼命吵闹，被打扰和影响的人纷纷盯着这个孩子的父母。

有的父母会低声劝阻孩子。对这样的父母，我一般都会给予同情和敬意，尽量不去看那个孩子。吵闹的孩子要的就是大家去看他，这种情况下，喧闹往往会很快停止。

有的父母会高声呵斥孩子，最后，父母取代孩子，成了车厢里的噪声污染源。这种父母的教法不可取，所有乘客盯着孩子，让他成为舞台的焦点，那“和平解决”就永远没有可能了。

所有眼睛都盯着父母时，目光的压力下，有的父母会选择最后一招。

“啪！”这个世界安静了，然后是一声号啕。“哭！再哭还抽你！”号啕逐渐转成抽泣，最后是呜咽。乘客里有老太太心满意足地对身边人说：“对了嘛，孩子呀就得管，该打就得打……”

我管这种当众的管教叫作“众望所归的暴力”。为了不让附近的陌生人厌恶而对自己的孩子使用暴力。对陌生人来说是好乘客，对社会来说是个好公民，但你恐怕不是一个好爸爸（好妈妈）。

孩子身上确实有很多不可预期的变数，平时再讲道理，也可能突然失控。有勇气的父母应该忍受着鄙视，道歉、赔不是，但仍然只劝说自己的孩子。暴力解决只会让世界变得更糟。

不讲理是会蔓延的

有一次小学同学聚会，有个同学说，他恨我们的班主任。班主任带了我们六年，大家对他都有感情，所以我们都想听听原因。

班主任让这个同学做作业，他不肯做，班主任就让他请家长。他爸爸是个工厂的工人，人比较粗鲁，觉得去上学校太麻烦了，就给了他一个大嘴巴子。

“儿子，你赶紧跑，到了学校应该印儿还没消，你让老师看看。我就不用去了。”这个同学小学时就是个 180 斤的大胖子，哇哇哭着从家里往学校跑，生怕跑慢了脸上的手掌印就没了。到了学校，跟班主任一说，老师还能说什么啊。

这样的家长，老师只能不管他的孩子。

“所以，我恨王 ××（他说的是班主任的名字）。”那天的聚会突然就沉默了。几个同学开始骂他狼心狗肺，那时候班主任刚去世不久。

我劝住大家，对那个同学说："我觉得你们家老爷子处理事情的方式有问题。"一帮同学恍然大悟。

那个同学不得人心，很重要的一点是上学的时候爱欺负人。他身大力不亏，打人手也重。跟我也曾打了好几年。有一次，我举起凳子吓唬他，意外砸在他额角上。他哭了，才再也不敢惹我了。他在我们那个班就是胖虎一样的存在。

这不是基因的缘故，不是有其父必有其子，而是父亲使用暴力解决问题，儿子也会效仿这样的行为。

你使劲打，他使劲学

美国的心理学家 Strassberg 曾经在印第安纳州和田纳西州做过一项实验，先收集幼儿园 273 个小朋友的妈妈使用暴力的情况。分成不打孩子、打屁股和殴打（用拳头、掌或者其他东西）三种情况。

然后，用了六个月去观察这 273 个孩子，结果发现：没被妈妈打过的小朋友，每小时平均有 2 次左右的攻击行为；被妈妈打屁股的，4 次左右；被妈妈殴打的，8 次以上。挨打越厉害的孩子，就越暴力，体罚根本就没法让坏孩子变好。

在 20 世纪 90 年代的美国，几项不同的调查显示，大多数孩子都挨打，大多数父母都打孩子。一两岁的孩子里，35% 的家长声称打过孩子。三四岁的孩子里，94% 都挨过打（包括打屁股）。上小学之后不好打了，学校会让孩子们报警，爹妈真的会被抓走的。这些家长中，93% 自己挨过打。

如果青春期挨过打，情况可能会更严重。

Strauss 和 Kantor 针对 6002 个美国家庭进行了研究，58% 的男孩和 44% 的女孩被体罚过。

被体罚过的孩子成年之后更可能抑郁、酗酒、打老婆和虐待自己的孩子。

鼓励父母不打孩子可能是构建和谐社会的关键。

孩子当然是可以被笼络的

我属于 20 世纪 80 年代那一批婴儿潮出生的人，90 年代的时候，所有的媒体都忧心忡忡，觉得我们这一代人没有兄弟姐妹，怕是要毁掉了。所以，那会儿专家们整天都在惦记我们，说我们是追星族、小皇帝什么的。

那时候，留学海外的作者整天都写，美国人家的孩子都干家务活，刷盘子家里还给发零花钱，说好好的孩子都被资本主义污染了。

后来才明白，孩子是可以被笼络的，为孩子做家务劳动付酬劳是非常高明的做法。其实，为考 100 分买一套乐高积木，也是类似的情况。从心理学上看，惩罚没有什么效果，不过奖励的效果是非常明显的。对人最好是只奖不罚，对孩子也是如此。你看老板扣员工工资，他要跳着脚骂你，也不合劳动法。但是，因为业绩没完成，绩效奖金少，就无话可说。一定会有人说："天哪，父母应该收买孩子吗？"对啊，为什么不能笼络孩子呢？笼络孩子，会让孩子的心灵被玷污吗？

你每个月还领工资呢，怎么你老板不怕员工的心灵被玷污？

把孩子当作谈判对象

大多数上小学之后的孩子都可以和父母沟通了，也会谈条件。

"你敢打你弟，我就打死你。"

"你敢打你弟，这个月都没有零花钱了。"

注意！这是两种完全不同的思路。第一种是如果你做了什么，你会得到什么负面的东西。这叫"阳性惩罚"。

第二种是如果你做了什么，你会失去什么正面的东西。这叫"阴性惩罚"。能够善用阴性惩罚的人，都是聪明人和人际关系的高手。孩子会逐步效仿你，用经济手段和说服手段来达到目的。在职场上，这样的孩子会是高手。而动拳头的孩子，以后只习惯用武力解决问题。我以前跟我爸签过两个协议：一个是五年级的时候，他让我把压岁钱 500 元借给他投资，第二年还我 600 元，20% 的年化利率在当时不算高；另一个是初二的时候，如果我考上重点高中，我爸就给我买五盘游戏卡。当然，上了高中才发现，跟他要 PS 才对——FC（小霸王）已经被淘汰了。不过，签协议这件事让我自愿遵守，一切按着协议来。

有人说，这不是中国的传统文化，我们中国的传统是不谈钱的，我们谈孝顺和服从。我要说这么说就错了，你可能读了假的传统文化。许多人给你讲这样的国学，希望你不争利益，他们好忽悠你。

你要追溯到先秦诸子那种百家争鸣的时代，那时候的人对谈论利益没有羞耻之心，一开口，都是为了双赢。《战国策》和《国语》里的说服，都是这个味道："大王，我来这里劝说您，不是为了我们赵国，而是为了您的楚国啊！"

如果必须要惩罚

如果你的孩子做了一些危险而愚蠢的举动，比如玩电梯、转旋转门或者在高空扶梯上探出身子，你确实可以给他惩罚，不过最好注意这么几点：

1. 短暂而快速

不要打太久，一巴掌打在屁股上，让他知道这是惩罚就行了。

2. 当场执行

不要等回家再打，要让他知道为什么打他。

3. 强度上要有限制

绝对不要用拳头或者工具。

4. 只针对行为

只对事，不针对人本身。

5. 收缩到某种非常重要的情景里

别什么事都打。

6. 扣零花钱永远比打人强。

习题

周末的家庭聚会上，孩子把他表弟关进衣橱里，表弟差点儿窒息（幸好发现得早），恰当的做法是（多选）：

A. 把他心爱的玩具送给表弟，表示赔偿或者惩罚

B. 罚他自己在房间里玩

C. 把他关在衣橱里，让他尝尝这么做的滋味

D. 扣发本周的零花钱

E. 考虑给衣橱增加通气孔，以及考虑从里往外推开衣橱门所需要的力度是不是要调整

正确答案：BDE。

A 是不对的，犯错误的惩罚应该集中到未得之物上，而不是剥夺已经有的东西，而且这也不容易培养孩子对所有权的意识。B 是对的，可以参考主角是小兔子的绘本《汤姆挨罚》。幼儿园对付捣乱的孩子一般也是把他放到一边让他自己玩，孩子很快就会承认错误，希望回到集体中来。C 很危险。D 是对的。E 是排除隐患的做法，很有必要。

如何称赞亲戚家的孩子

好多人，尤其是没结婚的人，会觉得吵闹的小朋友特别麻烦。陌生人的孩子扰乱秩序，是应该制止的，但对亲戚家的孩子来说，“他还是个孩子啊”这样的借口是有道理的。

下面这几条规则，最好多读几遍，过年有带孩子串门的，或者你去有孩子的亲戚家串门，就翻出来看看：

你跟孩子没交情，跟大人有交情

一定要明白这个道理，不要以孩子有没有礼貌、学习好不好、流不流鼻涕、翻不翻别人家的抽屉来判断对孩子的好恶。你对孩子的态度，只取决于你和他的父母、祖父母的亲疏远近。

大多数人都不能完美地控制自己的表情，如果有机会在摄像机前出镜，可以看看自己的表情。一般来说，一对一的时候，还有可能控制表情、神色，一人对多人的时候，我们容易有真实情绪的流露。

比如，当亲戚家的孩子捣乱时，你可能对他的家长满面堆笑，但仅面对他的时候，容易显现负面情绪，而这种神色是很容易被敏感的孩子妈妈或者奶奶发现的。

必须训练自己，克制对称赞这事的厌恶，从心底认可它。

别教育别人家的孩子

孩子可能会和一些亲戚家、邻居家的孩子成为“共犯”，被父母抓到后管教。这时候，可能孩子会对父母说别人，比如，“欧小宅（借我同事的名字一用，以后调皮的角色就用这个名字）也砸人玻璃了”。负责的父母会说："她的事，我不管，我只管我家的孩子。"小时候，总是觉得父母软弱，长大之后才明白他们的苦心。这句话里蕴含着一个边界问题，教育别人家的孩子是完全没有必要的。

亲戚家孩子一年才来一次，就算顽劣不堪，你最多也就是忍两三个小时而已，他成才与否，与你何干？

插一道思考题，你是叔叔或者姑姑，你的亲侄子算不算别人家的孩子？

答案是：算。

在古代，伯父、叔父有代替父亲管教和惩罚孩子的权利，尤其是伯父。不过现在，这些男性亲属一般不太管这些了。

最喜欢越界的是姑姑，大多数未婚的姑姑都喜欢在朋友圈晒自己的侄子。这其实可以理解，这孩子与自己血缘近，还带着娘家的姓氏。但是千万要记住一点，对教育方式指手画脚，只会惹怒嫂子。

不要因为教育孩子去对亲戚忠言逆耳，哪怕这个孩子是自己的亲侄子。

称赞和谄媚是两回事

这几年的小学老师不许在评语里批评孩子，所以一切评语都是表扬的话语，比如总考倒数第一还打同学的孩子，他的评语就是："成绩稳定，动手能力强。"

所以，我说你要称赞亲戚家的孩子，不是让你谄媚，而是大多数的孩子，多少都有一些过人之处。别人把孩子带到你家来，就是你的客人，对客人应该客气。你去拜访亲戚，别人就是东道主，对东道主家的孩子美誉几句，也和谄媚无关。

如何夸不喜欢的孩子

这一点非常重要，我们不是要做言不由衷的人，但是遇到自己不够喜欢的孩子，称赞他的时候，注意看下页上面表格中加黑的字！

“**想象力**好丰富啊！”	坏主意多
“是个**运动**的好苗子啊！”	淘气和多动
“以后跟叔叔搞 IT 去吧！”	霸着我的电脑真讨厌
“管理自己的**注意力**做得不错啊！”	玩游戏玩了一下午
“这点比他**爸爸**小时候还要强！”	谁跟自己的儿子争风吃醋呢
“这**身体**真不错！”	嗓门大

这个大公鸡的尾巴，她**画**这一笔太到位了！你看！	有想象力
协调性很好，**下腰、压腿**都特别到位！	运动能力强
对扫雷有兴趣，可以**培养**他数学方面的爱好。	喜欢这孩子聪明
有恒心，你看他一直在**试**不同的办法。	喜欢这孩子有毅力
这点随他爸爸，是不是爸爸总**带着出去**玩。	称赞父亲称职
声音很好，有**学过**声乐类的课程吗？	称赞潜质

对不够喜欢的孩子，我们称赞他的时候，用的是宏大的词。

但是，对喜欢的孩子，注意看此页第二个表格中加黑的字！我们称赞他的时候，尽量用动词。

这是从我的本行——新闻写作里演化出来的。好看的新闻报道，都是动词串联起来的，宏大的词很少。而公文一般都是宽泛的词组成的，动词罕见。

人生啊，就是不断的“动词—大词、动词—大词”，喜欢的人和不喜欢的人交替出现。

对好孩子要特别用心

我们前面说了，所有的孩子都要夸，那对特别好的孩子、特别喜欢的孩子，应该怎么办？

很简单，除了称赞的话术有区别之外，一种检验真爱的方式就是，送礼物。

那些学习好、教养好的孩子，他们的父母有两种：

> 一种是从家庭实力上强于你这个小家庭的；
>
> 一种是虽然家庭实力一般，但是愿意让孩子有远大的理想，望子成龙的。

称赞是积极的心理暗示，能对孩子本身产生正面影响。心理学上有这样的案例：两个成绩相似的班级，一个班正常教学，一个班则强调他们是优秀的人，是被挑选出来的。几年之后，这个被称赞的班级的成绩果然比邻班高了一截。

这里要再提醒一下：

> 关系攻略不是要你只针对领导和同事，相反，家人、亲友等关系也是非常重要的。这些人和你交情深，容错度比较高，而且什么行业的人都有，是你练习人际交往能力的好对象。

习题

表哥和表嫂来家里串门，家里有一个七岁的女儿。你们来往不多，但对这个家庭进行了简单的观察，笔记如下：妈妈收入比较高，打扮入时，喜欢首饰；爸爸似乎在机关工作，没有太多的看法，爸爸听妈妈的；孩子长得很漂亮，穿着风格随妈妈，但是似乎跟爸爸更亲近一些。

以下哪个决策是对的：

A. 应该夸父亲和孩子的亲近关系，表扬父亲的用心

B. 应该夸妈妈给孩子的打扮，表扬母亲的品位

C. 不要夸孩子好看，因为这对健康成长没有好处

D. 虽然很喜欢孩子，但是不喜欢孩子的妈妈，随口夸几句就回屋去打游戏了

正确答案：B。

夫妇俩的风格不一致的时候，称赞孩子要比较谨慎，讨好强势的一方。这个小家庭的主要社会关系是表嫂在打理，那就应该让表嫂觉得舒服，大多数太强势的女性都可能对自己的丈夫有嫉妒心，不是性的嫉妒，而是实力的嫉妒。换句话说，称赞丈夫可能得罪妻子，而夸赞母亲的审美是无害的。

如果孩子的父母本身是很睿智的人，要夸品质和见识。不过，自己的孩子被夸好看的时候，父母都会好开心。

C 是对自己孩子的要求，担心孩子膨胀。对别人家的孩子，你可以放心地夸她好看。

D 是一种消极放弃的态度。事实上，要把这句话记下来，哪怕前面的文章都忘了也不怕：

聪明的男孩和漂亮的女孩，都可以早早和他们建立友好关系，让孩子本人喜欢你。

如何送亲戚家的孩子做学徒

过完春节，从家回去上班之前，用下面这个 list（清单）来检查一下家里是不是还有事没做：

1. 在父、母、配偶的大家族里，我有几个年满 16 岁的弟弟、妹妹、侄子、侄女、外甥、外甥女？

2. 我能写出他们的名字吗？

3. 我今年见了几个人？和其中的几个人交谈过？

4. 他们是在读书还是已经工作了？学什么专业，又从事的是什么行业？

5. 过去一年里，他们获得提升没有？他们满意自己的近况吗？

6. 是否需要实习的机会？是否需要推荐工作？

7. 他们的性格如何？

8. 综合考虑他们的智力和情商，抛开好恶。

9. 给他们打一个分，满分为 10 分。再把这些年轻人按照打分排序。

按照这个评估出的亲戚的头几名，看看有没有他们的微信和电话，他们是否对你开放微信的朋友圈。如果对方屏蔽你的话，恐怕说明你被当作“熊亲戚”或者长辈了。

要把家族中优秀的青年的联系方式要到手，跟他们保持联系，哪怕是不密切的联系。

这是春节长假的福利。有人觉得亲戚往来是一种负担，这是不对的。你应该主动去和平辈的或者晚辈的年轻人去聊，尤其是比你年轻的人。

这里说的年轻人，年龄一般应在 16~25 岁，这些进入劳动力年龄的年轻人就是你需要观察、栽培、帮助的人。

多听听他们的困惑，帮他们参谋参谋，生活上给他们一些关心。尤其是这些年轻人如果和你一样奔波在外地的话，更要多帮助一些。日子久了，他们遇到大事的时候，就会跑来跟你商量。

我们都有无法冲锋在前的时候，这个时候，我们需要年轻人。我们也可能会有自己的队伍，那个时候，我们需要优秀的年轻人。

"职场和亲"

有人说不对啊，那不成了家族企业了吗？亲戚不能雇，也不好管。

你可以和你的朋友、熟人交换培养这些年轻人，互相做对方亲友的师傅，这也是一种结盟的方式。我给它起了个名字，叫"职场和亲"。

你的弟弟、妹妹在朋友的身边工作，也能让你对这位朋友的了解更深入。如果这位朋友与你有业务上的来往，就更好了。

"职场和亲"有几点要注意：

这人是个好青年

当然，年轻人至少要品行和能力都过关。你送出的人才越好，你越能收获朋友的友谊。这也是为什么我会说你先要给年轻人打分，选择优秀的推荐。

没有好到要上天

你的家族里最优秀的年轻人可能早早就被父母安排好出路，或者很有主意不用你操心了，那就挑选你可以帮得上忙的人选吧。

我的朋友金承志是彩虹室内合唱团的负责人。今年，他们合唱团唱了一首歌，说的就是家长里短，其中二叔的词儿是："要不要来我厂里当保安。"二叔的想法是对的，就是把家里的人力资源尽可能地开拓出来，但是他对侄子的实力评估是错的，保安的岗位，可能不符合家里人的期待。

本人意愿是关键

你想送到朋友或熟人处学习的年轻人要喜欢这个行业才行，强扭的瓜不甜。同时，也要考虑年轻人父母的意见。不过本人如果喜欢，父母是可以说服的。

亲戚关系说三遍

要说清楚，“这是我的表妹，你该批评批评”，要说真的亲戚关系。

不要轻易谈恋爱

为什么我要强调说清楚真的亲戚关系呢？就是因为不老实的人容易产生恩怨，很多人送来的其实是自己的女朋友，或者至少是自己喜欢和追求的人，但不好意思明说。当师傅的傻乎乎地觉得这是 ×× 的表妹，就要跟人发展关系，那就尴尬了。

当然，最靠谱的办法是不和任何同事和实习生谈恋爱，这件事风险太大。

丰收季节可预见

你的清单要每年更新，年轻人哪年进入实习期，哪年进入工作季，都要和年轻人聊一下，听听他们的想法，给一些建议。同时，他们进入实习季或者工作季的时候，也就是你可能进行“职场和亲”的时候了。

不要担心把人推荐给朋友、熟人会被拒绝，因为你的朋友其实也需要自己人。懂事的年轻人是稀缺品，你的亲戚知根知底，可能比从社会上招聘来的靠谱得多。

你介绍过去的年轻人是你伸向一个新行业的“触手”，你会逐渐认识这个行业的很多人。如果你不在你出生的城市打拼，这是你在所在城市布置各种关系网的开始。

什么叫脉？你俩有血缘关系，那才是一脉。能互相给对方办事，那叫人脉，否则那叫通信录好友。

亲戚里的年轻人可能会成为你的助手或者“触手”，你还会从心理上变得更加强大。

你可能会受社会促进效应（social facilitation effect）的影响。社会促进效应指的是在有其他人在场的时候，个人的效率可能会增高或者降低。体能测试的时候，如果有成绩优秀的人“带跑”，你的速度就会比自己跑的时候快。当你开始把年轻人当作一种资源来开发和经营的时候，你对待家族、职业和人生的态度都会变得不同。你开始研究更为复杂的家庭关系、替别人着想，而且年轻人会开始看着你，你会变得无法怠惰。

和他们一起奔跑，你也会跑得更快。有的人的家里确实没有适龄青年，那邻居家的孩子、世交家庭的孩子都可以帮助和培养，甚至于你带过的实习生、徒弟、新同事，如果他们想转行或者换工作，那么可以积极推荐一下。这需要你做些功课，深入了解一下这个人。

曹操有曹仁、曹洪、曹彰、曹休，姓夏侯的人其实也是他的亲戚；孙策有孙权；刘备啥亲戚都没有，但他认了两个兄弟，一个叫关羽，一个叫张飞。

习题

我把表弟送去我的一个朋友那里接受他的训练，表弟成功地留在了朋友的公司，表弟现在的首要身份是：

A. 我的亲戚

B. 朋友公司的员工

C. 我栽培的年轻人

D. 我的线人

正确答案：B。

A 肯定没错，但不是首要的身份。

B 这种认识，对你和他都好。注意不要对“和亲”这件事有什么痴心妄想，表弟对职业和公司忠诚，对所有人都是一件好事。当然，等到有一天你要自己拉队伍创业的时候，表弟可能是一个合适的合伙人。

C 如果你总是以恩人或者导师的身份自居，那你们的关系破裂是早晚的事。再亲近的人都不愿意永远做你的附属品，你要把他当成年人来尊重。事实上，他可能很快就超过你了，掌握很多资源，也有自己的属下。

D 我们说“和亲”的年轻人会是信息的来源，不是说他进去就要做一个线人。如果看过《无间道》就会明白，线人如果自己变得极其强大，而派遣者的实力却停滞不前的话，线人会“吞掉”派遣者。

如何对待住家保姆

保姆和雇主到底是一种什么样的关系？应该维持什么样的距离？

有人说，是雇用关系。没错。固然有这样的关系，但与一般的雇用关系相比较，这种关系又很特殊：

1. 契约家人

一方面，在一个时期内，大家的关系非常密切，形同家人，有一种“类亲情”存在；另一方面，这种家人关系绑定的就是一个契约，一旦契约解除或者结束，关系也就不复存在了。这使得双方可能在投入感情方面都会有所保留。

2. 生活合作者

即使你是一个全职太太，也没法对保姆做全方位的工作安排。保姆不会仅仅是你的手或者你的苦力，你必须借用保姆的脑力，让她去做一些决定。

在这个雇用关系存续期间，你们将会共建美好生活。你必须要对她付出为大多数家人付出的那些，分担她的抱怨、压力、情绪等，影响她的思维，训练她的习惯。同时，你和你的孩子可能都无法避免地受到保姆的影响。

这也是为什么我们会尽量善待保姆，因为你的生活是绕不开她的。

我避免使用男主人、女主人这样的称谓，最多使用“雇主”这样的词。事实上，如果你以主人自居，她会完全没有积极性可言。如果以准家人关系来看待她，可能会有更好的效果。

我们可以从一些比较和睦的家政雇用关系来分析，好的保姆和好的家政雇用关系到底是什么样的。

选　人

1. 姐姐还是阿姨

关于究竟是应该寻找未婚的“姐姐”，还是寻找年长的、有孩子的“阿姨”，各人有不同的看法。

选择什么样的人，跟要承担的任务有关。

如果只是简单的清洁、采买、做饭和负担家务，18～25 岁的年轻保姆就可以了。

年轻的保姆，如果品质纯良的话，女雇主是可以对其施加影响的，年轻而且单纯的女孩不容易对抗女雇主。

如果需要照顾婴幼儿，最好是挑选年纪在 35 岁以上、有孩子的育儿嫂（保姆的孩子已经上初中及以上的最好，这时候教育已经成型，不用太挂心了）。

育儿嫂最好不要超过 50 岁，年纪再大会难以应付调皮的孩子。60 岁以上的人最好不要考虑，奶奶型的看护者文化程度比较低，有的还有一些不良习惯。

照顾老人的保姆最好是挑那种富有耐心、40 岁以上的中年女性。如果老人本身行动不便，最好是挑选一些有力气的保姆，但是脾气绝对不能急躁。

《我爱我家》是一个良好雇用关系的典范，保姆小张甚至会出现在全家福里。

2. 熟人还是大公司

家政服务公司很少有真正意义上的大公司。

一些互联网保姆平台也在给人介绍保姆，遗憾的是，这跟送餐、司机业务不一样，至今没有一个足够大的保姆平台出现。

一个恶劣的专车司机会被平台开除，车号也会被限制，但是大多数不好的保姆仍然能够在平台之外找到工作。

大多数家庭即使在辞退保姆的时候也不会给她一个差评（对方知道你的家庭住址，认识你的孩子），所以，口碑这事一直是个问题。

熟人推荐是保姆的一个稳定来源。

有的保姆是熟人雇用过的保姆，还有的是和熟人、朋友沾亲带故的人。坏处是她们（保姆大多为女性，故此篇都用的“她”）大多没有受过专业训练，好处是有熟人、朋友对人品的背书。

无论是熟人介绍还是通过家政公司找的，最好都和保姆签合同，保留她的身份证等资料。如果是通过家政公司找的，要请他们提供保姆的无犯罪记录证明。

此外，应该询问她前几份工作都做了多久，正常的育儿嫂一般会做满一年，家政服务员一般至少是半年以上。如果总是做几个月就换雇主，那这个保姆可能会有各种各样的问题。

3. 是否选菲佣

正规受训的菲佣很好，做事专业。

遗憾的是国内大部分的菲佣即使正规受训，也都是非法身份。她们大多是用外籍教师等名目过来工作的，有的签证甚至是留学生签证，雇用她们存在一些隐患。

因为语言隔阂，菲佣抱怨和是非比较少，缺点是雇主和她们的交流不会很顺畅。如果家里有老年人，菲佣是个不错的选择，因为老年人大多不会说英语，说些刻薄话菲佣也未必有反应。

菲佣的佣金比较高，但在高端服务市场上，比同档位的中国保姆性价比要高一些。

4. 要不要挑省份

有次，跟脱不花聊到这个话题，她对四川的保姆赞不绝口。她家的保姆在她家做了十几年，现在把孩子送到了美国读高中，甚至还自费订了一份《关系攻略》分享给自己的儿子。

我所接触的很多四川人确实都是吃苦耐劳的。我见过夫妻店的小搬家公司，女人把冰箱推到男人背上。男人一步一步从五楼背下去，快 50 岁的人，非常强壮。

其实，一个劳务输出大省往往在近处的中心城市被歧视，因为该省在那里的人太多，出问题的人也就容易多。

不过，一个人在经济发达的地区长大，却一直生活贫困，如果不是家里有病人，那可能就是家中有人有赌博等恶习，或者本人干脆就有恶习。

从这一点来说，家庭环境比省份要重要得多。

当然，如果你爱吃米饭，那就可以多挑一些你喜欢的地区来的保姆，比如四川、湖南。如果你爱面食，可以挑山西、陕西、甘肃的保姆。你可以让对方试一下手艺，这都是正常的面试环节。

背景调查

5. 身心健康

健康证明只能证明一个人没有传染病或者恶性疾病，心理健康则是需要认真观察的。

要让保姆做一段自我介绍，看看她的逻辑性。有的人说话颠三倒四的，那沟通就有困难了。跟保姆聊天、拉家常，看看她的反应速度如何（有些落后地区流行近亲结婚，有些人有智力发育迟滞的问题，也就是我们常说的“智力障碍”）。

对一些话不多的保姆（我们知道很多时候内向、老实其实是智力或者性格缺陷的另一种表现），你可以下达一些复杂的命令：“卧室里的衣橱上面第二格里有把钥匙，十分钟后拿过来给我。”观察她对时间、空间的认识。

给保姆一份智商测量表有点儿夸张，不过这个确实更加准确。如果你家的保姆晚上总是睡不着觉，觉得能听见什么你们听不见的东西，或者觉得邻居想害她，那她可能出现了精神问题。赶紧把她送走，最好通知家政公司或者她的家人来接。

6. 鹰派还是鸽派

一些保姆是性子偏执的人，喜欢什么事情都按照她的经验来做。我们按照鹰派和鸽派的分类法，可以把她们归入鹰派。这样的保姆一般做事不怕苦，效率也高，最好是只和带孩子的小夫妻打交道，用她的经验来做事，雇主偶尔用科学的方法调整、规范一下。

如果家里有老年人，一定要选一个鸽派的保姆，她们的性格好，不至于让老人生气。

无论是雇用鹰派保姆还是鸽派保姆，雇主如果是小夫妻，最好是在关键时刻能自己拿主意，不能把所有事情都交给老人或者保姆。保姆是会替你们承担老人的怨恨，但是如果你不想雇用关系尽快崩溃的话，最好也居中缓和一下各种矛盾。

7. 幸福的人还是苦命之人

在初次面试保姆的时候，最好就问清楚她的家庭情况：她是已婚、离异，还是丧偶？几个孩子？有没有婆婆？为什么出来工作？丈夫有没有工作？孩子上学还是上班？

保姆的孩子或者丈夫最好也和她在同一个城市，让这个城市和她有更多的交集，不是坏事。不要怕她周末放假去和家人团聚，这是她减压的好机会。

一般来说，家庭生活幸福的保姆很少疑神疑鬼，更适合带孩子，性格也会比较好。

有人喜欢找那种家庭不幸的保姆，觉得自己很像是在拯救对方，在做慈善。最好不要这样做，尤其是保姆的丈夫酗酒、家暴的，最好是谨慎对待。

苦命之人也不是不能用，像我一岁多的时候，我爸爸在部队服役，离我家千里，他和我妈托部队驻地的朋友找了一个十几岁的姐姐来我家做保姆。这个姐姐父母双亡，哥哥一只手受伤残疾，嫂子虐待她。我妈就带着她回我家，我妈那会儿像是带着两个孩子生活。这个姐姐带了我两年多。

如今，她的女儿都出嫁了，和我家一直作为亲戚走动。对苦命之人，你要付出更多的耐心和爱。

8. 拖累和恶人

早点儿弄清楚保姆家中的负担，比如有没有生重病、有没有不良习性或作风不好的人。如果她有这样的丈夫或者儿子，她又和他们保持联系，最好就不要雇用她，这可能会给你带来极大的麻烦。

《我爱我家》里有一集，名叫《二鬼拍门》，讲的就是保姆和同乡给这家带来了不小的麻烦。小张的同乡被工地拖欠工资，跑来找她，心生歹意，劫持了老干部爷爷和居委会大妈。

相处篇

9. 喜庆的脸

一个人是乐观的还是悲观的，相处一段时间之后会逐渐了解。今天我们经常说某人很“丧”，就是说他对万事的看法比较悲观。当然，也有的人是相貌上比较“丧”。

好的相貌能让人好感顿生，如果你看到一个保姆候选人就觉得不投眼缘，那就不要选她了。不要强迫自己接受“心灵美才是真的美”这样的谬论，大家坐在一起吃得下饭、说话开心，那才是真的美。

挑一张喜庆的脸并不可耻。同样地，如果你觉得一个年轻的保姆吊眼角或者眉目含情，那也可以直接不要，没有必要让自己觉得不舒服。

说“不”并不是不尊重，强令自己接受，然后对人家疑神疑鬼才是真的不尊重。

10. 工作标准

一是要早早明确保姆的工作量，如果有额外增加的工作，最好是加薪或者包红包。不过，和不发红包相比，隐瞒工作量才是最惹人厌恶的。

二是要用最快的方式，明确双方的工作标准。因为保姆和雇主的生活习惯不同，很多问题其实出在雇主无法提出明确的工作标准上。建议使用清单列出工作标准，如孩子多久喂一次，床单几天换，老人怎么照顾，等等。

注意！人际交往的黄金法则在这里适用：如果你想别人怎么对你，你就要首先这样去对别人。

11. 撒谎和骄横

如果发现保姆在某些涉及财产的地方撒了谎，要及时辞退她。《卡布斯教诲录》是一本波斯王子教育自己儿子如何做一个贵族的书，书中谈到了购买仆人和奴隶的一些法门。虽然时过境迁，但是一些原则至今仍然适用。

如果一个人在前一个雇主那儿因为得宠而骄横，就赶紧辞退她好了。同样地，撒谎侵害你利益的人最好也不要留。

有些人撒谎是因为胆小，怕你责罚，这种撒谎可以挽救。

有的人撒谎是因为胆大，她妄想瞒天过海，这样的人最好尽快辞掉。

如果你因为贪图她的手脚麻利而容忍她的撒谎或者态度的恶劣，那么你就是在接受贿赂，这样一定会出大事。

这句话念三遍，并记下来：

没有离不开的保姆。

电视剧《田教授家的二十八个保姆》展示了保姆行业的混乱和家庭关系复杂局面下保姆的困境。有时候，这届保姆不行，有时候这届雇主不行，最后结局悲观：女儿决定回家给父母做家务。

12. 烟和酒

保姆最好不碰烟和酒，这些事坚决不容忍。

13. 赌博

赌博是最可怕的、摧毁人灵魂的恶习。如果你家保姆买地下六合彩、网上赌博或者过去有赌债，一定要尽快换人。赌博是冒险家的游戏，你不要把孩子交到这样的冒险家手里。

赌博会让人丧失自尊，为了还债，她们会用更多危险的手段。即使赌鬼本人对你不错，她可能牵扯到的黑色、灰色势力也可能会对你的家庭不利。

你最好留意保姆发工资之后做了什么：如果是去邮局、银行给上学的孩子汇款寄钱（当然，现在也有微信和支付宝了），这个人就是可靠的；如果是去还一些奇怪的债务，那就有风险了。

14. 暴力行为

殴打照顾的孩子或者老人的保姆要及时辞退，不要犹豫。

15. 恋爱

无论你家的保姆年轻还是年长、未婚还是已婚，她都有可能陷入恋爱的局面。如果你的保姆超过 18 岁，她当然可以支配自己的人生。

但是，你要留神的一点是，她可能面临着情变、婚变、怀孕、堕胎等一系列复杂的局面。最好是在出现这类苗头的时候加以提醒。

如果保姆出了什么意外，很多时候就不是讲合同的事了。你家楼下可能面临着大规模的亲属聚集，所以早点儿防备此事是对的。如果她忙着恋爱做不了自己的工作，就最好赶紧跟她解约。

其实，做这些说到底就是三个字：在乎她。

简单总结一下新接触一个保姆时的策略：

1. 早期示好

从见面开始就尊重对方，对她友善，叫对对方的名字，看对方的衣物够不够、营养够不够等。

2. 不吝啬

不要把对方的工资压得很低，优质优价永远都比物美价廉更符合社会发展规律。

3. 不滥赏

我们之前说过，对孩子可以用“阴性惩罚”：你如果做得好，我会额外给你奖励；做得不好，就要让你没有这样的奖励。同样地，总是想扣除保姆工资是没有必要的。但是，也不要滥加奖赏。

4. 不借钱

可以预支一个月的工资，但不要借钱，在她开口借钱之后，最好尽快换掉她。

5. 如果她是一个好学的人最好不过

脱不花说到她心目中的好阿姨，提到了“有学习能力”，这是一个非常好的进阶标准。在工作上，一方面，学着操作各种智能设备没问题；另一方面，如果有些阿姨自己本身愿意学习知识和技能，也能够充分利用自己的时间，交上品德好、身心健康的朋友。

过去的几十年里，有不少家政服务员是完成过函授学业和自学考试的，甚至还有人后来考上了硕士研究生。有的虽然自己年纪大了不能学习，却培育出了非常好的儿女。

如果保姆真的和雇主达成了契约家人和生活合作者的共识，那就会让她逐渐接受这样的设定：

> 这是一份好工作；
>
> 这是一个好雇主；
>
> 我愿意在这里工作；
>
> 为此，我接受雇主提的要求；
>
> 如果不能再在这里了，我会觉得很遗憾。

人和人最宝贵的关系是彼此在意，如果雇主做到了这一点，就会：

你不用惩罚她，她也会努力工作。

这个互动模式一旦构成，那就是黄金雇佣关系。

05

部分

社 会 交 往

交朋友找相似的，还是互补的

有时候，我会接到一些刚刚走入职场的人的提问，他们觉得认识新朋友有一些困难："我觉得和人第一次见面，尤其是和我的行业不同的人，寒暄几句之后，就不知道跟人聊什么好了。"

跨领域交朋友，确实非常难交。如果大家的生活完全没有交集，在一起就可能觉得不知道聊什么好。

这是一种非常正常的现象，别说是新入职场的毕业生，我工作十几年了，一样会遇到不知道聊什么好的局面。这时候，一般可以聊一些开放性的问题，比如："您那个行业，今年形势好吗？"

如果对方没有受过太多教育，我就会更直接地问："挣钱吗？"有的男人会羡慕女人，因为女人们会聊明星八卦或者儿童教育。但其实财富和事业，是男性之间的最大公约数，有一些跨行业的、关乎人性的话题供我们选择。但是，我们有的时候还是会回避和"不像"我们的人交往。

这其实是一种逃避。

心理学家曾经研究过人们为什么会彼此吸引，结果发现有一条原则扮演着非常重要的角色：喜欢你，是因为咱们俩很像。

为什么会接近像自己的人

地铁上有不少空位置，距离你的远近也差不多。如果不存在特别富有吸引力的异性的话，你会选择坐在谁旁边呢？

A. 一个看上去有家暴倾向的男人

B. 光头、大金链子、有文身的人

C. 身体微胖、戴眼镜的中年男人

D. 时尚，看上去像青年演员的人

我会选 C。理由很简单，我们都是体重超标的、戴眼镜的中年男性，穿衬衫、接受过高等教育。

如果没有和我们太像的人，我们也会在一大群陌生人中寻找最像自己的人。我们甚至可以把一个人和我们相似的点放大，来拉近自己和对方的距离。

异形和铁血战士这两种外星生物都不是人类的朋友，但是人类更喜欢铁血战士，因为他们更贴近人的形态，而异形更像动物。在现实的动物界，人们也更喜欢哺乳动物、温血动物，对两栖类和鱼类就相对冷漠得多。“越像我们，就越亲近”这个原则是人类通行的。大多数人在陌生的场景里，都会选择坐到比较像自己的人身边。如果是在一个大型聚会上，大家也可能会选择跟自己身份、地位、经济条件和受教育程度相仿的人一起聊天。

为了宴会顺利进行，组织者一般会在请柬上标注需要穿什么样的服装。比如，是黑领结、普通正装、商务装，还是休闲装。这不仅仅是为了摆谱，穿着如果不同，双方是没法交流的。

如果这种不同在外观衣着上就能表现出来，相差太远的人之间甚至会出现敌意。穿同样的衣服，新认识的人就会有更多的话题。

结交不像自己的人会劳而无功

美国心理学家西奥多·纽科姆曾经做过一个实验，他租了一个大房子，免费给大学男生提供住宿。他事先对同学们做了问卷调查，他把一些“三观”类似的人放在同一房间做室友，又把一些“三观”完全不同的人放在同一个房间做室友。这些人到期末的时候评估自己和室友的关系，结果“三观”一致的室友基本上都变成了朋友，“三观”不同的，往往已经反目成仇了。

男性之间的友谊可以靠酒肉和游戏来维持，而女性之间的友谊很依赖于一方对另一方的看法，大多数的绝交都源于一方批评另一方，比如：

“你这么做是错的！”“别听那个什么熊老师的，还是要把你男人的工资卡拿在自己手里。”“你这件衣服不好看！”

人在心理上有自我保护的机制，总是被一个人这样碾轧的话，这段关系就会被调整。

调整方式之一，就是和这人绝交，寻找价值观更一致的朋友。

调整方式之二，如果你的朋友特别吸引你，你特别依赖他，你可能就会调整你的价值观，继续和他保持认知的一致。这时候，你会发生改变。因为朋友改变认识非常难，但是在青春期和成年早期，这种转变都非常重要。为什么尽管有很多种自学的方式，我们还是要提倡大家去上大学？因为在大学里，遇见和自己相似的人的机会非常多。

不要强迫自己去和自己不像的人交往，否则很有可能会以交友失败而告终。人会很自然地去结识和自己相像的人是有道理的，这是一种自我保护的方式，同时也是高效率的交友方式。

和自己不同的朋友

我经常对大家说，要做关系场上的成年人。成年人认识事情的方式，比青少年要复杂。

青少年更容易被一些简单的因果关系所驱动，被爱恨情仇所鼓舞；成年人则会被利害所影响，更多考虑人所面临的处境。

如果一个人被迫和患有精神疾病的妻子离婚，一些年轻人就会说他是叛徒和渣男，但是一些中年人会提到：他可能有自己的苦衷，家人患精神疾病的压力实在是太大了。

年轻的时候很难交到和自己不同的朋友，年轻人之间在看法上有矛盾就容易争执。同时，年轻人的知识背景和过往经历只能让他们支持一些人和一些事，非黑即白。

见得多、听得多、经历得多了，步入成年中后期的人能够理解更多的事，接纳更多的人。这种财富，我们称为“阅历”。有阅历的人待人更温和，也更容易交到不同的朋友。

微博用户可以给自己加标签，比如网游、交友、钓鱼、人际关系等。如果一个人和你打上了共同的标签，系统就会推荐你去关注这个用户。

标签的作用，就很像阅历。你刚刚毕业，几乎是一张白纸，你要交朋友，交到的就都是和你很像的人。这样安全，也不容易被拒绝。再往后，你逐渐给自己加上了许多标签，能够理解更多的事，你也就能交到更多的朋友了。

中国有句老话：“行万里路，读万卷书。”我们有时候单纯地把它作为一个学习的过程，没错，但是这还不是简单的学习过程。当你有足够多的经历和足够多的阅读量之后，对你来说，陌生和令人恐惧的事物会越来越少。你虽然不认识某人，但是你可以通过过往经历或者你阅读的作品，把这个人的气质进行分类，模仿一些新闻报道、历史作品，甚至小说或戏剧的办法来跟他相处。

为什么害怕不像我的人

不愿意和不像自己的人交往，心里的担忧往往是担心被拒绝。

美国有一批心理学家曾经组织了大学生参加实验，让他们选择社交对象。他们对 A 组说：“面前的两批人选一批，他们可能对你们友善，也可能不友好。一批是工人，一批是大学生。”这批人毫不犹豫地都选择了他们熟悉的大学生，因为觉得熟悉的人群能够应付得来。

他们又对 B 组说：“面前的两批人选一批，这些人都是特别友好的人，说好了要跟你们一起聊天的。一批是工人，一批是大学生。”结果，大学生们大多数都选择了工人。在得到保证说这种社交不会被拒绝之后，他们立刻就有了勇气，想要认识一下和自己的生活不同的人，希望交到和自己不一样的朋友。

所以，注意！能交到像你的朋友是入门，交到和你不像的朋友是高阶。

如果担心和不像你的人社交失败，托中间人来说和保证是最好的办法。事实上，如果你最近三个月没有认识新朋友，那就可以托你的老朋友来推荐和介绍一些朋友给你认识。

小区里一起遛狗、参加孩子的家长会、参加某些聚会等，都能让你收获工作领域之外的朋友。可以尝试着结交其中一些人，丰富你的朋友清单。

成年人相交，交的是实力和信誉，吃吃喝喝、一起逛街虽然也有用，但并没有那么重要。

如果你是一个品质优秀、实力出众的人，对方也会把你当作一个性格互补、交流业务经验的朋友来交往。

谁不需要布置自己的人脉网呢？我们都是遮遮掩掩、试试探探，最终下场，舞在一起的。成年人之间是因为力量而结盟的朋友。

习题

美国的心理学家曾经对一群做心脏搭桥手术的患者做过访谈，问他们希望同病房的病友是什么样的人。你觉得他们一般会选择：

A. 和自己一样还没有手术的人

B. 已经做完手术，在康复期的人

C. 最好是空着

D. 手术失败的人，看着惨一点儿的人可能会好受一些

正确答案：B。

大多数病人都选择了 B——做完手术的人。他们渴望对方分享已有经验。相似性原则有一个情况例外，就是如果在医院之外挑选朋友，一个糖尿病患者未必愿意结交另外一个糖尿病患者，他们的压力和焦虑可能会互相影响。

阅历和知识不仅能支持你自己，还能支持你身边的人，你也会因此收获更多的朋友。

现实生活中，很少有人会做心脏搭桥手术，但是大多数人都会经历高考。有的人还会经历考公务员、考研、找工作、换工作、买房、谈加薪、离职、谈恋爱、求婚、结婚、生育……

在一个大学宿舍里，一般那个年纪最长的人是老大，要不就是做学生干部的家伙扮演一个老大的角色，但是毕业之后，最早结婚生子的人往往成型更快。他成了在前面为大家探路的人，有很多人生经验供分享。

第一个身体出现某种问题的人也有东西可以分享给大家，虽然不是什么好经验，而是惨痛的教训，这就是所谓的“过来人”。在别人向你咨询你的过往经验的时候，你可以把自身的经历说给对方听，但是不要随便给对方提建议，要特别谨慎。

如何从朋友里选出“做大事儿的人”

有人问我：

“我觉得我过得很失败，同学、朋友都不主动联系我，都要我联系他们。为什么呢？”

我说，有三种可能：一种是你最近变弱了，这几年没有跟上大家的步伐，大家都不愿意跟你一起玩了；另一种是大家最近确实都特别忙；还有一种情况是大家都很忙，而你没有跟上。大家都忙起来了，只有你仍然很闲。

人到 30 岁左右，一般会突然觉悟一些事情，有些人的行动会突然加速。这时候，他就有可能会抛下一些朋友。

我爸以前是军人。我小时候，部队大裁军，跟我爸同一批退役的朋友很多。所以，他们到周末就会聚会。

但是渐渐地，我爸所交的朋友起了变化，他脱离了战友、同乡这样有相似经历的群体，逐步转向和他见识、学识和身份相当的新朋友。

这些人喝酒比较少，谈论资源、见识性的东西比较多。这批人与战友圈和同乡圈的朋友气质不同，大家的酒量小了一点儿，吃的菜会精致得多。

至于以前的老战友，有的都融入了与自己工作相关的新圈子。他们偶尔也会再聚，但一般都是因为有外地的朋友来访。

朋友清单要经常更新

时隔多年，我想起我爸从海交朋友到选择朋友，是他 35 岁后的事，跟我现在的岁数差不多。

28～40 岁的朋友要注意了，这和大学时期一样，是一个结交朋友、扩展人脉的好时期。朋友清单总不更新，一年交不上 5 个新朋友、新伙伴，你的事业可能就停滞了。大家可千万别觉得这个时期交的朋友不如高中同学和大学同学！因为你们是基于共同利益、工作相交的，同时又过了对友谊的饥渴期（中学生很难把握朋友之间的进退，容易翻脸），反而可能交上好朋友。

大多数人没法维护 200 个以上的重要关系，时间会不够用。艾宾浩斯遗忘曲线讲的是一组单词背过之后，刚开始要经常复习、重复，以后复习频率会逐渐降低，最后可能半个月看一遍就能保持记住的状态。这也是许多老朋友一年一聚也是可以的原因。

大学生应该出去实习、在职场上交朋友，或者交一个考研复习、上英语班的朋友，至少也该参加社团，认识师兄师姐、师弟师妹。同宿舍的哥们儿如果没有重度恩怨，以后一出校门不亲也亲，不要反复投入精力在上面。

选出做大事的人

我们对朋友的评价中，有一个常常听见的，就是“×× 是做大事的人”。我问过这样说的朋友，他们也说不出做大事的人是什么样的，都是凭感觉。

其实，心理学真有一个与“做大事”相关的概念，这就是“成就需要”。

我们都有吃喝、安全、睡眠等基本的生理需求，还有一种需求段位比较高，那就是个人成就。

一个人想要成事、成功，觉得必须要表现突出才能收获成就感。我们会说这人的成就需要就比较高。

有人可能会说：“熊老师，能不能给我一套题，让我测测我是不是做大事的人？”这套题和别的题不一样，其实它是一组主观题，而且题目咱们从小一定试过，就是“看图作文”。

这种 TAT 测试是用来测心理投射的，常见的是一种可以多样解读的图片，经典的问题是一个黑人小朋友拉小提琴的图片。有的朋友会这么点评这个情景：这个青年刚刚收到了一把很好的小提琴。他在音乐上进步很大，很可能可以演奏高深、复杂的曲子了。音乐成了他抚平挫折和身体不适的绝好消遣。音乐也许会让一位姑娘成为他的爱人，他们前路坎坷，然而最终会在一起的。

也有朋友会这么说：这家伙应该是个当铺伙计吧，看见个乐器不认识，正发愁呢，他正感慨说倒霉蛋怎么卖这么个东西。他烦透这份工作了，见了好多古怪玩意儿，薪水却仍然就这么一点儿。

头一种人希望发挥自己的力量，希望自己能建功立业。这种人的成就需要很高。第二种人对成就功业没有什么期待，这种人的成就需要就比较低。

这成就需要就是我们日常说的事业心，就是我们说的“成大事”的指数。

高分人士挣得更多

对图解读更乐观、更偏向于事业和正能量的人，一般成就需要就比较高。

成就需要低的人可能就不适合创业或者从事太需要开拓的工作。

美国心理学家麦克莱兰和弗兰兹曾经做过一项跨越三十多年的研究，他们调查了一批 5 岁孩子的抚养和教育方式，并让他们进行了成就需要测量的测试——一大堆读图的题目。

这批孩子 41 岁的时候，两位科学家重新找到这些家庭，发现大多数成就需要高的人到了中年的时候，成就都比自己父亲的成就大，很多人的人生都迈上了一个新阶层。而成就需求低的人，混得比自己父亲好的人要少得多。

更令人惊叹的是，成就需求高的人，他们的收入都比低分同龄人要高。

两位科学家又看了这些人 5 岁的时候，他们的妈妈填写的报告。

发现那种给孩子压力很大、让孩子遵守严格规则和苛刻培训的妈妈，养出来的孩子成就需求高。

这就是成就压力。如果你的父母从小对你期待很高，要求也很高的话，你的成就需求就很高，以后就能挣得多。

麦克莱兰和弗兰兹发现，5 岁时经历过高压力的孩子，在 1988 年就比成就压力小的同龄人每年多挣 1 万美元。

不愿意做大事的人就没出息吗

成就需要高的人也有各种问题，最大的一个缺点就是容易怕麻烦。

我们有时候评价一个人，会说："真可惜，这人太精明了。"他们希望尽快成功，对自己的评价和期待也很高。如果短期之内他的收入不好，他很可能就会转身离去。

成就需求低的人往往会考虑做一些不会立刻得利的事，但如果去辅佐、帮助那些成就需求高的人，加入一个强大的团队，往往也能有很大的成就。

这就是那句老话："鸟随鸾凤飞腾远，人伴贤良品自高。"这话说的就是挑朋友要挑成就需求高的人。但是，朋友怎么挑呢？

择友或者相亲的时候，你总不好拿一张黑人小孩拉小提琴的图片给他们，然后分析他们的答案。人家肯定会问你："是不是有病？你到底想干什么？"

这里有一些替代方式，比如看一个人打游戏。现在的好多游戏，玩够几百小时能解锁一个成就，收集齐所有的地图可能会解锁下一个成就，不触发警铃而通关可能还有一个成就。

有的人就是那种忍无可忍，非要完美成就才行。强迫自己收集全所有的道具，这就是成就需要比较高的人。也可以一起去看球赛或者电影，看他对比赛或者电影的看法。

这样可以顺利地把那些渴望成功的人筛选出来。记得吗？他们小时候可能也接受了很好的家庭教育和训练。

通过看人评价人、论断人的姿态，可以明白对方：

1. 是不是渴望成功的人；

2. 是不是希望展示个人实力；

3. 是不是想多挣钱；

4. 对成功的看法；

5. 小时候是不是肩负着家长的期待，是不是受过良好的教育和训练。

在这里提醒一下，恋爱时第一次看电影要好好观察对方，但是不要做出不雅的行为。因为，工作人员都看得见！

还有，看完电影出去再聊！别在电影院里聊天！

为什么人情债是关系神器

“不要担心求人会耗光你的资源，求人根本不会伤资源，不跟人联系才会耗尽你的社会关系。”

“请托别人帮忙和办事，给对方合适的回报。下次再求帮一个大忙，对方会更加积极。”

有的人说，这种观点颠覆了从小以来的认识。还有更颠覆的，今天就详细解释一下为什么要欠人情债。

我们列举一个关于人情债的问题清单，帮助大家理解这种关系。

什么是欠人情债

对我让渡了利益或者对我付出了时间和精力，我暂时没有给予相应的报偿。

你可能是暂时没有实力报偿，也可能对方暂时什么都不缺。

人情债的本质是什么

人情债的本质是双方的结盟与合作。

人情债和大多数实体债务不同，借贷双方是一种“共谋”和“投资”的关系。

为什么要让别人欠我的情

让别人欠我的情，代表着我希望收获对方的友谊，聪明人会主动让别人欠自己。

人情债的债主一般来说比债务人身份略高，或者基本相等、各有所长，所以一般是“大哥帮小弟”“长辈帮后辈”的模式。

放人情债的人几乎都是聪明人，他们希望掌控更年轻的力量，希望在过了自己的巅峰期之后保持自己的影响力。

为什么我要欠别人的人情

我见过很多年轻的朋友，他们背井离乡来到北京或者深圳这样的城市。偏巧这座城市里有自己的亲戚，这些亲戚打拼多年，已经算是功成名就了。

很多年轻人对这种亲戚有不适感，有的是因为亲戚爱管闲事，但是最关键的一点，仍然是亲戚什么都有，而自己还什么都没有。这种差距带来的压力才是很多年轻人感觉不适的关键。

童年“人应该努力工作”的教诲在脑海里回荡不已。于是，在亲戚邀请年轻人去家里坐坐时，年轻人会跟自己的亲戚说：“我最近挺忙，先不过去了。”

亲戚当然比你更忙，叫你几次不来，从此你也就没了这门亲戚。你在到处托同学打听找实习机会，而你家的那个表亲其实打一个电话举手之劳就能帮到你的。

这是最糟糕的一种互动。

看上去，这是一个自强不息、一切靠自己的好青年，其实这是一个不懂得人情债的宝贵、错失好机会的傻小子。

有人可能不服气，说：“我其实不是不懂事，可能我这个人太自觉，不爱给别人添麻烦！”

别找借口了，接下来我就告诉你“不爱给别人添麻烦”的真相是什么。

不爱给人添麻烦的是什么人

大多数用“不爱给别人添麻烦”形容自己的人，其实不了解这句话的真实含义，仅仅是因为自己家的长辈这么说，自己也就这么说。

还有一些怕给人添麻烦的人，是害羞者，他们过分关注自己在别人面前的形象。

还有一些喜欢说“不爱给别人添麻烦”的人，是过分骄傲的人。他们野心勃勃，不想欠别人的，是因为想要自己把事儿全干了。

他们想独享一切发展的荣耀。

如果仔细观察这类高调标榜自己不给人添麻烦的人，你会发现他们对自己的实力评价往往过高，认为酒香不怕巷子深。他们固然也希望成功，但更喜欢的是成功之后说一句“我有今天的成就，主要归功于我自己”。

这些人其实在职场上特别容易喟叹：“明主难找，伯乐难寻，忠臣良将当起来太难了。”

其实，问题在他们身上。他们要的那种明主、那种伯乐，得是赏识和提拔了他们之后，还得板起脸来对他们说：“快走，我选你根本不是因为我喜欢你！我只是为国家选拔人才！”愤世嫉俗、充满道德优越感的“清流”的问题就是太“独”了，你再爱他的才，他也是“喂不熟”的。他想要的是“吃霸王餐”，而不是投桃报李，他们只爱自己。

相反，承认人情债、愿意去麻烦别人的人，他们相信“贵人”。

贵人就是帮我的人，就是人情债的债主。认人情债的人，愿意借贷人情给他的人会越来越多。这是一个庸俗但温和的处世之道，但是其中蕴含着的，是一个良性发展的模式。

不良人情债有哪些

有些债务属于不良债务，比如有的人要强行给你介绍条件很差的对象，或者送一些品质低劣的礼物给你。你看不上，要推托又觉得很难。

还有一些是不良的债主，比如有的人给别人一些小恩小惠，是为了把对方拉进传销组织或者购买他的伪劣产品。春秋时期，专诸就是欠了公子光（阖闾）赡养老母的人情，走上了刺杀吴王僚的不归路，自己也丢了性命。

还有一些是不良债务人。他们托你办事，你利用了自己的人际关系，他们却在其中挑拨离间或者中伤你与朋友之间的关系，或者你帮了他们很多忙，他们却以小事挑衅，跟你绝交。绝交了，人情债就赖掉了。

欠别人的会内心不安吗

家中的老人多持这样的观点，他们本身的能力和掌握的资源有限，总是担心欠了别人的还不起会很麻烦。

此外，现在 60 多岁的那一批人，在最需要阅读的时候遇到了一个不好的岁月，他们对欠债最直观的认知来自《白毛女》。

在这部作品里，欠债还不上会家破人亡。这让很多老年人不爱欠债，比如他们一旦有一笔存款或者国债到期，就会琢磨着是不是帮助孩子去还公积金贷款。其实，这种贷款利息很低，最好是用最低还款额来还才划算。

人情债同样也不要急着还，而是在需要的时候再还。从这一点来说，要调整好自己对人情债的认识，不要让自己的内心自洽（人内自洽）被破坏，那就得不偿失了。

破裂的人情债

人情债是非常稳定的债务，但仍然有破裂的可能。

常见的人情债破裂，是因为一些非货币的人情没有很好地估值。

如果是有人用钱财来帮我渡过难关，那这个人情的估价会比较容易，但是有的人情就难以估算。

比如，我在你心情低落的时候陪你看过流星雨。这个估值是多少？

如果你用逛街来还我，你要陪我逛几次街？

非货币的人情债在同学少年时、读书的时候会特别明显。对一件事双方的估价不同，很容易在偿还的时候对方觉得你不讲义气。

最伟大的人情债是怎样的

1924 年，走投无路的文学爱好者沈从文（小学毕业）写信给成名的作家郁达夫（留日回来），请求他的援助。郁达夫来到沈从文的出租屋，发现他裹着棉被在炕席上写作，大冬天的都没有烧火。

沈从文三天没吃饭了。“你就是沈从文？你这么年轻，你写得这么好……”郁达夫把围巾给沈从文围上，带他去吃砂锅羊肉。郁达夫带了五元钱（银圆），大家吃了一元多，剩下的找零和围巾，郁达夫都给了沈从文。郁达夫回去后写了一篇文章，有点儿愤懑地说：一位文学青年闯荡北京，不如去当兵，或者做小偷。

沈从文用郁达夫留下的钱维持生计，终于发表了文章，在北京活了下来。五十年后，沈从文见到郁达夫的侄女，提及此事，泪如雨下。真正的民国风骨是什么样的？两个经历完全不同的人能彼此关爱，看见一个伟大的灵魂，会把身上的钱和对他满腔的关爱全掏出来拍在桌子上。

对方感激而不纠结，遇见真心赏识自己的人，能收下友谊，记得半个世纪。

这就是天地之间的英雄气。

欠人情债的能力越强，交际能力也越强

我们借用马克思的一句话：“人在本质上是一切社会关系的总和。”

我们描绘一个人，会说他很有实力，或者说这个人混得很好。

有实力的人，除了本身能力很强之外，还会有许多可以借用和调动的资源。

你能欠人情，说明别人看重你的实力，愿意贷出人情给你。能欠别人人情的人，都是了不起的角色。人情债不是负资产，而是帮你飞黄腾达的关系神器。

大多数的人情债都是双方的合谋。

放出一笔人情债，你就收获一份友谊，情感银行里就多了一笔存款。欠下一笔人情债，你会增加了一个信用点，就有更多的资源投在你的人生和事业上。套用一个投资的说法，你其实是在跟你的关系“配杠杆”。

如何给新认识的人留下好印象

我不知道大家有没有认真准备过一场面试，面试时，我们应该做些什么呢？

一件得体的西装、新买的公文包、缓解倦容的热毛巾、面试写字楼楼下的热咖啡、对前台和人力部门的同事露出的笑容，以及会议室里等待面试官的深呼吸。

接下来是表演部分，你昨天一定已经预演过了所有的情况：背诵了台词，关于你的工作经历和特长。你是自己的编剧和导演，说戏的部分也是你自己完成的。

“人生如戏，全凭演技。”这句话是有道理的。你扮演的，是一个敬业、精力充沛、努力工作的职业人士，这和对方的需求是一致的。

我面试过许多人，大多数不符合条件，没有机会见第二次的人，都是因为他们的准备不足。一个人连表演都不愿意做的时候，我知道他是一个缺乏能量的人，或者我的公司、我提供的职位对他缺乏吸引力。

什么是自我表达

人际交往中，我们希望控制给对方留下的印象，这种行为在社会心理学上称为“自我表达”（self-presentation）。自我表达在你认识一些新的关系的时候，特别重要。

面试是特别典型的自我表达。同样地，如果你是大公司的高管，可能还要接受采访和上电视节目，那也是一种自我表达。这类自我表达传递的是正面信息——我是一个聪明、友善、热情和有趣的人，基本上要让对方接受一个正面的自己。

在自我表达的场景之下，我们一般都会非常刻意地塑造一个比自己更高大的自己，因此会塑造出一些不属于自己的特质，或者是夸大一些自己的优点。面试官一定会遇到美化自己的简历，把自己从合作者描绘为主管，从新人描绘为有经验的工作人员。但是，面试官往往会接纳这种美化，只要没有过分撒谎的话。

社会学家欧文·戈夫曼就曾经描绘自我表达为演戏，说这个时候“我们会特别注重自己的外表，控制自己的习惯和癖好”。要知道，大多数人眼中的好员工的形象是差不多的，而对好男友、好情人的标准，大多数人的认知有非常大的差别，所以你可以观察一下身边去相亲和约会的人，绝对会大开眼界。

领结和燕尾服、高级红酒，租一辆贵的车、选一个高级餐厅，这都是自我表达的手段，所以你和对方约会的时候，可以看看对方是精打细算的小制作剧组，还是一掷千金的万世浮华剧组，对对方就能有个初步的判断。

高夫曼提到了一个有名的观点——社交活动中的前台和后台，这是一个戏剧概念，在家里请客吃饭的时候特别明显。你到自己的女性朋友家做客，她可能吭哧吭哧忙了一下午，终于在电视上播放《天气预报》的时候把菜上齐了。

后台是杯盘狼藉的厨房，她用完了所有的盘子和锅，前台是她淡定地对大家说：“随便做了几个菜，不知道合不合大家的口味。”

这时候，主人问你合不合口味，就是等你欢呼，你一上来就真的对菜品头论足，那就是没眼力见儿了。

要记住，你的朋友在演戏，你不仅是观众，还是观众中的亲友团。你不是评委老师，你就是要拼命欢呼，还要压倒一切犹豫不决或者准备说刻薄话的人，尤其是如果这饭桌上坐着来源不一的朋友，有些明显对她不够友善的时候。你是她的捧场王！

我也曾经吃一位女性朋友的菜，并不好，但是你知道去别人家吃饭，不在于饭菜好不好，而是因为你们是亲密的朋友，你才去对方家做客的。

在帮对方收拾盘碗的时候，可以小声地跟她说：“那个菜，事先用水焯一下更好。那个肉要飞水，这样没有血沫儿。那个蘑菇要用筷子搅拌着洗，不能揉，沙子揉进去就再也出不来了。我也是听我妈说的，你可以试试看。”

她在扮演一个精通厨艺的美女私房菜主理人，你也应该做一个勤恳的粉丝和真心帮她改进的好友。她在自我表达，你也在自我表达。你扮演的是一个维护她不怕死，吃黑暗料理不要命，最后还对她无比忠诚的朋友。

做菜给你吃，是人际交往的一种方式，你扮演好大快朵颐的粉丝，大家会互相尊敬，继续相处下去。你不配合表演，那就容易得罪朋友，大家由此会结仇了。

自我表达的常见“套路”

有几个自我表达中的“套路”，提供给大家学习，自己可以用，别人用的时候，你也要积极回应。

自我提升

传达关于自己的积极信息，永远不要说自己不好的事情。

同样地，你的自我表达不应该贬低自己，而应该是最近在你身上发生了哪些好事。

注意！有人说，是不是跟朋友说自己最近的进步，会让对方嫉妒呢？我得说这事多虑了。新朋友之间很少会有特别强烈的嫉妒，大多数失衡都存在于老朋友之间。

所以，你跟新朋友之间说你最近的进步，关键在于你要引导他的自我提升。他在你面前想着去提升你对他的看法了，就是对关系增加了投入。

你千万别很直白地说："我最近惨死了，还没钱……"这样的话最好是去跟心理咨询师说，再不然和一两个特别亲密的朋友说，不要跟新朋友说。

你说完自己的全部烦心事之后，他怎么跟你说才能跟你深交下去呢？说他最近专栏的订阅量过了五万份？你已经这么消极了，他说不出口。如果对方情商很高，也许会说一两件自己的糗事，把你拉回到发现你自己的闪光点上来。然而，大家是新朋友，只见过两三面，交浅不可言深。除非他特别喜欢你，想和你从朋友之间的关系惊险一跃，不然的话，应该是打个哈哈就趁早离开了。

再强调一点，你说自己的好，是为了让对方说出自己的好来。

互相表扬

自我提升，其实就是自我表扬，希望在对方面前显示出自己的强大。所谓的"逢迎"，就是称赞对方、表扬对方。

其实，自我提升策略里，表扬自己，就是为了互相表扬。

彼此表扬才能有最高效率，如果只是单纯地表扬自己而不去称赞对方，你会成为一个自说自话的、令人讨厌的自大狂。如果你单纯地称赞对方而对自己的成就表示不值一提，你可能被认为有心机，准备从对方那里得到点儿什么好处，憋着算计对方。

为什么有时候社交场合大家都喜欢喝酒？因为喝酒之后，自夸和互夸变成了一件特别容易的事。"不是哥哥我吹牛啊，我……""老兄，你这都谦虚着说呢！"

如何不做自大狂

执行自我提升策略，这样可以让你避免成为一个夸夸其谈的人：如果你要证明自己是个智商高的人，就应该用一些更具体的表达。

注意！这招父母夸孩子也有用：父母向别人说自己的孩子最近期中考

试刚考了两个 100 分，这比单纯炫耀“特别聪明，读什么一遍就记住了”要好很多。因为无论是听者，还是听者的子女，都不太可能参加过同一个期中考试（各学校考试都不同，各年级也不同），但是事关能力的表达，可能会让对方觉得对他是一种冒犯。

比如说，面试官说：“你平时努力学习吗？”你如果表现得过于自大，会招致面试官的不满。

相反，你对面试官说，你最近雅思成绩刚下来，是 ×× 分，你最近刚刚考过司法考试……把自己的优势表达出来，放在最近刚做到了某事上，就会好很多了。

应对自我表扬

当对方开始自我表扬的时候，你当然可以说“真厉害，好棒”，但还有一个策略可以应用。比如，如果对方告诉你，自己是《王者荣耀》的天梯赛前十名。你也可以立刻告诉他，自己是《皇室战争传奇》竞技场的冰猪之王。

如果你们是不同领域的聪明人或者高手，一方自我暴露之后，另一方要快速跟进，你们会立刻成为惺惺相惜的英雄。

当然，你的技能得是真的，不要生造技能！

不要谦虚

只有最出众的英雄才能谦虚，电视上直播着接力赛。你接棒的时候落后对方 50 米，你用自己的实力追上来了，所有的人都知道是你一个人的功劳。这时候，你表示谦虚是对的。

“我们是一个团队，请把掌声送给我的队友……”谦虚是强者的专利。大家必须明白，是你而不是别人导致了成功，大家对你的故事熟悉，认识你，才能觉得谦虚的你是好人。

这一点，刘翔经营得特别好。在 2004 年雅典奥运会夺冠之后，他完全不谦虚，他嚷着：“谁说黄种人不能，我做到了，我做到了！”你成功了，就不需要谦虚了，做自己就好了。类似地，结交或者巩固新朋友的饭局，以及迎接新工作的面试上，也不要谦虚，那毫无意义，除非所有的新朋友都是你的拥护者和你的粉丝。

不要替脾气坏的人找借口

如果你的女性朋友说出了这种话，那她未来五到十年的岁月就算是完了：“他人不错，就是脾气坏了点儿。”

如果你的男性朋友说出了这种话，那他的一生可能都完了：“她人不错，就是任性、刻薄了点儿。”

不是我故意恐吓你们，但是大家有没有想过一件事，那就是究竟什么是“人不错”？

人好还是人不好，很简单，就是看他和身边的人相处方式是什么样的：能控制情绪，行动可以预期，关心自己喜欢和珍爱的人，这就是人好；乱发脾气，行动经常失控，对自己身边的亲人、朋友发泄，这就是人不好。

脾气坏的人很难改变

爱动手的人，就是很难控制自己的攻击行为。心理学上的攻击行为指的是对别人有目的的侮辱、损害。人的攻击行为最早出现在学前时期，小孩子打架一般都是 3~6 岁。随着年龄的增长，攻击行为的频率也就下降了。我们经常说“成了大孩子了”，其中一个标准就是不随便对小朋友动手了。

儿童时期，男孩和女孩的攻击方式就已经很不同了。男孩一般是身体攻击和工具攻击，用拳头和手边能找到的东西。

女孩则是关系攻击——她们更倾向于孤立、挖苦、羞辱对手。是不是感觉很熟悉？你公司里难搞的人也都是这样行事的。不过，文明社会里直接动手的男人少了，而激烈的争吵、谩骂还是非常常见的。

人的攻击性很难改变，幼儿园里攻击性最强的孩子，在小学一般还能称王称霸；幼儿园里那种毫无攻击性的孩子，上了小学也仍然是和气先生（温柔小姐）。

所以，如果你觉得一个人脾气非常坏、爱攻击人，那么就别准备婚后改变他。

脾气坏是反复练习的结果

老百姓喜欢说一句话："坏人都是老实人惯出来的。"这句话确实有道理。

心理学家曾经试着让成年人当着一些孩子的面打一个不倒翁娃娃，看上去很暴力。过了一会儿，成年人走了，孩子就开始照猫画虎，对那个娃娃动手。因此，行为心理学就认为，攻击行为是可以习得的。

所以，当你认识一个 25 岁脾气暴躁的人，他在过去的至少 22 年里，已经折磨了无数善良的人了。他从他暴力的相处方式中获益，周围也有人买他的账，他欺负人的本事已经千锤百炼了。

善良、和气的小白兔，居然幻想去说服老狼、老狐狸，真的没问题吗？

脾气坏的人，认知上有偏差

我曾经有一次搭一个朋友的车遇到了危险。

那次，他请我们几个朋友小聚。吃完饭，朋友和他爱人顺路搭我，路上与一辆宝马车起了冲突。他狠别了对方一下，然后用 160 千米 / 小时的瞬时速度逃走，冲进一个小区里逃不出来了。对方从车上下来好几个人，抡着锤子、灭火器要砸他的车。

我这人就这点好，事情来了不知道怕。我问："报警吧？"朋友哆哆嗦嗦地说："报。"我拨电话的时候，他摇下窗户一通道歉，对方就走了。

这是许多没有必要的路怒中的一次，大部分开斗气车的人，智力都回到了学龄前。一辆车做出危险动作时，脾气好的人会惊叹一声：“哎，多危险啊。”脾气不好的人会这样：“这孙子！”然后一踩油门撵上去。

对同一种行为，不同的人会给予不同的解释：和气的人会解释成对方粗心或者技术太差（基本都符合事实），脾气坏的人，则更容易解读为“挑衅”。这种认识方式是在上小学之前通过父母的教育来决定的，所以父母暴躁的话，孩子也可能就此变得暴躁了。这样的情况到成年之后想改进，非常难。

你一句普通的话就会引来对方的跳脚大骂、劈头盖脸。这样的人很难读懂示好，也难以收到善意。

可以把问题推给社会吗

社会要不要负一些责任？要。媒体的暴力内容确实要对孩子的攻击行为负责。在发展心理学这个领域，儿童的研究特别难做，因为你不能真的把孩子分成两组，一组看《爱探险的朵拉》《托马斯和他的朋友们》《小猪佩奇》；一组则看杀人、放火、耍流氓。后一组的家长一定不会答应，但是确实有很多家长是纵容孩子接触暴力内容的。

有人研究过犯了罪的人的童年。这个研究发现，8 岁开始接触大量暴力媒体内容的话，到 30 岁犯罪的概率比同龄人要高得多。8 岁的孩子能大量接触媒体里的暴力内容，他的父母一定是对他疏于管理、照顾的。

欧美的电影有分级制度，就是因为这个实验背后的理论而立法通过了一些轻度的暴力，孩子是可以接受的，但是必须要有成年人加以解说，这也是为什么有的电影分类会“要有成年人陪同”这一类。

所以，如果你交了一个暴躁的、攻击性强的男（女）朋友，他变成那样确实有他的错，但同时，他的父母在他的成长过程中是失职的。

想一想自己要不要选择这样的人做你的公婆（岳父母）吧，他们很有可能还会影响你们未来的孩子。

一些例外情况

有些暴躁，是疾病的缘故。

比如甲亢、脑部的肿瘤，或者血管病变、偏执型人格障碍、双相情感障碍的躁狂状态、糖尿病，或者仅仅是饿坏了导致的血糖低，都可能导致暴躁易怒。

不过，这些病有些不好医治，所以干脆一劳永逸，给自己画下一个道儿：不要和脾气不好或者暴躁易怒的人相亲、谈对象，事实上，他们中的有些人性格偏执，相当危险。

习题

你现在很想把自己一个脾气坏的朋友推销出去，为此帮他介绍了一个对象。这时，你应该怎样描绘他（多选）：

A. 能力很强，就是性子有点儿急

B. 特别有魄力、事业心的人

C. 工作上有冲劲儿

D. 会对女人特别照顾、特别好的那种人

E. 特别直的人

正确答案：ABCDE。

这是一些人描述暴躁的人用的委婉表达，也可以再想想还可以怎样描述这样的人。

然后记住这些描述，时时提醒自己，被这样形容的人是不是很暴躁。如果是的话，请尽量远离。

为什么不要给人免费的建议

我经常说两句话：一、一切寻求免费建议的行为都是耍流氓；二、不要给人免费的建议。

愿意花钱的提问者才是真心的

一个典型的帮朋友提问的场景是这样的：

朋友："我最近不知道要不要和男朋友分手。"你："我最近在学习熊老师的《关系攻略》，觉得特别有帮助。要不我帮你问问熊老师，让他帮你分析一下。"朋友："好吧。"

各位，我们中国人说"好"，未必是"我喜欢""我愿意"。还有一种情况是"也行吧""随你吧"。

你的提议"我帮你问问熊老师"未必是对方喜欢和愿意的一种解决方案。更大的可能是，她根本就没有向你讨主意，只是想跟你聊一聊、倾诉一下。你却认真了，觉得对方是讨主意的，兴高采烈地把熊老师拉进来了。

她和你是熟人，有千丝万缕的利害关系，愿意说给你听的，可能也就是整件事的三分之二。托你转述给熊老师的，她可能还会做美化和删改。

到熊老师这里，看到的是一堆裁剪过的三手素材。要从这种资料里找出蛛丝马迹、做出正确的判断，非常难。

当然，我也可以瞎出一个主意，让你转述给你的朋友听，但是这个主意很可能是错的，然后你的朋友执行了。这下麻烦就大了，你的朋友未必会怨恨熊老师，首先怨恨的，正是热情地替人讨主意的你。

我不接受你们的转述和代问，就是为了防止让你们变成一个费力不讨好的人。

相反地，如果你把熊老师的专栏推荐给她，让她自己阅读和感受，她可能会信赖熊老师这个陌生人（有些话反而和陌生人能说）。她认可了，发自内心地愿意去问熊老师问题，熊老师的建议才是有价值的。

这个建立信任的过程，就是通过付费来实现的，付费会筛掉那些跑来讲段子、开玩笑、吐槽和撒谎的人。

未必要收钱，但一定不能免费

不给人免费的建议，于熊老师来说，就是不在微博、微信公众号上去进行关系上的辅导，只在我们专栏里回复这类问题。对各位同学来说，首先要做到的就是：

> 别把自己的建议主动送上门去。
>
> 在对方开口问你“我该怎么办”之前，绝对不去主动给建议。

当对方开口问你，请你分析的时候，也要特别谨慎，看他是不是真的想听你的意见和建议。大多数人都会对轻易得来的东西毫不珍惜，也有的人可能确实是经济条件所限。如果是这样的话，还有一种付费方式。

“谢谢你，我欠你一个人情。”注意了，欠人情的表示也是有价值的，这种收费以后会用劳力来支付。也就是说：一个真想听你意见的人，会给你钱、请客、帮你忙、给你出力、对你无比感激。

绝对不会是：“你的意见呢？说来让我听听啊。”“你的熊老师会怎么说啊，给我问问啊。”我说的“寻求免费建议的行为都是耍流氓”，说的就是这样的态度。他不是在请教，即使有用，也不会对你感激。他不准备付出任何代价，哪怕是一句“谢谢”。

面对这种态度的家伙，把嘴闭紧就好了。《西游记》里，唐僧师徒一开始就取了一份无字真经——一堆白纸，就是因为没有给灵山礼物。后来问如来佛祖的时候，如来佛祖说：

“经不可以轻传，也不可以轻取。”

这不是佛祖的话，但确实是吴承恩老师的总结——免费的人生指南，你们会觉得一文不值。

鸽派要防备自己拯救世界的冲动

鸽派考虑别人的感受，很容易迁就别人，也很容易接受别人的软绑架。

对鸽派来说，一定要克制自己拯救世界、心疼全人类的冲动。

以前在学心理咨询师课程的时候，老师跟我们讲述了为什么咨询一定要收费。

老师以前有一个学生，在做实习咨询师的时候开了一个免费的咨询热线，结果每天都要接无数个电话，人疲惫不堪。

更要命的是，有几个人打电话上瘾。其中有一个求助者，每天都花样翻新地说自己的悲惨遭遇。这个实习咨询师做了无数的笔记，后来拿给老师来请教。

老师的评价是：“就是一个五六岁的小孩在骗三四岁的孩子玩。”那是一个脑子里有幻想的病患，一直在编故事。遇到了免费的咨询师，简直太开心了。这个实习咨询师总是担心对方受伤、死掉，就一直在陪着他。

同样地，经常有人给我留言，说自己的闺密或者发小最近遭遇了什么麻烦，天天给他打电话，使他不堪其扰。

我就建议他们把自己的朋友交给职业的咨询师去处理，因为他们没有足够的专业知识和足够多的能量去应付各种问题，只会把自己拉入困境之中。

有人说和朋友同甘共苦才是忠诚，这是糊涂透顶的想法。

我还是要强调一下，那些不愿意付出成本来请教你的人根本也不会在乎你的付出。你把工作辞了陪着这样的“朋友”，他也只会觉得你该做更多。而你刚刚在这段关系中显示出一点儿疲惫，他就会大吵大闹，觉得你已经不再关心他、爱护他了。有的恋人也是这样的。如果你的恋人和你是这样的相处模式，最好的办法就是尽快分手。

鹰派要留神自己指点全人类式“说教”对对方的冒犯

鹰派本身效率高、能量足，这是极大的优点，但是他们不能容忍别人的低效和愚蠢，有的时候就忍不住想要教对方怎么做人。

这种倾向非常危险，因为这种建议本身就建立在“先否定”的基础之上。先用“极大的不快”来击倒对手，再用几条建议去给对方洗脑。

遗憾的是，在“极大的不快”出现的时候，这个说服过程就已经失败了。对方很可能最终选择了你的建议，但是他对你这个建议者产生了怨恨。

什么阶段的人爱给人建议

有些人确实是天生爱给人提建议，但是同一个人，在不同的人生阶段，对提建议的偏好会完全不同。

美国发展心理学家华纳·沙因从处理信息的角度，把人生分为五个阶段。我从提供建议的角度给大家拆解一下：

1. 儿童期和青春期的获得阶段

这是一个学习阶段，这个阶段的年轻人一般不会输出什么建议，他们是接纳建议的人。

2. 成年早期的实现阶段

成年早期一般就是大学生到 35 岁之前的年纪，这个阶段的人获取信息会选择“现学现用”。这也是人们最困惑的时期，他们需要大量的建议。鸽派青年开始心疼全世界，也是从这段岁月开始的。鹰派青年会在同龄人中试图当意见领袖。这是一个爱给人提供免费建议的高发期。

3. 成年中期的责任阶段

大家都逐渐接受了现实，开始考虑买房、孩子上学、家庭收入等问题，更实际了。这个时候的人不太需要什么人生上的建议，也懒得输出建议给别人，闷声发大财，说的就是这个阶段。

4. 成年中晚期的执行阶段

随着财富和地位的稳定，有一批中年人会开始重新关注广阔的世界。沙因管这个阶段叫“执行阶段”。这个阶段的人不仅仅关注自己，也会加入社会生活，比如业主委员会、家长委员会、环保团体，或者忙着买鱼放生。如果说这些还要花钱和精力的话，还有一些人会选择看国际政治栏目，关心一下大政方针。这会儿的人，鹰派中老年会特别爱控制子女、晚辈，甚至一切年轻的路人的人生；鸽派的中老年也会给建议，但可能比较偏唠叨。这是长者们最爱分享人生经验的几年。

5. 老年人的重组阶段

这个阶段的老年人不太关心政府工作报告上的 GDP 了，他们更关心医药费报销比例和退休工资的提高。他们忙着给同龄人和家庭微信群里转发一切关于养生的知识和谣言，给后辈的建议基本都是关于尽快找对象、结婚和生育的。

看完了人生各阶段人们是如何给建议的，就可以明白自己应该在什么阶段控制自己，做什么样的事了。也许每个人最终都还是会对世界的运行提出自己的想法，但是将“不给人免费建议”一条把握了，情况就不会太糟。另外，真的遇见免费给你建议的人，也不要勃然大怒、拍案而起。其实，他们可能根本就没有冒犯之意。

习题

以下关于给建议的说法当中，哪个是正确的（多选）：

A. 愿意免费给建议的人也许不是想冒犯你，而是想要帮助你或者见不得你的低效

B. 刚刚步入职场，没什么钱和资源的人，如果想听资深人士的意见，可以显示自己的诚恳和感激

C. 为了和对方的友谊，可以接纳不对的建议，自己吃一点儿亏

D. 朋友主动给建议导致事情办砸之后，应该去责备对方

E. 尽量在对方明确提出求助之后再给对方以帮助比较好

正确答案：ABE。

如果自己是建议的一方，要尽量克制指手画脚的冲动。如果自己是求建议的一方，遇见战局不利的情况，不应埋怨帮你的人。一方面不要主动送上帮助，另一方面也不要随随便便求助一些自己还没有搞明白状况的人。有一天，个人问我："熊老师，你说和夫妻的关系比和父母的关系还重要吗？我突然想起来我上初中的时候，我的一个同学说：'父母都是唯一的，妻子可以再娶，丈夫可以再嫁。'到底哪个对呢？"我说："你还是信初中生的话吧，别听我的了。"你二十三四岁了，看我的专栏半年了，还要拿一个十四五岁、不懂妻子（丈夫）是什么的孩子的话当真理，从十几年前的往事里寻找"营养"，你身边能给你提供建议的人得多稀缺呀。

你应该真正去谈个女朋友，琢磨一下亲密关系到底有多么重要。你会发现一个家庭要发展，就要和配偶结盟、互相保护和照顾、处理财产和抚养后代，这些事都不是你和父母能做的。而处理好这些问题，其实是父母希望你做到的。如果有什么冲突，也应该紧密地围绕"向前走"这个主题，而不是去做那种愚忠、愚孝的儿子。

如何解决同事、同学和室友之间的冲突

同事、同学和室友有哪些相同点

1. 三种关系中的人都处在比较势均力敌的位置上

级别相似的同事基本上收入水平相当，合租的室友基本上生活水平相当，大学同学的关系却稍有例外。

大学同学是分属于不同阶层的家庭来的年轻人形成的群体。大学可以和各种出身的人来往、交朋友，同时大学也是一个最容易和不同阶层的异性交往的场所。

毕业后，有时大家会有错觉，觉得同学能做到 × 事（比如上市了），自己如果当初努力应该也可以。其实不是的，大学不能改变我们的社会阶层，但可以给我们提供进场机会、增加可能。

我会建议如果可能，到你出生的城市之外的城市去读书，尽量去向全国各地招生的学校，这样你可以感受到不同的地域风俗和文化。

2. 三种关系都将你固定在某个时间和空间里，难以回避

这三种关系都是很难逃避的，你们要在同一个办公室、同一个课堂或者同一套房子中，低头不见抬头见。

3. 三种关系在职业生涯早期才被特别看重

在校期间和刚刚工作的头几年，同学是最重要的社会关系。

在刚工作的头几年，最容易和同事发生不可控的冲突，新人也是遭受职场欺凌的高发区。

校园中会住集体宿舍，毕业后的头几年由于收入有限，可能会选择合租。这三种关系的冲突，往往是因为新人对新生活不熟悉，面临着新压力。

4. 三种关系都由于实力上升而趋向于缓和

在职场上工作 3 ~ 5 年后，同事关系会趋于稳定，同学关系也会逐渐走出过去鸡毛蒜皮的不愉快，迈入一个“我们一起做生意”的新阶段。而合租室友基本上会随着你的经济条件的改善而消失。

你会发现这三种关系的变化，与人的成长、精神上的成年是同时发生的。

和势均力敌的人相处要克制，尽量不发生冲突

在学校里，同学之间的恩怨基本上都没有结果。

不像上级对下级可以“清场”、下级对上级可以跳槽，同学之间没有隶属关系，你不可能开除同学。职场上，如果你和对手都是基层员工，这种冲突基本上也没有结果。除非冲突的一方有人先被提拔，成了另一个人的上级，游戏就结束了。

同样地，两个人如果都是租客，也很难出现一个人驱逐另一个人的状态。水平相当、力量相当意味着你们可能谁也没有办法制约谁。更为重要的是，大家在冲突结束之后，仍然要在同一个办公室、同一个课堂或同一套房子里，所以最好的办法是尽快和解，解决冲突。

前面我们也说了，发生这类冲突的人年纪都不大，一时冲突失控发生恶性事件是很有可能的。

我一直在鼓励大家，不要畏惧冲突。

和大家庭成员之间，该冲突要冲突，必要的冲突可以带来其他成员的一些认可。

与领导和下属之间，该冲突要冲突，冲突可以排解掉大恩怨的可能。

有人确实也在着急地问我：“跟同事、朋友和室友，是不是也该发起冲突、控制冲突？”

那恐怕你就想错了。

我希望大家，尤其是刚进职场，或者即将进入职场的年轻人能够尽快度过“冲突沉溺期”。

以前，多次有人问我，说同宿舍同学的生活习惯不好，或者心机太重，再或者大家都不思进取，他认为自己跟他们一起堕落、浪费时间。

我的建议是：清早出门，熄灯睡觉，如果谁晚上大吵大嚷地打网游，认真跟对方谈一谈。

同宿舍的同学，毕业之后不亲也亲，大家是可以信赖的关系，完全没有必要把自己所有的社交行为都放在这几个人身上。过度介入彼此的生活，只会很快失去分寸感，反而容易起冲突。更糟糕的是，你跟他们的冲突基本上无利可图。

大学里的人应该去交别的宿舍、其他专业、别的学院，甚至别的学校的朋友。无论是玩社团也好，还是出去实习也好，多认识一些学校之外的朋友。这些人很容易成为你多年的朋友，甚至是一辈子的朋友。

你有了这样的朋友，回到宿舍的时候，也会因为朋友多而展示出的进取心和生命力，得到大家的尊重。如果你的全部情感都放在同宿舍另外三个人或者五个人身上，你很可能会陷入嫉妒和细碎的怨念中无法解脱。

无论男生还是女生，这条都适用：别在宿舍内搞太多、太密的社交，把战线打到外面去。

工作后，合租的室友更不重要了。

有的人对对方的期待很不正确，他认为大家是朋友。这个期待太高了，其实就应该是邻居，冷淡而客气。互相守望一下财产安全，别让贼进了门，遇到一个人发烧、生病，另外一个人帮着叫个车去一下医院，这些就是送了一个大人情。

大家不是从小一起长大的，可能还不是同一个地方长大的，想要卫生习惯一致都很难，更不要说交朋友了。

要想不和这种关系发生冲突，最好是一起住的时候就认真谈一次，把大家不允许的事情写下来。比如：

> 能不能养宠物；
> 能不能带男人（女人）回来；
> 夜间作息；
> 卫生清理。

永远不会有一个完全的“拯救合租烂人攻略”，因为此事涉及成长经历，人是千奇百怪的。最好的办法是你赶紧在职场上进步，工作条件许可之后搬出来自己住。

如果做到这一点有难处的话，也可以受点儿累，比如你把一整套房子租下来，然后坐地招合租伙伴。如果对方多次违规，你可以手拿合同让他搬出去。当然，收获稳定的感情，和伴侣同居也是一种摆脱室友的办法。

理想的同事关系是什么样的

平级的同事、同学、室友，“我们还要同在地球村”，这种关系很像国际关系中的一种关系：核大国之间的关系。

1. 克制的核大国关系

大家有没有认真观察过，那种整天放狠话，要把别人从地图上抹掉的国家，基本上都是小国，左邻右舍就有敌人。那种爱用外交手段、贸易手段，不随便威胁人的，基本上都是大国。

两个有核武器的大国之间聊天不会随便放狠话，大家都怕毁了自己现有的成就和局面。

初入职场的年轻人也是类似的情况，和同事的关系往往会形成“区域争霸”的关系。

这涉及真金白银的利益，或者至少和对方的争斗可能调整利益或者地位的分配。新人可能会为一个评优机会而和别人大打出手。

2. 奥林匹克的金牌

大国会用其他的方式来把冲突变成竞技，奥林匹克运动就是一种表现。

同样地，你和对手的竞争，可以是演讲比赛、辩论赛、乒乓球赛、K歌大赛（这种体制内单位比较多）和王者荣耀大赛（一看就是创业公司）上的胜负。

3. 领导并不反感冲突

如果你在职场的基层，就要记得做人留一线。对哪怕是一个猥琐无底线的对手，也要尽可能地打一打，拉一拉。

我们之前说过，领导嘴上要求大家团结，真实内心是希望看见自己的队伍里有一些可控的冲突的。他利用这种方式来掌控自己的下属，可控的冲突会保持团队的活力。

4. 主管之间是怎么打架的

职场新人之间的冲突经常会失控，而当两个小主管或者部门负责人发生冲突的时候就要高明一些。

不同部门的负责人在时间、空间的距离会比基层员工更远，在一些大公司，不在同一座楼里办公都是有可能的。好处是，他们不会像底层员工那样因为很少的事情而发生冲突，坏处是他们之间的交情很淡。

他们的恩怨是和缓而克制的，情绪会少一些，更多聚焦在利益（可能包括个人利益或者部门利益）上。

如果你的工作单位里有部门负责人不和，记住要仔细观察、多听，但绝对不要和别的同事议论。

你看见的是静水流深的争斗，旋涡都在水下，这恰恰是职场冲突的精妙之处。

他们有的时候会操控基层员工，把年轻人当牌打，让新人去“炸碉堡”。涉及跨部门的沟通的时候，要千万留神。

当然，要忠于自己的领导，但也不要得理声高、不留余地。

微信群通用法则

微信群的通用法

第一，要尊重群

有时候，我们容易把一个微信群当作“玩玩而已”。这是不对的，你决心要把一个微信群变成一个线上小社区，就应该努力在里面获得尊重。

第二，不要随便拉人

如果你真的用心在一个群里发展，就应该把群主当作干部。尊重群主的成员不会随便拉人，一定会征求群主的同意。如果拉进来群主不喜欢的人，群里就会出现问题。

第三，热情

你可以在微信群里帮大家一些力所能及的小忙，比如国家博物馆应该怎么约票，什刹海的哪个馆子好吃，出入境办事到哪个点儿人少，等等。多帮别人一些举手之劳的小忙，你的朋友就会越来越多。

第四，不要随便退相似的群

有的群相似度很高，甚至成员都相差无几。

这对有些同行业群来说尤其常见，最常见的是微信公众号的作者群或者运营群。

但是，群成员相同，群主不同，两个群就算非常相似，怎么可能一样呢？

对群主来说，这是他用心经营的一个阵地，你退了甲的群，留了乙的群，你就得罪人了。

第五，不要发语音

微信上尽量不要发语音，在群里发语音其实是更大的冒犯，除非你手上有伤病不能打字，或者工作群里所有的人都是你的下属。

第六，不要求赞和拉票

最好不要求点赞和拉票，尽量不要把孩子的照片发在莫名其妙的网站上。

一个评选如果是由网友点击投票决定的，那就不是什么权威的评选。即使你想要让你的孩子赢，也不要叨扰你所在群的朋友。否则，就说明你根本不在乎这些群友的感受。

第七，不要对群期待太高

群聊仅仅是线下社交和线上点对点社交的补充，不要对群有太高的期待。

线上社交会给我们提供一些满足感，但是尽量不要沉溺于此，多把关注点放在家庭和事业上，收益可能还会更多一点儿。

第八，不要炫耀智力优越感

如果一个人刻意说些大家都不懂的话来炫耀，那么绕开他跟其他人交流就好了。如果一个人总是说不合时宜的话，那也没有必要刻薄地去讽刺他，因为他很快就会没人搭理了。

炫耀自己比别人强更是没有必要。

如果这个不如自己的人是我们现实中的朋友，我们不能在他进步的道路上帮一把，那就是我们没有做到位。

如果这个不如自己的人是我们现实中的对头，我们炫耀也没有让他承受现实的损失，这就是没有必要。

至于要证明自己比陌生人强，比前两样合起来还要无聊。

如果工作量不饱和，还可以看很多书、电影，谈个恋爱，这些都比这种炫耀要强。

第九，加好友的一些规则

如果群的规模不大，质量还不错，你的微信好友也有不少空位，可以进群、问候、与大家互动一段时间后，把群成员加为好友。不要等到需要用别人、求别人的时候才急忙跑来加好友。

第十条，友善和克制

微信群和当面说话不同，没有表情和语气，一对一地网上聊天，可能第三方会多心。

在气氛已经紧张的时候，首先做到“少说一句”是非常得体的做法。大多数冲突都会用“你等着”“你才要等着”来结束，不如谁也不等谁，早早“停战”比较好。

同样地，在群里其他人起冲突的时候，尽快岔开话题也是非常得体的举动。这样做几次，大家就会觉得你有长者之风了。

第十一条，如何岔开话题

如果双方有冲突，可以用“都不容易”“大热天的（大过年的），算啦算啦”这种经典的话来隔断，然后插入新的话题。

可以拉住一方：“××，我一直在找××首歌，能帮我找一下吗？”要知道，大多数人都不习惯于高强度的冲突，肾上腺素爆棚的状态并不好受。你突然求助此人，他会乐于降低自己的唤醒水平，回到正常的状态中。

如果你和另一方很熟，可以小窗让他不要再说话了。

不要担心在微信群里调解失败，因为只要让大家都看见你在努力调解，这就够了。

公司微信群的组成

公司微信群里的人可以分成这样几个部分：

第一部分，领导者

一个正头儿，以及帮他打理微信群的支援部门，加上一两个紧密跟随他的心腹。

要记得那句话：“你的领导不是人，他是一股势力。”

第二部分，维护者

几个副头儿，以及一些部门负责人。他们对大多数事情没有兴趣，但是在谈论到自己部门和领地的时候会迅速回击。

第三部分，展示者

拼命想着在公司群里展示自己的乖巧和懂事，显示自己能力的人，富有进取心。这类人很容易用力过猛。

第四部分，围观者

平时没有他们太多事，主要以称赞、夸赞为主。但是，他们有时候会做那些进谗言、说怪话之类的事情。一般来说，他们是事业已经停滞不前的角色。

第五部分，“小透明”

比展示者和围观者的地位还要低，基本上说什么都没有人回答。以新人为主。有些人虽然不是新人，但是社交能力非常一般，可能工作了好些年还是“小透明”。“小透明”的未来出路是成为展示者或者围观者。

关于公司微信群的生存指南，还有一些心法。你的公司有多复杂，那你公司的微信群就是复杂程度的平方。

微信群的“一对多”交流和对别人的发言及时反应，会让你特别容易出错。话说出去，想圆回来是很困难的。信息发出去之前，尽可能多看看，想想现实中如果这句话说出来会怎么样，不能当面说的话也不要在群里说。

如果你在交通工具上或者其他不方便打字的地方，最好不要争论和争吵，找地方坐下来回消息，或者等坐到电脑前再回复消息都是好办法。

尽量采取守势，复杂的局面之下，乱拳容易打死老师傅。

聪明的关系攻略修习者，要努力简化局势，只在最该出手的地方出手。这就是孔子说的：“夫人不言，言必有中。”

微信朋友圈里什么不要发

一个家庭中有 12 岁以下孩子的家庭，母亲往往是事实上的信息出口把关人。可以说，一个家庭的隐私是否泄露、泄露多少，母亲可能是关键人物。

与其指望派出所民警、国际刑警和 FBI 联手打击地下世界的非法网站，不如从家庭入手，提高我们家庭把关人的保密意识。

在这里整理了一个母亲用的朋友晒娃注意清单，供大家参考。

晒娃不要出图

有人说，不对啊，晒娃晒的就是图。

一张晒娃的图，可能就会被别有用心之人发到某个加密论坛或者暗网上，成为儿童色情的素材。被别有用心的人添油加醋之后，这些素材某天会再回到公开的互联网上。若被你长大的孩子看到，会对他造成极大的伤害。

文字提及孩子时要注意什么

你可以描绘孩子的趣事、孩子气的话，但不要出现他的真实姓名，也不要出现他的真实学校和班级。这类个人信息要特别保密。

要知道“朋友圈”只是叫朋友圈而已，看你朋友圈的人，未必是你的朋友，也未必会把你当朋友。大多数人的朋友圈，会有一大堆莫名其妙已经不记得怎么认识或者怎么加上的人。还会有一些人，你留着尴尬，删了他们，他们还会问你“为什么删我”。

如果你缺乏谨慎管理微信好友的能力，或者你由于工作的原因要加很多陌生人，就不要在朋友圈里提及所有家庭成员的个人信息。这是对微信好友的尊重，更是对自己家人的保护。

此外，即使你的微信里全是亲戚、朋友，多一点儿小心也没有坏处，在太多不熟悉的远亲中暴露自己的隐私信息并不安全。

一切地点都不应该有，除非是天安门或者卢浮宫

如果是你经常出没的地方，就不要标注在你的朋友圈照片上。这可能会让别人推断出你的常见行踪，或者知道你和孩子居住、孩子上课的地方。

只有一种情况可以标记地点，就是旅游，天安门和卢浮宫这种去一次之后很多年不会再去的地方，你可以尽情地标注地点。

不要参加宝宝选美大赛

让宝宝参加选美大赛，这本来就不是什么露脸的行为，但一旦被包装上“让孩子展示才艺”“不要输在起跑线上”的说辞，家长就显得特别理直气壮。那种转发好友拉票的页面，是信息泄露的主要来源。

此外，为孩子去拉票、拜票，也会让人觉得你是一个无所事事、工作量不饱和的人。在公司打扰同事去帮你投票，大家也都会对你有意见。最不痛快的其实是老板，就算是下班时间你求人投票也是如此。

至于那些一套童书、一套彩笔的奖品，自己去买吧，花不了多少钱。

不要给小朋友留裸照

中国的很多家庭有给男孩子留一张裸照的习惯，这是人们在胶卷时代留下的习惯。

现在来说，完全不必。很多家长会觉得这件事等孩子长大了会很好玩。有的妈妈会在儿子对象上门的时候拿出来给姑娘看，认为这是一种有幽默感的行为。

其实，这个时候儿子更希望的是，展示自己作为一个可信赖的男性形象，那张裸照不会起什么正面的作用——不起反作用就不错了。这件事没那么好玩，更没什么好看的。

很多老年人有这种陋习，要试着说服他们，其实最好的儿童照片都是穿着整齐、满面笑容的。

不要用自己孩子的照片做头像

对很多妈妈来说，这个习惯可能很难改。有的单亲妈妈把孩子作为自己生命的全部，她不愿意用自己的照片，她觉得自己年老了，不好看，而认为孩子才是世界上最美的风景。

这里要特别强调一点，你越爱你自己，你的孩子就会越爱你。

相反，那些折磨孩子、控制孩子的妈妈，往往会把爱自己的孩子挂在嘴上。

如果你人在职场，孩子头像会让你显得特别不职业——就是我说的，你的头像在会话中就代表了你。如果对方觉得自己在和一个小朋友说话，就会感觉特别奇怪，影响你们的沟通效率。

秀恩爱比晒娃招人恨得多

不秀恩爱的原因和不晒娃差不多，除了隐私、不打扰不熟悉的人显得更职业之外，还有一点，就是难看的孩子很少，而“长荒”了的成年人太多了。

晒自己的婴幼儿一般都能收到极多的点赞，但如果你晒的是你的新男朋友（此人还不是吴彦祖），那就要谨慎了。大多数时候，热恋中的你对男朋友的评价都是过高的，而大家可能对你的那种狂热不以为然，甚至出言讥讽。

我们当然可以拉黑一切嘲讽自己男朋友的微信好友，但是如果这件事会伤害你的人际和谐，最好的办法是根本不要做这件事。

不要强制男人秀父爱和恩爱

母亲很容易把“展示陪伴”等同于“爱”，其实大多数爱的表现是“陪伴”本身。她们看到其他母亲展示自己陪伴孩子的时候，会感到焦虑，这就是好多女性喜欢说的“顿时觉得自己是后妈”的那种感受。

为了展示自己的陪伴行为而去和别人攀比，就会让人特别劳累和疲惫，因为它破坏了你的内心自洽。

另外一种糟糕的情况是，这种攀比会转向内部，一些妈妈会转向自己的丈夫——孩子的爸爸。

大多数孩子爸爸不晒娃。我统计了一下我的好友，除了那种欣喜若狂的新手父亲，自家孩子 1 岁以上的 100 个男性大概只有 3 个还在晒娃（也可能他们分组晒，我看不见）。

其实，从职业角度来看，这种不晒娃的态度更好，也更安全。至于一些旅游或者看演出等行踪，拍照后发在家庭群里，或者发分组，就已经足够了。

不要跟明星、艺人比，他们秀父爱或者恩爱，是为了工作啊！

要跟你的好朋友分享这些建议

信息安全这件事，要大家一起动手才行。你严守着不发孩子照片和地址的规则，但是你孩子同学的妈妈却把你孩子的信息发了一个底朝天，那仍然会带来风险。

一个人不晒娃可能还有点儿与众不同，七万人不晒娃这就声势壮大了。如果你本身能够影响二十个人，这就是一百多万人在守护自己孩子的信息安全。这就是一种社会运动。

不晒娃有没有什么副作用？

有。你“展示陪伴”花掉的时间少了，“陪伴”孩子的时间反而更多了。

这正是我们应该追求的目标。

如何经营微信朋友圈

怎么发朋友圈才是合适和得体的？

回答是这样的：你作为别人朋友圈的读者，希望看到的是什么内容？

1. 这人最近在忙什么？有没有可能合作。

2. 这人最近状态怎么样？如果状态好就走近，状态不好就远离，需要帮助就伸把手。

3. 这人有没有什么好玩的事情分享？

一些有趣或者有想法的人，本身朋友圈就是一个小媒体。写作者要展示自己，这条朋友圈状态发出来，它描绘的是我的生活，代表了我的气质。但同时又要让别人舒服，不会是单纯的炫耀，对别人有冒犯感。

心理学有一个小分支，叫作健康心理学，致力于研究人们应该怎样保持健康。这个领域的研究者们相信心理和社会因素会影响人们的健康，而他们口中的“健康”，指的是一种躯体和精神上稳定、充满活力的状态。

健康心理学对积极生活有一套自己的看法，如果把它运用到朋友圈管理的话，大概就是这些提议：

永远不要说自己不好的事情

朋友圈不要发负能量的言语，比如绝对不要说自己胖、丑、平胸，哪怕是自嘲也尽量不要。如果图片上的你太胖，你的描绘一定是跟健身、控制饮食和运动在一起——你提及的是建设性的意见和解决方案。

同样地，以己推人，如果有人在朋友圈自嘲或者自黑，他可不是要拉你一起黑自己。如果不是那种特别开得起玩笑的十年以上的朋友，你的回复一定就应该是：“你不胖！”“挺好的呀！”“试试划船器吧！”

观察你喜欢的人的朋友圈

大家都是活一辈子，遇见的事情差不多。如果发现某个朋友写同一件事，见识上比你高明，态度上比你阳光，有更多的赞，那就去学习和效仿。

你们描绘同一件事为什么会不一样？你的反应、想法，你在描绘自己感受的时候，是不是有不得体、冒犯人的地方？

要知道社会上的很多规则是约定俗成的，成年后没有人教你这些规则，你必须经常对比自己和他人的行为，才能理解自己是不是符合了这些规范。

比如，大家一起吃饭、喝酒，你是可以转身就走的，然后发个消息给大家就行。但是回去向大家道别，再离开显然是更得体的做法。还有，你进了电梯，一定是脸朝着门站的，没有人会警告你说屁股对着门站不道德，然而大家一定会觉得你很奇怪。

结交一些特别的好朋友

你可以发一些分组朋友圈状态给好朋友。有时候遇到好的文章或者提及某人，还可以选择“提醒谁看”提醒他看，这些一定要偏私人一点儿，你是在和对方分享感受。

显示自己安排生活、管理时间的能力

天天晒吃喝玩乐会显得玩物丧志，每天晒加班则是令人生厌的。最好的办法是“在什么山上就唱什么歌”：当你工作的时候，就要斗志满满，谈及远大的未来；当你休息的时候，哪怕娱乐很无聊，你也要珍惜休闲的时光。

如果你在工作的时候怨声载道，想要好好睡一觉。出去玩了，又抱怨人太挤了。你妻子建议的那个度假地点看到的全是人，还不如回去加班。

这会让你的朋友圈看起来是一个生活不能自我管理之人，人们会远离这样的人。

我是一个什么样的人

你一定有优点，要时时提醒你的新老朋友，有的朋友可能刚刚打开跟你交往的“电梯”，往下看你的十条朋友圈，一定要有对你自己的判断和评价。

你要经常强调自己的特长，但是不要太刻意。比如如果是我，我就会这么说：“自从拿了心理咨询执照之后……帮了不少的朋友。”“川藏线上骑行了二十几个来回之后……”“色狼驱逐小套装，口哨和一支防身用笔……”

如果你什么都不会，如果你什么都没有，如果你跟人沟通都困难，公开场合讲话当场就能晕过去，那也有优点：“我是一个好的倾听者，而且嘴特别严（没错，我跟别人根本说不了话）。”

大家别小看这样的表达，和你刚认识的朋友会迅速给你打一个标签——他遇到问题和麻烦的时候，会把你当作这个领域的专家，或者至少你可以推荐专家。所以，你要经常重复一点：“朋友，我身上有你要的能力和品质，来和我交朋友吧！”

暂时的逃离和倾诉

当你要发一些破坏性很强的负能量的信息时，尽量选择逃离你现在所处的环境。如果是工作压力，就要暂时离开办公室，出去走访客户或者开个小会，路上拍张风景、花草。轻度的逃离是一种健康的减压方式。

如果你要吐槽，可以和你的好朋友一起吐槽。最好是你的朋友也愿意吐槽他的压力给你听，互相比惨是有效果的。

注意！不要在朋友圈发负能量的信息，尤其不要发含含糊糊、指桑骂槐的负能量。对号入座最容易群伤的。

就算你没有得罪人，担心你的人会一拥而上，都问你发生了什么事。

你要解释半天，浪费太多时间。

谈论失败

许多害羞的人在遇见失败、挫折的时候，都没法忍受那种压抑在心的尴尬，一定要说出来给别人听才觉得好受一些。

“今天犯了个错误……”如果忍不住一定要发在你的朋友圈，记得要提及这场失败的积极因素。“今天犯了个错误，上了地铁发现有座儿，坐下想玩手机的时候摸出来一个空调遥控器。”这条朋友圈是个老段子，就算是你的真事儿，也只能证明自己很呆，一群人都会点赞。

“今天犯了个错误，上了地铁发现有座儿，坐下想玩手机的时候摸出来一个空调遥控器。也好，现在我是附近最有权力的人了。”在这条状态下面加一个地点，是 ××× 空调厂，下面就会有一帮人“哈哈哈哈”。

如果一定要谈论失败的话，那就要加一点儿幽默感在里面。如果对自己的幽默感没有信心，那就不要谈论任何失败了。

展示一些独处的时间

如果一定要比较的话，晒宠物比晒娃强，晒娃比秀恩爱强。

看朋友圈就是为了收获朋友的信息，同时观察你是否还像以前一样强。

提及男朋友的行业或者服务的公司是有用的，但发两个美化得没了人样的照片，是毫无价值的。

现在的微信和朋友圈越来越转向工具属性，成为工作的工具——越来越多的陌生人出现在朋友圈里，把个人生活过多地展示出来，其实已经是不明智、不得体的了。

和晒宠物、娃和男女朋友相比，一些独处的时间反而是有情绪、有趣的。

要知道看你朋友圈的人会有介入你生活的偷窥感。如果你看上去是一人独处，拍摄的都是风景或者偶尔自拍，他们的感受是和你一起经历了一些事。如果是双人自拍或者有人为你拍摄，他们就很难走入这个场景——因为人已经太多了，他是一个闯入者、一个第三人了。

所以，聪明的、善于展示自己魅力的女性绝对不拍男朋友，偶尔自拍也是晒一些有声望的名人，要让聚焦点聚集在自己身上，看上去好像你一个人在浪迹天涯。

夜间跑、瑜伽、钓鱼、看花、放风筝、喝茶、做手工，都可以显得很像一个人在做，以及让人觉得一个人做这些事，其实真的挺好的。这是放空自己和排解压力的一个好机会。重温一下，朋友圈就是两条半：我挺忙，但很好；我很强，且有用；我这人很有趣（可选）。

习题

以下几件事里，理想的朋友圈素材是（多选）：

A. 朋友从未知渠道淘来的线装书，我正在读

B. 最近要去参加某个魔都的活动，那几天有没有朋友在附近

C. 你对潜水领域的某些心得，顺便批评一下那些口水化的旅游攻略名不副实

D. 升级系统之后，你的手机变成了一块砖，不过你用了 30 分钟及时搞定，还写了一个简单的攻略

E. 我刚把一个不懂事的餐厅服务员臭骂了一顿，这样的人就该好好教育一下

正确答案：ABCD。

A 是典型的“我很强”，B 是“我很忙，但很好”，C 和 D 都是“我有用”。对一些受教育程度和收入水平比较低的服务人员，不应该当众批评、大骂或者怒吼。这是非常不体面的。你的朋友圈读者也不想从你那里看到教育服务员的攻略或者骂人技巧。有人也许看得津津有味，那他一定不在乎你的形象。如果权益被侵害，你应该找他的领导投诉，而不是公开骂他。把自我情绪管理不良的情况展示给朋友圈看是不明智的。

如何开口借钱

开口借钱是一件危险的事，我们可以往人类的蒙昧时期追溯一下，最早的奴隶有两个来源，一个是战争，一个是债务。借钱这种事风险很高。借钱是考虑交情的时候：开口之前，怕对方不借；开口之后，对方怕你不还。

所以，要有一个正规的借钱流程和一个标准化的开口借钱指南，就能让你减少这种纠结和损耗。

借钱的几种原因

把所有借钱的缘由分类，大概分成这样几类：

1. 药费

如果家里有人生病，急着用钱的话，这是最值得人们同情的理由。大多数人往往会倾向于借钱给遇上这种困难的朋友，好朋友还可能专门拿上一笔钱给他用，不要还。

很少有出馊主意说："你别花自己的钱，到微信公众号上写文章哭惨，去骗打赏多好。"别筹措医药费，正常的顺序是亲人内借→朋友外借→抵押房产→出售房产。

筹措医药费的时候，要把治疗计划跟借钱对象说清楚：

"这个手术有可能完全治愈我的孩子，费用需要五十万元。去掉医保能报销的，大概需要二十万元。我需要跟五个朋友借十万元，希望您能够借我其中的一份。我按三年期年利息给您，行吗？"

借钱的时候可以穿着朴素，不要灰头土脸，一定要干净、整洁。

一个人被第一次见面的人重视，很关键的一点是这个人行事的姿态。一个能冷静、清楚地表达自己观点的人，一个即使在失意局面下也能保持体面的人，往往能够收获很多人的友谊，大家信他，大家爱他。

值得一提的是，男人因为父母、妻子和孩子生病跟朋友借钱，比因为自己生病跟朋友借钱要容易。

在中国的大部分地区，男人都被看作一家之主。如果是自己的男性朋友得了很难治愈的病，建议就拿出一笔小钱送给他，而不是用一笔大钱借给他。

一个已婚壮年男性的病死可能会让财产分成四五份，父母、妻子和孩子（今天看来很多是两个）。债务是要由遗产继承人来偿还的，但是大多数人都无法做到去逼孤儿寡母卖房还钱，遗孀可能还会改嫁。

所以，如果一个壮年男性为自己的健康状况借钱，应该在遗嘱里说清楚自己的债务和偿还办法。如果可以，在借钱时提供抵押物。

2. 买房

恭喜了，可喜可贺的一次借钱，就连借钱给你的人都会替你高兴。这里要告诉朋友的是，这钱是凑首付（短期、巨额，等某笔理财或者债券到手很快还）还是一个为期两年甚至更久的借贷。

大多数人在买房之后都会剩不下钱，所以很有可能是无房的人借钱给房主。

所以，要做到的是：必须打借条、必须约定还款期，主动提出付利息。

这位借钱给你的朋友需要买房的时候，无论你的“元气”有没有恢复，你都应该伸手相助。

如果买房后夫妻二人突然感情不和要离婚，就应该及时告诉你的债主，这笔钱会由谁来负担，必要的时候更换一个新借条。

3. 消费

这不是风险最高的一种借钱原因，但是从某种意义上来说特别招人恨。尤其是如果被借钱的人是那种节俭、克制的人，往往会引发两个人友谊的崩溃。

对方辛辛苦苦地挣钱、攒钱，然后借给一个朋友买奢侈品。

“她借我的钱在朋友圈炫耀，我却在这里苦哈哈地加班干活儿。”提高信用卡的额度，或者是使用一些提供小额贷款的金融服务可能是更好的选择。

消费观和我一致的人没钱借我，消费观和我相反的人倒是有钱借我，但看着我花钱，他们一定非常恨得慌。

4. 投机

因为要做投机生意而借钱，就要用利去诱惑对方。比如，提供比较高额的利息，一些贪心的人可能还会求你带他一起投资。这种借钱最伤和气，大多数因为借钱而崩溃的朋友关系，背后都有一个“极好、极好”的项目。

关于见证和保人

有人认为找一个见证人会好一些，事实上，因为投资崩溃而导致的赖账，根本就不会在乎见证人的面子，而见证人也会面临巨大的信誉风险。

老话说：“不做中，不做保，不做媒人三代好。”真的是有道理的。

所以，不要试图用保人来钳制对手，在乎保人感受的人，根本不会赖账。自己也不要去做别人的保人，除非你做好借钱人赖账后自己赔偿苦主损失的准备。

对方借给我的钱比我想象的少

有时候，我们容易有“亲密值虚高”的情况。觉得一个人和自己的关系应该是哥们儿，可以依赖，但事实上，对方只把你当普通朋友。

尤其是求人办事、向人借钱或者喝酒的时候，容易夸大彼此的友谊。所以借钱之前，要冷静下来，判断一下双方的关系和感情，同时考虑一下对方的经济实力。

要调低对对方的期待，对方能借给你钱，已经是很大的面子了，再纠结于多和少，就会自取其辱。这也是为什么我说，如果对方要借一大笔钱时，可以送给他一小笔钱。因为一大笔钱可能完全收不回来，送一小笔钱，对自己来说可以止损，对方也收到了你的善意。

如何在酒桌上不喝酒

春节的酒局，除了家庭聚会，基本上是同学聚会，还有个别同乡会或者战友聚会。同学聚会虽然没有拿下某客户之类的目的，却很容易有惨烈的酒局。

与商务宴请、公司聚会不同，同学聚会属于“无领导聚会”。酒桌上没有一个大家公认的负责人，不存在有人出题目、下命令给你的情况，你不喝酒也不会损失什么。

只要你不想喝，你就可以不喝。有人说：“面子问题，推脱不开。”那我就要跟你说，如果你被别人的不当要求所绑架，对方当是粗鲁无礼的，但更大的问题出在你身上。

你想让所有人满意，这是人际关系中的取死之道。想所有人说你好，这是非常愚蠢的一件事。你是个成年人，有人想看你的笑话，你也要让他们满意？

其实，这个应对之策简单，那就是：如果你觉得我因为身体原因不能喝酒就是瞧不起你，那我今天感觉就要瞧不起你了。

但是，这话不能直接说，会被人说粗鲁的。我们要把“不喝”两个字艺术而温柔地说出来，不伤和气。一个重要的原则：做事不要怕“套路”，“套路”一点儿都不俗。

鲁迅先生也玩“套路”。他住在上海时，有个人来访，他不认识，和他也不是一路人。鲁迅跟他夫人说：“说我不在。”回了两次，这个人盯着鲁迅下车回家，然后去砸门，鲁迅还让夫人说自己不在。“你骗我啊，我看着他进家了的！”夫人只好回鲁迅说：“他说看你进家了。”

“我说我不在，那是对他客气，让他走！”说自己不在，就是“套路”。

砸破别人精心准备的“套路”，那就是这个砸场的人不是，而不是精心准备“套路”的人的不是。

你只要精心准备好借口就够了，不要委屈自己，把自己陷入危险。

为了准备借口，从聚会时间敲定的那一天开始，你就要赶紧做准备功课。

大多数聚会都发动于微信群，时间是除夕之前敲定的，所以最好是大家在讨论的时候，你发两个红包暖暖场，同时提前给同学们打个预防针：“最近有 ××× 的困扰，那天恐怕没法喝酒，请大家体谅。”要早点儿跟同学打招呼，尤其是女同学，或者同样怕喝酒的男同学。事先跟这些同学说：“我怕他们几个人喝酒太凶，回头咱们互相托着点儿吧。”大家都会答应的。

聚会时一上桌，有一位说，咱们尽量少喝点儿，身体不行的同学别喝了什么的。几个人一起响应，这事情就成功了一半。

实在不行，还有中国人三大杀技，第一个是：“大过年的……”

一般来说，要把这四个字放在你说话的开头，对方就容易接受你的意见。要抢先用这四个字，不然你就落在下风了！

另外两大杀技是：“来都来了！”（劝大家认倒霉交钱用。）“都不容易！”（劝大家不要争吵用。）和这两个相比，“大过年的”是“使用时空限制技”，但是威力强大。

合格的不喝酒理由

用出来是这个效果：“大过年的，大家都少喝点儿。”“你看咱们漂亮的文艺委员说得对啊。”借口要先交代，现在比较靠谱的借口如下：

1. 造人计划

其实，准备生孩子就是一个很好的借口。

如果有人对你说：“没事，我当时准备要孩子的时候老喝酒，这不现在也好好的？”这种人一般都是对自己智力相当自负，但其实不是一个体贴的人。

你就赶紧说一句：“孩子，你们两口子聪明。我从小数学就不好，我要是喝高了造人，那我家孩子得傻成什么样。”如果你是个诙谐的人，还可以自黑一句：“就这我们还好久怀不上呢！就差去医院了，笑什么笑！不许笑！”

2. 器官病变

如果你不忌讳在正月说自己有病，心脏病、高血压、肝脏、胃部的病变也可以用来当借口，大多数说得出理由和细节的身体原因都能被同学接受。不要上了酒桌再现编理由，要事先铺垫。

如果你用胃病、肝病、良性肿瘤、血压高等借口逃避喝酒，那请严格执行忌口：你编造的病不许吃肉，那你就不能吃肉；你编的病不能吃鱼，那就不要吃鱼。

尽量避免扮演痛风病患者，因为这种人不能吃大部分的肉、肉汤、海鲜、鱼类、香菇，基本上就告别主菜了。记好你这个病号的人设，因为这些病很少一年能好，下次你还得用它，记住别把病记错了。如果你要参加好几个酒局，记得用一样的借口，因为你不同阶段的同学之间可能有各种各样的联系。如果你不喝酒，就一个局都别喝。如果被朋友们知道你在一个局喝酒，而另外一个没喝，你就失信于人了。

不及格的借口

酒精过敏：大多数爱喝酒的人无法理解酒精过敏的痛苦，他们只是希望你忍着喝点儿，这个词还被认为非常娇气。

其实，这是基因决定的。精神病学家们对酒精依赖有一种研究，发现日韩和中国一部分人，很多人携带一种喝酒上脸的基因。

这些人一旦喝点儿酒就会脸红、心慌、呕吐和起皮疹，这是一种保护机制。让这种人不要再喝下去了，这种人不容易得酒精依赖症。

减肥：减肥的人根本就不应该出现在宴席上，这是最弱的一个借口。

开了车：和公司里一起吃饭或者宴请客户的话，一般会留一个人开车，但是无领导的这种饭局，一般大家不能容忍开车这种借口。一般一说出来就会被打回去：“叫个代驾！”有不客气的还会问你一句：“就你有车吗？”

你老婆不让：有这句话你就死定了。这句话是想买醉的人说的，谁要是觉得生活不幸福想把自己灌醉，说这句话准没错。20 分钟之后，你就可以大着舌头、无所畏惧地控诉你的婚姻质量了。

如果你真要装一个妻管严，那就装得像一点儿。

我是见过一个妻管严，说到老婆不让的时候，人都站起来了。那天，有人逼这个妻管严喝酒。妻管严想了想，跪下了。

“现在不跪，回家要跪一夜，”他说，“不如跪兄弟们好了。”

我是第一次见到躲酒这么下本儿的，不过从此之后确实再也没人叫他喝酒了。大家也没有记恨他，是当一个笑话说的。

劝酒人

劝酒的人是大家畏之如虎的人。大家要注意，有的劝酒的人是职业性地把你当客户了。还有的人自己爱喝，喝一点儿酒就要疯狂劝酒。如果是后者，他可能是一个酒精依赖患者。

注意！酒精依赖是一种相当可怕的精神疾病，他们早晨就要开喝，不然就会手抖，每天至少一斤白酒或者相应的其他酒。酒精依赖会带来严重的人格改变，给自己和他人都带来危险。大多数中国人对精神病学不太了解，只是把酗酒后打媳妇的人归结为暴脾气，其实很多人是需要送进医院戒断的。

我以前在大学里当班主任，班里有个同学就是酒精依赖。休学治疗的时候又喝上了，酒后不幸失足溺死在了水里。其实，不喝酒的时候他是个很好的朋友，但在他休学之前，他酒后无法控制的胡闹已经把所有的同学和朋友都得罪光了。

你的朋友里如果有喝得急又猛、要酒喝、耍酒疯、逼着你喝酒的人，很可能也是这样的人，陪着他喝你一定会输。如果有这样的家伙，就不要喝酒。如果同学们想喝点儿小酒开心一下，就根本不要叫这样的人。

喝完酒之后，他可能会伤人，但更多的可能会伤害自己。如果他是跟你聚会后出了意外，你们所有喝酒的人都会留下一辈子的遗憾。

有人说不叫他聚会，那不是放弃了朋友吗？

有些人是要放弃的，要远离他们。你没法救他们，他们会把你拖死的。

真正的为友之道，是劝他少喝点儿，以及告诉他的家人带他去医院查查（这个提议说出来你会心安很多，但你们可能会从此不再是朋友了）。

早请假有不少好处，在统计了喝酒总人数，计算了喝酒总战力（HJP，一顿所有喝酒的人喝到 80% 醉需要的酒量，可以折 42° 白酒标准以两为单位计算）之后，带酒或者买酒的同学就可以估算带多少酒了。

带酒的人一般对酒都是真爱，他们最担心的是酒带去了，大家喝得不积极。只喝了小半瓶，扔了可惜，拿回来觉得扫兴、丢面子。这样的人有时候就会心生怨恨，觉得自己被冒犯了。他会迁怒谁呢？

当然是那个早不张嘴，到了酒桌上才说“不行不行，真的不能喝”的人！

最后再叮嘱一句：“自己对酒不要馋，一定要控制住。”早点儿跟酒桌上的人请假之后，那天就千万不要听人蛊惑倒一杯，否则所有的努力全白费。你不光会喝倒在地，还会成为一个说话不算话的人。

习题

在你早早请假不喝酒之后，一个喝高了的同学逼迫你喝酒，说感觉你在外面混得很好，不能瞧不起大家。这时，你应该说：

A. 没有没有，不会瞧不起大家的。哥你说得对，我群里发个红包，今天是真不行，实在喝不了。
B. 我没有瞧不起大家，你别污蔑我了！大家说对不对！
C. 我是真的喝不了，要不我来个啤的跟你喝一杯吧。
D. 不理他，赶紧去洗手间。

正确答案：A。

把注意力转移到手机上是个很好的办法。聚会的时候，抢完红包，所有人都会回几条看上去比较要紧的消息。B 最不可取，跟醉汉直接冲突，还召唤群众。醉汉脸上挂不住，不一定会闹多僵。

C 是笨招，他看你喝酒之后，就会逼着你继续喝。酒桌上如果不想喝，一定不能喝第一口。

D 是错招，不想埋单才应该逃去洗手间，而且你本身没有喝酒，也不存在呕吐的问题。一会儿你回来，他还要缠着你。如果你要逃，就彻底逃掉。当被醉汉盯上拉着喝，那就哄他一下，然后跟班长或者饭局召集人（这种人一般不喝酒或者酒量好，应该神志还算正常）打个招呼，说丈母娘家燃气外泄赶紧过去帮忙就好了。

我还真遇上过以这样借口逃跑的。逃出去的时候，那个盯着他的醉汉还在嚷："回去要跟咱妈说，安全生产这件事，经常抓、反复抓、两手抓啊！"

如何在 KTV 里斗智斗勇

群体里的排斥

这几年，年轻人管脱离朋友群体找到恋人的行为叫作“脱团”。

这个词很形象，很多人对我也说，自从恋爱之后，跟朋友的交流变少了。这是一个必要的过程，尤其是对女性来说。农业社会的女孩子会很早就从兄弟姐妹中离开，和丈夫过一对一的家庭生活，现在的年轻人也要确定恋爱关系。朋友群体对失去的成员不会只送上祝福，尤其是比较年轻的团队，一些感觉到被朋友疏远的人会迁怒于脱团成员的男朋友。如果碰巧这个团队里有喜欢这个女成员的男性，那敌意还要浓烈得多。这也是为什么叫脱团，暂时疏离自己的朋友，专心和恋人经营关系，是许多人的选择。这个选择一般来说没有错，因为想让一个陌生人加入一个成熟社区，特别特别难。

KTV 对脱团者不友好

一个刚刚恋爱的姑娘很容易昭告天下，同时把自己的闺密、朋友当作娘家人组织起来，宣告主权，同时让他们对男朋友鉴赏和把关，这是一种紧张而兴奋的表示。

很多脱团的女性会让自己的男朋友请自己的朋友们吃饭，这是在缓和关系。大多数敌意就到此为止了，一顿美食收买了大家，就像是迎娶新娘时给伴娘的红包一样。

遗憾的是，这个社交场景往往被放在了 KTV 中。吃饭这件事，一个人吃着，别人可以吃别的菜，很少会有人盯着你看你去吃哪个菜，来嘲笑你的品位。而 KTV 是一个或两个人唱，其他的人都在听，所有的人都会听你唱得好不好。

所以，KTV 是对脱团者情侣来说非常不友好的一个场景。

从众的成员

KTV 中的不友好可能是某个成员或者某几个成员的敌意。

最妙的是，人在群体中的时候，他的观点、态度都可能被别人影响而加强。

这叫作“群体极化”。有时候，你会突然发现有人跟你作对，一群人响应，这就是群体极化。像一个一起玩的朋友社团，有两个人站队，或者一个有影响力的人表态之后，其他追随者就会迅速跟着表态。

当然，这说明这些年轻人在心智上还不够成熟。在 KTV 里，不应该嘲笑任何你没有见过、没有听过，或者觉得太怪、太老的歌曲。见识各种可能性是非常美好的。

不光不要嘲笑，我还建议大家最好是能够观察对方。

走搞笑曲风的和爱唱《忘情水》《广岛之恋》的肯定是不同的人群。唱苏联老歌的和唱《精忠报国》的也往往不是一样的路数。如果是职场上，同事们一起去唱歌，这是新人观察每个人行事风格、推测他们过往经历最好的时机。借机再套一嘴话：“唱这歌的时候，会想起什么人吗？”

如何让朋友们接纳自己的恋人

如果希望自己的朋友圈接纳自己的恋人，应该早早地让恋人和其中的一两个人接触。

人有见面之情，如果已经把你的男朋友介绍给了你的朋友，尤其是刚刚确定关系的男朋友先让她来见，她就会觉得自己受到了重视。

如果两三个最刻薄或者虽然不刻薄但是素有威望的人都提前认识了女生的男朋友，那在遇到麻烦的时候，她们也会出来打圆场。这时候也是判断什么人聪明、什么人可交的最好时机。

《天龙八部》里，丐帮长老和慕容复的人动起了手。包不同就和王语嫣嘲笑被打败的长老，段誉则考虑到自己和丐帮长老的领导乔峰是结义兄弟，就没有出语讽刺。

这里我们推出一个敌意定律：

如果身边到处都是敌意，就说明你带过去的朋友不够多。

当然，还有重要的一点，聪明的姑娘不会刻意让自己的朋友和闺密去见男朋友，也不会逼着男朋友非要去接触他不喜欢的人，更不会希望把两边的朋友叫在一起联谊（除非两个人本身是同学）。

女生的同学、朋友聚会最好不带男朋友或者老公。因为你的男同学们还要手忙脚乱来点儿政治和体育的话题来照顾他，彼此都会尴尬。你要想想那些嫁了百万富翁的女性，她们的男人可能飞来飞去，永远不会去融入她的圈子，但她完全可以有别的圈子。和念旧相比，交新至少一样重要。

希望让一个人喜欢一些人，这是社会心理学上的“说服”过程，关于说服和态度改变，是一个真正的高阶教程。想要在对方毫无准备的情况下做到这一点，简直就是人际场上最大的奢望和妄念了。

习题

和同事在 KTV 里选歌，你来晚了，想要把自己的歌往前排。这时候，你觉得应该挤掉下面哪些歌曲：

A. 摇滚风的男性歌曲

B. 大草原民族风歌曲，作曲那年，你爸爸 3 岁

C. 革命京剧沙家浜的选段《智斗》

D.《广岛之恋》

E. 都不对，我有别的办法

正确答案：E。

A 背后是一位有点儿牢骚和不得志的中年男性，或者是一个有点儿逗，渴望特立独行的年轻人。如果非要四选一的话，可以选它。

B 一看就是一个比较年长的文艺青年，这种人很容易内心受伤。如果我没有猜错，这应该是一个领导。

C 这几年，随着一些老大姐、老大哥逐渐退休，这个戏已经不常见了。如果有人唱这个，他一定比想象的老成，而且应该是一个资深同事。注意：这个曲目是三个人唱，能调动三个人演这样一个政治戏，这个人不简单。

D 你一次会得罪两个人，而且是互相喜欢的两个人（天知道他们为啥会选这个曲子），自己看着办吧。

E 是对的。有的 KTV 系统有已唱，你可以看看这个曲目里的类别，看看有没有谁可能一首还没有唱，不要去加这种人的塞，会被怨恨的。

关键词检索

INDEX

关键词检索